JN413235

필승합격일본어능력시험

아스크 출판사 편집부 편저

머리말

일본어능력시험(JLPT)은 일본어를 학습하는 사람의 일본어 능력을 측정하고 인정하는 전세계적인 공인 시험 중에서 가장 권위 있는 시험으로 알려져 있습니다.

이 시험에서 궁극적으로 5단계 레벨의 가장 상위 레벨에 합격을 목표로 공부하는 사람들을 위한 교재는 시중에 다양하게 발행되어 있으며 그 중에는 이 책과 같은 〈모의고사 문제집〉도 많습니다.

모의고사는 왜 필요할까요? 그 답은 아래와 같습니다.

먼저, 일본어 학습자는 자신의 일본어 능력은 어느 정도인지를 알고 싶고 그것을 인정 받고 싶어할 것입니다. 그래서 이 시험에 응시하는 것이겠지요. 그러자면 자신의 능력에 맞는 레벨을 선택하여 응시하여야 하는데, 현재의 자신의 능력은 어느 정도인가를 알기는 쉽지 않습니다. 그래서 스스로 생각하는 레벨에 대한 모의고사를 보고 그 점수를 체크함으로써 대략적인 자신의 실력을 알 수가 있을 것입니다.

다음으로는 모의고사에 응시해 본 결과 자신의 약한 부분, 소위 약점을 알게 될 것입니다. 그 약점을 알게 됨으로써 앞으로 공부할 방향이 설정되고 약점 부분을 강화하는 학습으로 보완해 갈 수가 있을 것입니다. 특히 한 과목이라도 과락 점수를 받으면 다른 과목의 점수가 좋아도 불합격된다는 점은 매우 중요하므로 어느 부분이 약한지 체크해야 할 필요가 있습니다.

그리고는 모의고사를 통해 실전적인 연습을 하게 됨으로써 본 시험에 대한 두려움을 극복하고 과목 별 응시 요령을 익히게 되어 자신의 실력을 유감없이 발휘하게 될 것입니다.

이러한 이유로 〈모의고사〉의 중요성이 인식된다면 이 책을 이용하여 학습하시는 여러분께서는 더욱 큰 자신감을 가지게 될 것으로 믿습니다.

이 〈필승합격 일본어능력시험 모의고사 시리즈〉는 N1에서 N5까지 모든 레벨에 대해 각각 독립된 책자로 발행되었습니다.

이 책은 일본의 유수한 일본어 교재 출판사인 아스크출판사가 기획·편집한 것입니다. 일본어능력시험은 과거 문제를 공개하지 않기 때문에 실제 문제를 알 수는 없습니다. 그러한만큼 실제 문제의 난이도나 형식에 유사한 문제를 접하는 것은 매우 중요하기 때문에 이 출판사의 외국인 직원들이 실제 시험에 응시하여 문제의 출제 경향을 연구, 분석하였으며 일본어 교육 전문가들에게 모의고사 문제의 출제를 의뢰하여 만들어진 것입니다.

처음으로 일본어능력시험을 치르는 분도 3회분의 문제를 풀어봄으로써 만전의 태세로 본 시험에 임할 수 있을 것입니다. 이 책 모의고사를 접하신 여러분이 일본어능력시험 N1에 합격하여 자신의 꿈을 향한 큰 걸음을 내딛기를 기원합니다.

2021년 2월
(주)해외교육사업단

목차

이 책의 사용법

구성

모의고사 문제가 3회분 수록되어 있습니다. 시간을 체크하면서 집중하여 임해주십시오. 종료 후에는 채점하여 몰랐던 부분, 틀린 부분에 대해서는 그대로 두지 말고 해설까지 착실히 읽고 이해하시기 바랍니다.

대책 일본어능력시험에는 어떠한 문제가 나오는지, 어떻게 공부하면 좋은지 확인하십시오.

해답・해설 정답과 오답을 판정하는 것만이 아니라 왜 틀렸는지 확인하십시오.
※해설은 유사표현을 많이 알 수 있도록 알기 쉬운 일본어와 한국어를 병용하였습니다.

정답 이외의 선택지에 대한 해설.

□ · 암기하자! 문제에 나온 어휘 · 표현 및 관련되는 어휘 · 표현.

문제 (별책) 본책에서 분리하여 마지막 페이지에 있는 해답용지를 잘라내어 사용합니다. 해답용지는 사이트에서 다운로드 할 수도 있습니다.

스케줄

JLPT공부 시작 시점: 제1회 문제를 풀어 보고 시험 형식과 자신의 실력을 체크하십시오.

취약한 분야를 트레이닝
- **문자・어휘・문법:** 모의고사 해설에서 다루어지는 단어 · 표현을 노트에 옮겨 적어 외우십시오.
- **독해:** 매일 하나씩 일본어로 된 문장을 읽어주십시오.
- **청해:** 모의고사 문제를 스크립트를 보면서 들어주십시오.

제2회, 제3회 문제를 풀어 보고 일본어능력이 늘었는지 확인하십시오

시험직전: 다시 한 번 이 책의 모의고사 문제를 풀어 최종 확인하십시오.

청해 음성 파일 및 해답을 입력하면 자동으로 채점이 되는 Excel 시트는

아래 사이트에서 다운로드가 가능합니다.

➜ **https://www.hedgroup.co.kr/09_jlpt.php**

일본어능력시험 (JLPT) 레벨 인정기준

JLPT 레벨 인정기준

시험은 N1, N2, N3, N4, N5로 나뉘어져 있으므로 수험자가 자신에게 맞는 레벨을 선택합니다. 각 레벨에 따라 N1~N2는 언어지식(문자·어휘·문법)·독해, 청해의 두 섹션으로, N3~N5는 언어지식(문자·어휘), 언어지식(문법)·독해, 청해의 세 섹션으로 나뉘어져 있습니다.

시험의 각 레벨 인정기준은 다음과 같으며 인정기준을 [읽기], [듣기]의 언어 행동으로 설명하므로 참고해 주십시오.

각 레벨에는 이들 언어 행동을 실현하기 위한 언어지식이 필요합니다.

[일본어능력시험] 인정기준

레벨	인정기준
N1	**폭넓은 장면에서 사용되는 일본어를 이해할 수 있다.** **[읽기]**·폭넓은 화제에 대해 쓰인 신문 논설, 평론 등, 논리적으로 다소 복잡한 문장과 추상도 높은 문장 등을 읽고 문장 구성과 내용을 이해할 수 있다. ·다양한 화제 내용에 깊이 있는 글을 읽고 이야기 흐름과 상세한 의도를 이해할 수 있다. **[듣기]**·폭넓은 장면에서 자연스러운 속도의 체계적 내용의 회화, 뉴스, 강의를 듣고 이야기 흐름과 등장인물의 관계, 내용의 논리구성 등을 상세하게 이해하고 요지를 파악할 수 있다.
N2	**일상적인 장면에서 사용되는 일본어 이해와 더불어 보다 폭넓은 장면에서 사용되는 일본어를 어느 정도 이해할 수 있다.** **[읽기]**·폭넓은 화제에 대해 쓰인 신문이나 잡지 기사/해설, 평이한 평론 등 논지가 명쾌한 문장을 읽고 문장 내용을 이해할 수 있다. ·일반적인 화제에 관한 글을 읽고 이야기 흐름과 표현 의도를 이해할 수 있다. **[듣기]**·일상적인 장면과 더불어 폭넓은 장면에서 자연스러운 속도의 체계적 내용의 회화, 뉴스를 듣고 이야기 흐름과 등장인물의 관계를 이해하고 요지를 파악할 수 있다.
N3	**일상적인 장면에서 사용되는 일본어를 어느 정도 이해할 수 있다.** **[읽기]**·일상적인 화제에 대해 쓰인 구체적인 내용의 문장을 읽고 이해할 수 있다. ·신문 기사 제목 등을 통해 정보의 개요를 파악할 수 있다. ·일상적인 장면에서 접하는 범위의 난이도가 다소 높은 문장은 유의 표현이 제시되면 요지를 이해할 수 있다. **[듣기]**·일상적인 장면에서 다소 자연스러운 속도에 가까운 체계적 내용의 회화를 듣고 이야기의 구체적인 내용을 등장인물의 관계 등과 더불어 거의 이해할 수 있다.
N4	**기본적인 일본어를 이해할 수 있다.** **[읽기]**·기본적인 어휘나 한자로 쓰인 일상생활 속에서도 가까운 화제에 대한 글을 읽고 이해할 수 있다. **[듣기]**·일상적인 장면에서 조금 느린 속도의 회화라면 내용을 거의 이해할 수 있다.
N5	**기본적인 일본어를 어느 정도 이해할 수 있다.** **[읽기]**·히라가나, 가타카나, 일상생활에서 사용되는 기본적인 한자로 쓰인 정형적 어구, 문장, 글을 읽고 이해할 수 있다. **[듣기]**·교실이나 주변 등 일상생활 속에서도 자주 접하는 장면에서 느리고 짧은 회화로부터 필요한 정보를 얻어낼 수 있다.

(JLPT 홈페이지에서 인용)

일본어능력시험 (JLPT) 대문제 구성과 문제수

JLPT 대문제 구성과 문제수

각 레벨에서 출제되는 문제 구성과 문제 수는 다음과 같습니다.

각 문제 형식과 내용에 관해서는 이 책의 모의고사 문제를 참조하십시오.

시험과목		대문제	N1	N2	N3	N4	N5
언어지식·독해	문자·어휘	한자읽기	6문제	5문제	8문제	9문제	12문제
		표기	-	5문제	6문제	6문제	8문제
		단어형성	-	5문제	-	-	-
		문맥규정	7문제	7문제	11문제	10문제	10문제
		유의환언	6문제	5문제	5문제	5문제	5문제
		용법	6문제	5문제	5문제	5문제	-
	문제 수 합계		**25문제**	**32문제**	**35문제**	**35문제**	**35문제**
	문법	문장의 문법1 (문법형식 판단)	10문제	12문제	13문제	15문제	16문제
		문장의 문법2 (문법형식 판단)	5문제	5문제	5문제	5문제	5문제
		글의 문법	5문제	5문제	5문제	5문제	5문제
	문제 수 합계		**20문제**	**22문제**	**23문제**	**25문제**	**26문제**
	독해	내용이해(단문)	4문제	5문제	4문제	4문제	3문제
		내용이해(중문)	9문제	9문제	6문제	4문제	2문제
		내용이해(장문)	4문제	-	4문제	-	-
		통합이해	3문제	2문제	-	-	-
		주장이해(장문)	4문제	3문제	-	-	-
		정보검색	2문제	2문제	2문제	2문제	1문제
	문제 수 합계		**26문제**	**21문제**	**16문제**	**10문제**	**6문제**
청해		과제이해	6문제	5문제	6문제	8문제	7문제
		포인트이해	7문제	6문제	6문제	7문제	6문제
		개요이해	6문제	5문제	3문제	-	-
		발화표현	-	-	4문제	5문제	5문제
		즉시응답	14문제	12문제	9문제	8문제	6문제
		통합이해	4문제	4문제	-	-	-
	문제 수 합계		**37문제**	**32문제**	**28문제**	**28문제**	**24문제**

※문제 수는 매회 시험에서 출제되는 대략적인 기준이며, 실제 시험에서의 출제 수는 다소 달라 질 수 있습니다. 또한 문제 수는 변경되는 경우가 있습니다.

※ '독해' 에서는 하나의 문장 (본문) 에 대해 복수의 문제가 출제되는 경우도 있습니다.

※매회 시험의 난이도를 관리하고, 새로운 유형의 문제를 평가하기 위해 득점에 가산되지 않는 문제를 포함할 수 있습니다.

(JLPT 홈페이지에서 인용)

일본어능력시험 (JLPT) 결과 표시 및 합격점

JLPT 결과 표시

레벨	득점 구분	최고 득점
N1	언어지식(문자 · 어휘 · 문법)	60
	독해	60
	청해	60
	종합득점	180
N2	언어지식(문자 · 어휘 · 문법)	60
	독해	60
	청해	60
	종합득점	180
N3	언어지식(문자 · 어휘 · 문법)	60
	독해	60
	청해	60
	종합득점	180
N4	언어지식(문자 · 어휘 · 문법) · 독해	120
	청해	60
	종합득점	180
N5	언어지식(문자 · 어휘 · 문법) · 독해	120
	청해	60
	종합득점	180

N1, N2, N3 의 득점 구분은 '언어지식(문자 · 어휘 · 문법)' , '독해' , '청해' 의 3 구분입니다.
N4, N5의 득점 구분은 '언어지식(문자 · 어휘 · 문법) · 독해' 와 '청해' 의 2 구분입니다.

JLPT 합격점 및 기준점

레벨	합격점	기준점		
		언어지식	독해	청해
N1	**100점**	19점	19점	19점
N2	**90점**	19점	19점	19점
N3	**95점**	19점	19점	19점
N4	**90점**	38점		19점
N5	**80점**	38점		19점

종합 득점과 각 과목별 득점의 두가지 기준에 따라 합격여부를 판정합니다. 즉, 종합 득점이 합격에 필요한 점수(합격점) 이상이며, 각 과목별 득점이 과목별로 부여된 합격에 필요한 최저점(기준점) 이상일 경우 합격입니다.

(JLPT 홈페이지에서 인용)

N1 문제의 구성과 대책

언어지식 (문자 · 어휘 · 문법) · 독해

문제1 한자읽기 6문제

한자로 쓰여진 단어 읽는 법을 답한다.

問題1 ＿＿＿の言葉の読み方として最もよいものを、1・2・3・4から一つ選びなさい。

例1 あの人は会議でいつも鋭い意見を言う。
　1 かしこい　　2 するどい　　3 すごい　　4 とうとい

例2 がんばって、試験に合格したい。
　1 ごかく　　2 こっかく　　3 ごうかく　　4 こうかく

例3 春の風が心地いい。
　1 しんじ　　2 しんち　　3 ここじ　　4 ここち

정답 : 2, 3, 4

POINT

예1과 같이 읽기는 완전히 다르지만 같은 장르의 단어가 선택지에 나열되는 경우와, 예2와 같이 「っ」와「゛」, 장음 유무가 해답의 결정적 기준이 되는 경우가 있습니다. 특별한 읽기 방법이 있는 한자 어휘도 출제됩니다. 예1의 패턴에서는 문제문의 문맥에서 그 곳에 들어갈 단어의 의미를 추측할 수 있는 경우가 있습니다. 문제문은 전부 읽으십시오.

공부법

한자는 「읽는 방법」「의미」「그 한자를 사용한 단어」를 함께 외우도록 합시다. 그렇게 함으로써 어휘도 늘고 한자만이 아닌 어휘 문제, 독해 문제의 대책도 됩니다. 예2의 패턴에서는 발음이 부정확하면 정답을 고를 수 없습니다. 한자를 공부할 때는 음과 히라가나를 연결하여 소리를 내어 확인하면서 외웁시다. 일견 우회하는 것 같지만 이렇게 해 놓으면 청해 능력도 늘어납니다.

문제2　문맥규정　7문제

(　　　)에 들어갈 가장 올바른 단어를 고른다.

問題2　(　　　)に入れるのに最もよいものを、1・2・3・4から一つ選びなさい。

例1　みんな帰って、教室の中は(　　　)静まりかえっていた。
　1　ぱっと　　2　じっと　　3　じんと　　4　しんと

例2　この番組では、いつも(　　　)な話題を提供している。
　1　ホット　　2　ポット　　3　ポイント　　4　ビジョン

정답：4，1

POINT

①한자 어휘, ②가타카나어, ③동사 · 형용사 · 부사의 문제가 나옵니다.

공부법

①한자 어휘: 공부법은 문제1과 같습니다.
②가타카나어: 가타카나어는 대부분 영어에서 유래하고 있습니다. 가타카나어는 한국어로 번역만이 아니라 영어와 연결시키면 기억하기 쉬울 것입니다. 단어 끝의 "s" 는 「ス」(예 : bus→バス) 등, 영어를 가타카나로 만들 때의 변화를 자기 나름대로 규칙화를 해 두면 처음 보는 단어도 유추할 수 있게 됩니다.
③동사 · 형용사 · 부사: 그 단어만이 아니라 자주 함께 사용되는 단어와 세트로 하여 예문으로 외웁시다.

문제3 유의환언 6문제

______의 단어 및 표현과 의미가 가장 가까운 단어나 표현을 고른다.

問題3 ______の言葉に意味が最も近いものを、1・2・3・4から一つ選びなさい。

例1 彼は<u>不意</u>に教室に現れた。

1 ゆっくり 2 いやいや 3 突然 4 さっさと

例2 この店の<u>アットホーム</u>な雰囲気が気に入っている。

1 友好的な 2 家庭的な 3 現代的な 4 古典的な

정답：3，2

POINT

①한자어휘, ②가타카나어, ③동사 · 형용사 · 부사의 문제가 나옵니다.
어느 선택지를 골라도 올바른 문장이 되는 경우가 많습니다. 의미를 확실히 확인하십시오.

공부법

자주 함께 사용되는 단어와 세트로 하여 단어의 의미를 외우면 좋습니다. N1레벨에서 기억해야 할 어휘가 아주 많으므로 매일 일정한 단어 수를 정하여 차근차근 공부하도록 합시다.

문제4　용법　6문제

문제의 단어를 사용한 문장에서 가장 올바른 문장을 고른다.

問題４　次の言葉の使い方として最もよいものを、1・2・3・4から一つ選びなさい。

例　密接

1　密接なスケジュールで、体を壊してしまった。
2　すき間ができないように、マスクをしっかり密接させる。
3　取引先とは密接な関係を築く必要がある。
4　密接した国同士、仲良くすべきだ。

정답：3

공부법

단어의 의미를 아는 것만으로는 답할 수 없는 문제도 있습니다. 어휘를 외울 때는 언제 어디에 사용되는지, 어느 조사와 함께 사용되는지, 명사의 경우는 「する」가 붙어서 동사로 되는지 등에도 주의하여 외웁시다.

문제5　문장의 문법1 (문법형식의 판단)　10문제

문장 속의 (　　　)에 들어가는 것으로 가장 올바른 단어를 고른다.

問題5　次の文の（　　　）に入れるのに最もよいものを、1・2・3・4から一つ選びなさい。

例1　（お知らせで）

今後もお客様により良いサービスを提供してまいりたいと思っております。（　　　）、アンケートにご協力のほど、どうぞよろしくお願いいたします。

1　すなわち　　2　つきましては　　3　要するに　　4　ただし

例2　田中「新しい職場はどう？ 楽しい？」

山田「楽しい（　　　）。毎日、残業ですよ。」

1　もんですか　　2　ことですか　　3　わけですか　　4　ところですか

정답 : 2, 1

POINT

회화 형식이나 두 문장 정도의 조금 긴 문제도 있습니다. 접속사 · 경어표현 (～ていただく· ～なさいます · ～願います 등) · 캐주얼한 표현 (～ったって· ～んなら · ～っこない · ～ばよかったのに 등) 을 묻는 문제도 나옵니다. 문법 문제와 독해 문제는 시간이 나뉘어 있지 않습니다. 독해 문제에 시간을 쓸 수 있도록 문법 문제는 빨리 푸십시오.

공부법

N1레벨의 문법 중에는 사용되는 상황이 대부분 정해져 있는 경우도 많이 있습니다. 문법 항목 별로 자신의 마음에 드는 예문을 반드시 하나 외워두십시오. 그 문법이 사용되는 상황의 이미지를 가지는 것이 중요합니다

문제6 문장의 문법2 (문장 만들기) 5문제

문장에 있는 4개의 ＿＿에 단어를 넣어 ＿★＿에 들어갈 선택지를 고른다.

問題6 つぎの文の ＿★＿ に入る最もよいものを、1・2・3・4から一つえらびなさい。

例 日本経済は、政府の景気対策により、少しずつ ＿＿ ＿＿ ＿★＿ ＿＿ 依然、苦しい状態が続いている。

1 回復に　　2 つつある　　3 とはいえ　　4 向かい

정답 : 2 (1 → 4 → 2 → 3)

POINT

＿＿만 보는 것이 아니라 문장 전체를 읽고 이야기의 흐름을 이해한 후 답합니다. 뉴스 기사와 같은 내용도 출제됩니다. 대부분은 세번째 빈칸이 ＿★＿이지만 다른 경우도 있으므로 주의하십시오.

공부법

문형의 앞뒤에 어떤 품사의 단어가 오고 어떤 형태로 접속하는지에 주의하여 어순을 외워 두십시오. 게다가 ＿＿의 앞뒤와 잘 연결되는지가 힌트가 되므로 조금 긴 문장을 읽을 때에는 문장의 구조를 도식화하는 등 문장의 구조에 익숙하도록 하십시오.

문제7　문장의 문법　5문제

문장의 흐름에 맞는 표현을 선택지에서 고른다.

次の文章を読んで、文章全体の内容を考えて、 例1 から 例4 の中に入る最もよいものを、1・2・3・4から一つ選びなさい。

「最近の若者は、夢がない」とよく言われる。わたしはそれに対して言いたい。 例1 、しょうがないじゃないか。子供のころから不景気で、大学に入ったら、就職率が過去最低を記録している。そんな先輩たちの背中を見ているのだ。どうやって夢を持って 例2 。しかし、このような状況は、逆に 例3 だとも考えられる。

自分をしっかりと見つめなおし、自分のコアを見つけるのだ。そしてそれを成長への飛躍とするのだ。今のわたしは高く飛び上がるために、一度 例4 状態だと思って、明日を信じてがんばりたい。

例1)　1　したがって　2　だって　3　しかも　4　むしろ
例2)　1　生きていけというのだ　2　生きていかなければならない
　　　3　生きていってもいいのか　4　生きていくべきだろう
例3)　1　ヒント　2　アピール　3　ピンチ　4　チャンス
例4)　1　飛んでいる　2　もぐっている
　　　3　しゃがんでいる　4　死んでいる

정답 : 2, 1, 4, 3

POINT

아래 3종류의 문제가 자주 출제됩니다.

①접속사 : 아래와 같은 접속사를 넣습니다. 빈칸의 앞뒤 문장을 읽고 연결을 생각합니다.
- 순접 : すると、そこで、したがって、ゆえに、よって
- 역접 : しかし、しかしながら、だが、ところが、それでも、とはいえ、むしろ
- 병렬 : また、および、かつ
- 부가 : そのうえ、それに、しかも、それどころか、さらに
- 대비 : 一方（で）
- 선택 : または、あるいは、もしくは、ないし
- 설명 : なぜなら
- 보충 : ただ、ただし、実は、ちなみに、なお
- 환언 : つまり、要するに、すなわち、いわば
- 예시 : たとえば
- 전환 : ところで、さて、では、それでは
- 확인 : もちろん
- 수렴 : こうして、このように、その結果、結局

②문맥지시 : 「そんな～」「あの～」와 같은 표현이 선택지가 됩니다. 지시사의 대상은 한 문장 앞에 있는 경우가 많습니다. 하지만 「先日、こんなことがありました。～」와 같이 뒤에 이어지는 구체적인 예를 가리키는 단어가 선택지가 되는 경우도 있습니다. 답을 골랐다면 지시사의 위치에 정답이라고 생각하는 단어나 표현을 넣어보고 부자연스럽지 않은지 확인합니다.

③문중표현 · 문말표현 : 문장의 흐름 속에서 문중이나 문말에 어떤 표현이 들어가는지를 묻습니다. 앞뒤 문장의 의미 내용을 이해하고 덧붙여진 문법 항목이 어떤 의미를 더할 수 있을지 생각합니다.

공부법

①접속사 : 위에 제시한 분류를 외워둡시다.

②문맥지시 : 「こ」「そ」「あ」가 일본어 문장 속에서 어떻게 사용되고 있는지 한국어와의 차이를 명확히 해 두십시오.

③문중표현 · 문말표현 : 평소에 문법 항목은 예문과 함께 외워두면 도움이 됩니다. 또한 문장을 읽을 때는 흐름을 의식하도록 합시다.

문제8　내용이해 (단문)　1문제×4

200자 정도의 문장을 읽고 내용에 관련된 선택지를 고른다.

POINT

질문 패턴은 여러가지 있지만 대부분은 필자가 가장 말하고 싶은 내용이 문제로 되어 있습니다. 소거법으로 답을 고르는 것이 아니라 발화 의도를 확실히 파악하여 선택하십시오.

〈자주 있는 질문〉
· 필자의 생각에 맞는 것은 어느 것인가?
· 이 이메일을 작성한 첫 번째 목적은 무엇인가?
· ______에 대하여 필자는 어떻게 말하고 있는가?
· 필자에 의하면______라는 것은 어떠한 것인가?
· 필자에 의하면______인 것은 왜인가?
· 이 안내로부터______에 대하여 어떤 것을 알 수 있는가?

문제9　내용이해 (중문)　3문제×3

500자 정도의 문장을 읽고 내용에 관련된 선택지를 고른다.

POINT

「______とあるが、どのような○○か。」「______とあるが、なぜか。」와 같은 질문에서 키워드나 인과관계를 이해하고 있는지를 묻는 문제가 출제됩니다. 밑줄 부분의 의미를 묻는 질문이 나오면 같은 의미를 나타내는 환언의 표현이나 문장 속에 몇 번이고 나오는 키워드를 찾습니다. 밑줄 부분의 앞뒤에 힌트가 있는 경우가 많습니다.

문제10　내용이해 (장문)　4문제×1

1,000자 정도의 문장을 읽고 내용에 관련된 선택지를 고른다.

POINT

「______とはどういうことか。」「______について、筆者はどのように考えているか。」「筆者の考えに合うものはどれか。」와 같은 질문에서 문장의 내용이나 필자의 생각을 이해하고 있는지 묻는 질문이 출제됩니다. 필자가 말하고 싶은 것은 첫 단락과 마지막 단락에 쓰여 있는 경우가 많으므로 특별히 주의하여 읽으십시오.

문제11　통합이해 2문제×1

300자 정도의 2개의 문장을 읽고 비교하여 내용에 관련된 선택지를 고른다.

POINT

「＿＿＿について、AとBはどのように述べているか。」「＿＿＿について、AとBで共通して述べられていることは何か。」와 같은 질문에서 비교·통합하면서 이해하고 있는지 묻는 문제가 출제됩니다. 전자의 경우 선택지는「AもBも、＿＿＿」와「Aは＿＿＿と述べ、Bは＿＿＿と述べている」의 형태가 됩니다. 두 문장의 공통점과 상이점을 의식하면서 읽으십시오.

문제12　주장이해 (장문)　4문제×1

1,000자 정도의 문장 (평론 등) 을 읽고 주장이나 의견을 말하고 있는 선택지를 고른다.

POINT

「＿＿＿について、筆者はどう述べているか。」「筆者によると、＿＿＿にはどうすればいいか。」「＿＿＿とはどういうことか。」「筆者の考えに合うものはどれか。」「この文章で筆者が最も言いたいことは何か。」와 같은 질문에서 전체적으로 전달하고자 하는 주장이나 의견을 파악하고 있는지 묻는 질문이 출제됩니다. 필자의 생각을 묻는 질문으로는 주장이나 의견을 나타내는 표현 (~べきだ、~のではないか、~なければならない、~ではないだろうか など) 에 주목하십시오.

공부법

문제9 ~ 12에서는 우선 전체를 대충 읽는 탑 다운의 읽기 방법으로 큰 의미를 파악하고 다음으로, 문제문을 읽고 밑줄 부분의 앞뒤 등 해답으로 이어질 것 같은 부분을 차분히 보는 바텀 업의 읽기 방법을 실행하면 좋습니다. 평소 독해 훈련도 먼저 대충 읽고 큰 의미를 파악한 후 천천히 읽어 나가는 두 가지 읽기 방법을 병용하시기 바랍니다.

문제13 정보검색 2문제×1

700자 정도의 광고, 팜플렛 등에서 필요한 정보를 찾아 내어 답한다.

POINT

어떤 정보를 얻기 위해서 전단지 등을 읽게 되는 일상의 독해 활동에 가까운 형태의 문제입니다. 먼저 문제문을 읽고 필요한 정보만을 찾기 위해 읽으면 효율이 좋습니다. 많은 문제에는 조건이 제시되어 있고 그것에 맞는 상품이나 코스 등을 선택하는 것입니다. 또한 「参加したい／利用したいと考えている人がしなければならないことはどれか。」라는 문제도 있습니다. 이런 경우는 선택지 하나하나에 대하여 맞는지 본문과 대조하십시오.

공부법

광고나 팜플렛의 정보로써 자주 나오는 것은 이해하여 두십시오.

(예) 시간 : 営業日、最終、～内、開始、終了、即日
장소 : 集合、お届け、訪問
요금 : 会費、手数料、割引、無料、追加、全額負担
신청 : 締め切り、要⇔不要、最終、募集人数、定員、応募、手続き
대출 : 可⇔不可
이용조건 : ～に限る、一人一点限り
등

청해

POINT

청해 시험은 시간도 배점도 전체의 3분의 1을 차지하고 비중이 높은 과목입니다. 집중하여 임하도록 합시다. 쉬는 시간에는 착실히 휴식하십시오. 시험 중에 일단 문제 용지에 메모하여 나중에 해답 용지에 옮겨 적을 수 있는 시간이 없으므로 문제를 들으면 즉시 마크시트에 해답을 기입하십시오.

공부법

청해는 독해처럼 차분히 정보에 대하여 생각할 여유가 없습니다. 모르는 어휘가 있어도 순식간에 내용이나 발화 의도를 파악할 수 있도록 많이 훈련하여 익숙해지십시오. 그렇지만 맹목적으로 듣기만 해서는 청해 능력은 늘지 않습니다. 말하는 사람의 목적을 파악한 후에 듣도록 합시다. 또한 청해 능력을 도와주는 어휘 · 문법의 기초력과 정보 처리 속도를 늘리기 위해 어휘도 음성으로 듣고 이해할 수 있도록 합시다.

청해 TIP

일본어능력시험에 대비하여 청해 공부를 하는 사람들은 어떻게 공부해야 빨리 일본어를 잘 듣고 좋은 점수를 받을 수 있는가 하는 질문을 가집니다.

이에 대한 정답은 없습니다. 각자의 일본어 학습 동기와 목적 등에서 독학하는 사람, 학원에 다니는 사람, 학교에서 수업하는 사람 등 매우 다양한 학습 방법에 따라 다르다고 할 수 있습니다.

다만, 여기에서 한 가지 효과적인 방법론에 대해 안내 드립니다.

청해는 기본적으로 음성이 들려서 단어의 뜻이 이해되지 않으면 해석이 불가합니다. 단어를 알게 되면 이 책에서 제시하는 청해 방법에 따라 문제를 푸는 요령을 터득하면 됩니다.

그런데, 단어를 마냥 하나씩 외우기 보다는 그 단어가 들어가는 문장의 음성을 함께 들으면서 외우는 것이 무엇 보다 효율적인 방법이라 할 수 있습니다. 그런 의미에서 본사에서 발행한 <필승합격 일본어능력시험 단어장 시리즈>를 추천합니다.

이 단어장 시리즈는 각 단어와 그 단어가 들어 가는 문장을 자연스럽고 듣기 편한 속도로 녹음하였으므로 음성으로 들으면서 공부할 수 있습니다. 일본어 레벨에 따라 N1에서 N5까지 다섯 권으로 구성하였고 총 10,000개 단어가 수록되어 있습니다.

단어가 사용되는 예문은 주제 및 상황에 맞게 구성되어 실생활과 JLPT 시험에 자주 나오는 문장으로 제시되고 있습니다. 많은 이용을 바랍니다.

문제1　과제 이해　6문제

두 사람의 회화를 듣고 어떤 과제를 해결하는데 필요한 정보를 알아듣는다.

問題1では、まず質問を聞いてください。それから話を聞いて、問題用紙の1から4の中から、最もよいものを一つ選んでください。

상황설명과 질문을 듣는다

病院の受付で、男の人と女の人が話しています。
男の人はこのあとまず何をしますか。

▼

회화를 듣는다

M：すみません、予約していないんですが、いいですか。
F：大丈夫ですよ。こちらは初めてですか。初めての方は、まず診察券を作成していただくことになります。
M：診察券なら、持っています。
F：それでは、こちらの書類に症状などをご記入のうえ、保険証を一緒に出してください。そのあと体温を測ってください。
M：わかりました。ありがとうございます。

▼

다시 한번 질문을 듣는다

男の人はこのあとまず何をしますか。

▼

선택지 또는 일러스트에서 답을 고른다

1　予約をする
2　診察券を作成する
3　書類に記入する
4　体温を測る

정답 : 3

POINT

질문을 확실히 듣고, 들어야만하는 포인트를 좁혀 들으십시오. 질문은「(これからまず）何をしなければなりませんか。」というものがほとんど。「＿＿＿はいいかな。」등으로 이야기가 오락가락하는 경우도 많으므로 주의하십시오.「その前に」「～はそれからで」「先に」「差し当たり」「とりあえず」「ひとまず」「それより」등 우선 순위를 나타내는 단어를 놓치지 않도록 하십시오.

문제2　포인트 이해　7문제

두 사람 또는 한 사람의 이야기를 듣고 이야기의 포인트를 알아듣는다.

問題2では、まず質問を聞いてください。そのあと、問題用紙のせんたくしを読んでください。読む時間があります。それから話を聞いて、問題用紙の1から4の中から、最もよいものを一つ選んでください。

상황설명과
질문을 듣는다

🔊 テレビで司会者と男の人が話しています。男の人は芝居のどんなところが一番大変だと言っていますか。

▼

선택지를
읽는다

（約20秒）

▼

이야기를
듣는다

🔊 F：富田さん、今回の舞台劇『六人の物語』は、すごく評判がよくて、ネット上でも話題になっていますね。

M：ありがとうございます。空いている時間は全部練習に使ったんですよ。でも、間違えないでセリフを話せたとしても、キャラクターの性格を出せないとお芝居とは言えないので、そこが一番大変でしたね。

▼

다시 한번
질문을 듣는다

🔊 男の人は芝居のどんなところが一番大変だと言っていますか。

선택지에서
정답을 고른다

1　体力がたくさん必要なところ
2　セリフをたくさん覚えないといけないところ
3　練習をたくさんしないといけないところ
4　キャラクターの性格を出すところ

정답：4

POINT

질문문을 들은 후에 선택지를 읽을 시간이 있습니다. 질문과 선택지에서 내용을 예상하고 포인트를 좁혀서 들으십시오. 묻는 것은 원인·이유나 문제점, 목적, 방법 등이며 일상의 청해 활동에 가깝습니다. 「実は」「しかし」「ただ」「でも」 등의 말 뒤에는 중요한 이야기가 이어지는 경우가 많으므로 주의하여 들으십시오.

문제3　개요이해　6문제

두 사람 또는 한 사람의 이야기를 듣고 이야기의 주제, 화자가 말하고 싶은 것 등을 알아듣는다.

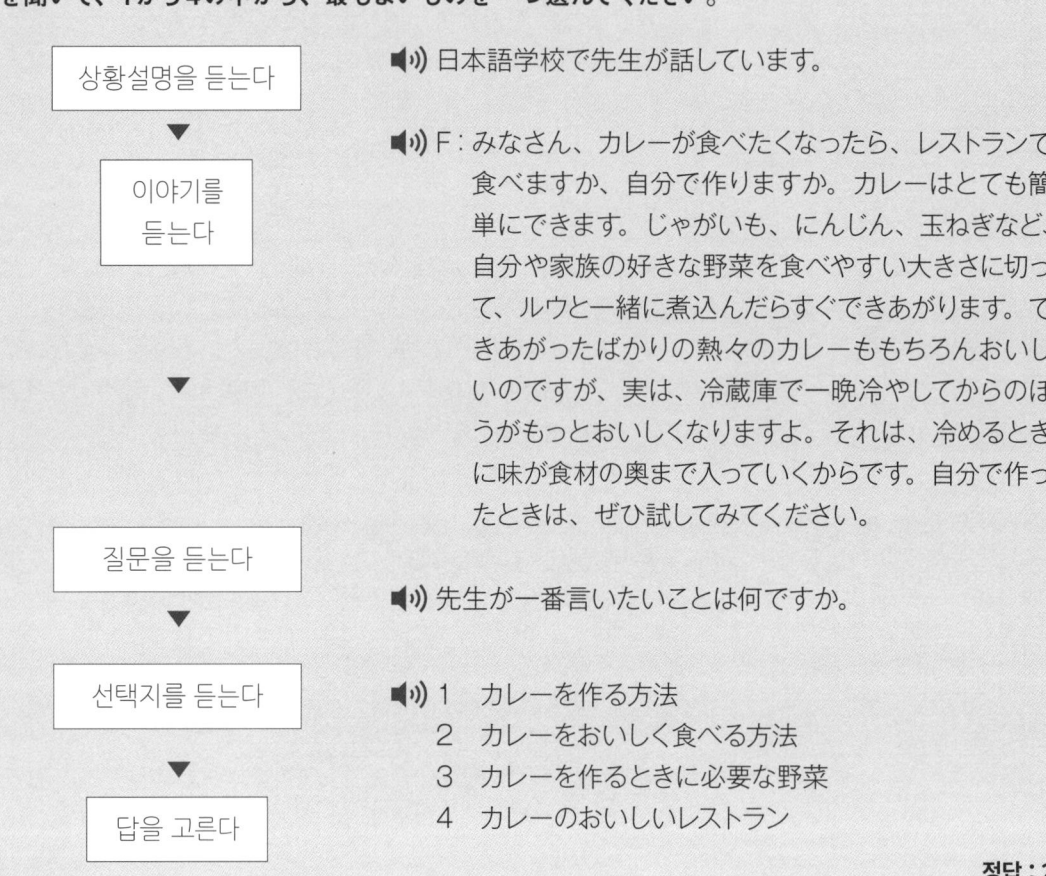

問題3では、問題用紙に何も印刷されていません。この問題は、全体としてどんな内容かを聞く問題です。話の前に質問はありません。まず話を聞いてください。それから、質問とせんたくしを聞いて、1から4の中から、最もよいものを一つ選んでください。

상황설명을 듣는다
이야기를 듣는다
질문을 듣는다

日本語学校で先生が話しています。

F：みなさん、カレーが食べたくなったら、レストランで食べますか、自分で作りますか。カレーはとても簡単にできます。じゃがいも、にんじん、玉ねぎなど、自分や家族の好きな野菜を食べやすい大きさに切って、ルウと一緒に煮込んだらすぐできあがります。できあがったばかりの熱々のカレーももちろんおいしいのですが、実は、冷蔵庫で一晩冷やしてからのほうがもっとおいしくなりますよ。それは、冷めるときに味が食材の奥まで入っていくからです。自分で作ったときは、ぜひ試してみてください。

先生が一番言いたいことは何ですか。

선택지를 듣는다

1　カレーを作る方法
2　カレーをおいしく食べる方法
3　カレーを作るときに必要な野菜
4　カレーのおいしいレストラン

답을 고른다

정답：2

POINT

화제가 되는 것은 무엇인지, 가장 말하고 싶은 것은 무엇인지 등을 묻는 문제입니다. 세부적인 것에 구애받지 않고 전체 내용을 듣도록 하십시오. 특히 「つまり」「このように」「そこで」 등 요지나 본제를 말하는 표현이나 「～と思います」「～べきです」 등 화자의 주장이나 의견을 말하는 부분에 주의하십시오.

문제4　즉시응답　14문제

질문, 의뢰 등의 짧은 발화를 듣고 적절한 답을 고른다.

問題(もんだい)4では、問題用紙(もんだいようし)に何(なに)も印刷(いんさつ)されていません。まず文(ぶん)を聞(き)いてください。それから、それに対(たい)する返事(へんじ)を聞(き)いて、1から3の中(なか)から、最(もっと)もよいものを一(ひと)つ選(えら)んでください。

질문 등의 짧은 발화를 듣는다

▼

선택지를 듣는다

▼

답을 고른다

F：あれ、まだいたの？ とっくに帰ったかと思った。

M：1　うん、思ったより時間がかかって。
　　2　うん、予定より早く終わって。
　　3　うん、帰ったほうがいいと思って。

정답：1

공부법

문제4에는 일상 생활에서 자주 사용되는 인사나 표현이 많이 나옵니다. 평소에 주의하여 외워두십시오. 문형에 대해서도 읽고 아는 것만이 아니라 귀로 듣고 알 수 있도록 공부합시다.

문제5　통합이해　4문제

복수의 정보를 비교하면서 내용을 알아듣는다.

問題5では、長めの話を聞きます。この問題に練習はありません。
問題用紙にメモをとってもかまいません。

1番、2番

問題用紙に何も印刷されていません。まず話を聞いてください。それから、質問とせんたくしを聞いて、1から4の中から、最もよいものを一つ選んでください。

상황설명을 듣는다

▼

家で家族三人が娘のアルバイトについて話しています。

회화를 듣는다

F1：ねえ、お母さん。わたし、アルバイト始めたいんだ。いいでしょう？
F2：まだ大学に入ったばかりなんだから、勉強をしっかりやったほうがいいんじゃないの？
F1：でも、友達はみんなやってるし、お金も必要だし…。お父さんだって、学生時代アルバイトやってたんでしょう？
M：そうだな…。じゃあ、アルバイトはしないで、お父さんの仕事を手伝うのはどうだ？ 1時間1,000円出すよ。
F1：えっ、本当に？ やるやる。
F2：よかったわね。でも、大学の勉強も忘れないでよ。

▼

질문을 듣는다

娘はなぜアルバイトをしないことにしましたか。

선택지를 듣는다

정답을 고른다

1　大学の勉強が忙しいから　　2　お金は必要ないから
3　母親に反対されたから　　4　父親の仕事を手伝うから

정답：4

POINT

1번과 2번에서는 질문과 선택지를 모른 채 1~2분 정도의 긴 회화를 들어야 합니다. 포인트가 될 만한 것을 메모하면서 들으십시오.

3番

まず話を聞いてください。それから、二つの質問を聞いて、それぞれ問題用紙の1から4の中から、最もよいものを一つ選んでください。

선택지를 읽는다

1　Aグループ　　2　Bグループ
3　Cグループ　　4　Dグループ

상황설명을 듣는다

あるイベントの会場で、司会者がグループ分けの説明をしています。

한 사람의 이야기를 듣는다

司会者：今から性格によって四つのグループに分かれていただきたいと思います。まず、Aグループは「社交的なタイプ」の方。それから、Bは「まじめで几帳面タイプ」の方、Cは「マイペースタイプ」の方、Dは「一人でいるのが好きなタイプ」です。では、ABCDと書かれた場所に分かれてお入りください。

▼

두 사람의 회화를 듣는다

M：僕はよく研究者っぽいって言われるから、Dなのかなあ。
F：そう？ マイペースなだけなんじゃない？ それに、一人でいるとこなんて見たことないよ。
M：そう言われるとそうだな。じゃあ、あっちか。
F：私はどうしよう。
M：うーん、君はけっこう細かいんじゃない？ 時間にもうるさいし。
F：そっか。じゃ、こっちにしよう。

▼

두 가지 질문을 듣는다

質問1　男の人はどのグループですか。
質問2　女の人はどのグループですか。

선택지에서 정답을 고른다

정답：3, 2

POINT

어떤 이야기에 관련된 설명을 들은 후에 그것에 대하여 두 사람이 이야기하는 회화를 듣습니다. 설명 부분은 문제 용지에 적힌 선택지의 주변에 메모하면서 들으십시오. 그 메모를 보면서 회화 부분을 듣고 답을 고릅니다.

시간 기준

시험은 시간과의 전쟁입니다. 모의고사 문제를 풀 때에도 시간을 체크하면서 풀어 봅시다. 아래는 대략적인 기준입니다.

언어지식 (문자・어휘・문법) ・독해　110분

문제	문제수	소요 시간 기준	1문제당 시간
문제1	6문제	1분	10초
문제2	7문제	2분	15초
문제3	6문제	2분	20초
문제4	6문제	6분	50초
문제5	10문제	5분	30초
문제6	5문제	5분	1분
문제7	5문제	5분	1분
문제8	단문4개	10분	1문장2분30초
문제9	중문3개	18분	1문장6분
문제10	장문1개	15분	—
문제11	2문제	10분	—
문제12	장문1개	15분	—
문제13	정보소재1개	8분	—

청해　60분

청해는「나중에 다시 한 번 생각하자」라고 처리하지 마시고 음성을 들으면 바로 답을 판단하여 마크시트에 기입합시다.

제1회 해답 · 해설

필승합격 모의고사 해답용지

N1 言語知識（文字・語彙・文法）・読解

第1回

受験番号 Examinee Registration Number		名前 Name	

〈ちゅうい　Notes〉

1. くろいえんぴつ（HB、No.2）でかいてください。
   Use a black medium soft (HB or No.2) pencil.
   （ペンやボールペンではかかないでください。）
   (Do not use any kind of pen.)
2. かきなおすときは、けしゴムできれいにけしてください。
   Erase any unintended marks completely.
3. きたなくしたり、おったりしないでください。
   Do not soil or bend this sheet.
4. マークれい Marking Examples

よいれい Correct Example	わるいれい Incorrect Examples
●	⊗ ✓ ◯ ◎ ⊜ ⦶ ●

問題1				
1	●	②	③	④
2	①	●	③	④
3	①	●	③	④
4	①	●	③	④
5	①	②	③	●
6	●	②	③	④
問題2				
7	①	●	③	④
8	●	②	③	④
9	●	②	③	④
10	①	②	③	●
11	●	②	③	④
12	①	②	●	④
13	①	②	●	④
問題3				
14	①	②	③	●
15	●	②	③	④
16	●	②	③	④
17	①	②	③	●
18	①	②	●	④
19	①	●	③	④
問題4				
20	●	②	③	④
21	①	②	●	④
22	①	②	●	④
23	①	●	③	④
24	●	②	③	④
25	①	②	③	●

問題5				
26	①	②	●	④
27	①	②	③	●
28	①	●	③	④
29	①	②	●	④
30	①	②	③	●
31	①	●	③	④
32	①	②	●	④
33	①	②	③	●
34	●	②	③	④
35	①	②	③	●
問題6				
36	①	②	●	④
37	●	②	③	④
38	①	②	●	④
39	①	②	③	●
40	①	②	③	●
問題7				
41	①	●	③	④
42	●	②	③	④
43	①	②	●	④
44	●	②	③	④
45	①	②	③	●
問題8				
46	①	●	③	④
47	①	②	③	●
48	①	②	●	④
49	①	②	③	●

問題9				
50	①	●	③	④
51	①	●	③	④
52	①	②	●	④
53	①	②	●	④
54	●	②	③	④
55	●	②	③	④
56	①	②	●	④
57	①	●	③	④
58	①	●	③	④
問題10				
59	●	②	③	④
60	①	●	③	④
61	●	②	③	④
62	①	●	③	④
問題11				
63	①	②	●	④
64	①	②	③	●
問題12				
65	①	②	③	●
66	①	②	●	④
67	●	②	③	④
68	①	②	●	④
問題13				
69	①	●	③	④
70	①	●	③	④

필승합격 모의고사 해답용지

N1 聴解

第1回

受験番号 Examinee Registration Number	

名前 Name	

〈ちゅうい Notes〉

1. くろいえんぴつ（HB、No.2）でかいてください。
   Use a black medium soft (HB or No.2) pencil.
   （ペンやボールペンではかかないでください。）
   (Do not use any kind of pen.)
2. かきなおすときは、けしゴムできれいにけしてください。
   Erase any unintended marks completely.
3. きたなくしたり、おったりしないでください。
   Do not soil or bend this sheet.
4. マークれい Marking Examples

よいれい Correct Example	わるいれい Incorrect Examples
●	⊗ ✓ ○ ◎ ⦵ ⦶ ●

問題1

例	①	②	●	④
1	①	●	③	④
2	①	②	●	④
3	①	②	●	④
4	①	●	③	④
5	●	②	③	④
6	①	●	③	④

問題2

例	①	●	③	④
1	①	②	③	●
2	①	②	③	●
3	①	●	③	④
4	①	②	●	④
5	①	②	●	④
6	①	②	③	●
7	①	●	③	④

問題3

例	①	②	③	●
1	①	●	③	④
2	①	②	●	④
3	①	②	●	④
4	●	②	③	④
5	①	②	③	●
6	①	●	③	④

問題4

例	●	②	③
1	①	②	●
2	●	②	③
3	①	●	③
4	①	●	③
5	①	●	③
6	●	②	③
7	①	●	③
8	①	②	●
9	●	②	③
10	①	②	●
11	①	●	③
12	①	②	●
13	●	②	③
14	①	②	●

問題5

1		①	②	③	●
2		①	●	③	④
3	(1)	●	②	③	④
	(2)	①	②	③	●

제1회 채점표와 분석

		배점	정답수	점수
문자・어휘・문법	문제1	1점×6문제	／6	／6
	문제2	1점×7문제	／7	／7
	문제3	1점×6문제	／6	／6
	문제4	2점×6문제	／6	／12
	문제5	1점×10문제	／10	／10
	문제6	1점×5문제	／5	／5
	문제7	2점×5문제	／5	／10
	합 계	56점		a ／56

60점이 되도록 계산하여 봅시다. a [ ] 점÷56×60＝ A [ ] 점

		배점	정답수	점수
독해	문제8	2점×4문제	／4	／8
	문제9	2점×9문제	／9	／18
	문제10	3점×4문제	／4	／12
	문제11	3점×2문제	／2	／6
	문제12	3점×4문제	／4	／12
	문제13	3점×2문제	／2	／6
	합 계	62점		b ／62

b [ ] 점÷62×60＝ B [ ] 점

		배점	정답수	점수
청해	문제1	2점×6문제	／6	／12
	문제2	1점×7문제	／7	／7
	문제3	2점×6문제	／6	／12
	문제4	1점×14문제	／14	／14
	문제5	3점×4문제	／4	／12
	합 계	57점		c ／57

c [ ] 점÷57×60＝ C [ ] 점

A B C 중에 48점 이하인 과목이 있다면 해설과 대책을 읽고 다시 한 번 도전합시다.
(48점은 이 책의 기준입니다.)

※이 채점표의 득점은 아스크 출판 편집부가 문제의 난이도를 판단하여 배점하였습니다.

언어지식 (문자 · 어휘 · 문법) · 독해

◆ 문자 · 어휘 · 문법

※해설은 유사표현을 많이 알 수 있도록 알기 쉬운 일본어와 한국어를 병용하였습니다.

問題1

1 정답 ：1 うながした

促　ソク／**うなが-す**

促(うなが)す : 재촉하다

2 ～に即(そく)した : ~에 입각한

3 潰(つぶ)す : 찌부러뜨리다

4 犯(おか)す : 범하다/저지르다　例 罪(つみ)を犯(おか)す

侵(おか)す : 침범하다　例 人権(じんけん)を侵(おか)す

冒(おか)す : 무릅쓰다　例 危険(きけん)を冒(おか)す

2 정답 ：2 はつが

発　**ハツ** (ハッ・パツ)・ホツ (ホッ)

芽　**ガ**／め

発芽(はつが) : 植物(しょくぶつ)の芽(め)が出(で)ること 발아

1 葉(は)っぱ ＝ 葉(は) 잎사귀

3 정답 ：2 じゅりつ

樹　**ジュ**

立　**リツ**・リュウ／た-つ・た-てる

樹立(じゅりつ)する : 수립하다

4 정답 ：2 そしょう

訴　**ソ**／うった-える

訟　**ショウ**

訴訟(そしょう) : 소송

5 정답 ：4 ちゅうせん

抽　**チュウ**

選　**セン**／えら-ぶ

抽選(ちゅうせん) : 추첨

6 정답 ：1 したって

慕　ボ／**した-う**

慕(した)う : 그리워하다

2 飾(かざ)る : 장식하다

3 謳(うた)う : ほめたたえる・主張(しゅちょう)する 칭찬하다/주장하다

例 平和(へいわ)を謳(うた)う

4 諮(はか)る : 자문하다　例 審議(しんぎ)を諮(はか)る

問題2

7 정답 ：2 推進(すいしん)

推進(すいしん)する : 추진하다

1 推測(すいそく)する : 추측하다

例 原因(げんいん)を推測(すいそく)する

3 推考(すいこう)する : 추고하다

例 念入(ねんい)りに推考(すいこう)する

4 推移(すいい)する : 추이하다

8 정답 ：1 脱退(だったい)

脱退(だったい)する : 탈퇴하다

2 脱出(だっしゅつ)する : 탈출하다

3 撤退(てったい)する : 철퇴하다

4 撤収(てっしゅう)する : 철수하다

9 정답 ：1 痛(いた)む

胸(むね)が痛(いた)む : 가슴이 아프다

2 胸(むね)を打(う)つ : 感動(かんどう)させる 감동시키다

3 耳(みみ)を傾(かたむ)ける : 熱心(ねっしん)に聞(き)く 귀를 기울이다

4 足(あし)を引(ひ)っ張(ぱ)る : 仲間(なかま)の成功(せいこう)や勝利(しょうり)の邪魔(じゃま)をする 발목을 잡다

10 정답 ：4 見地(けんち)

科学的(かがくてき)な見地(けんち) : 과학적인 견해

1 見積(みつもり) : 견적 例 見積(みつもり)を取(と)る

2 見識(けんしき) : 식견 例 見識(けんしき)が深(ふか)い

3 見当(けんとう) : 짐작 例 見当(けんとう)をつける

11 정답 : 1 カーブ

カーブ : 커브(길 등이 구부러진 것)

2 スペース : 스페이스/공간

3 セーフ : 세이프/안전

4 スピード : 스피드/속도

12 정답 : 3 打ち切り

打ち切りになる : 중지되다

1 打ち消し : 부정

2 打ち上げ : 발사

4 打ち取り : 野球でピッチャーがバッターをアウトにすること 야구에서 투수가 타자를 아웃시키는 것

13 정답 : 3 あらかた

あらかた : だいたい・ほとんどの部分

거의/대부분

1 まったく(～ない) : 전혀(~아니다)

2 しばしば : 자주/심심치 않게

4 たいてい : 대개

問題3

14 정답 : 4 忙しい

せわしない ＝ 忙しい 바쁘다

15 정답 : 1 もとにもどる

復旧する ＝ もとにもどる 복구하다

16 정답 : 1 単純な

シンプルな ＝ 単純な 심플한

17 정답 : 4 思い上がって

うぬぼれている ＝ 思い上がっている

자만하고 있다/젠체하고 있다

1 思い悩む : 고민하다

2 思い余る : 어찌해야 좋을지 갈팡질팡하다

3 思い込む : 굳게 결심하다/믿다

18 정답 : 3 よく

ちょくちょく(～する) ＝ よく(～する)

자주(~하다)

19 정답 : 2 平凡な

ありふれた ＝ 平凡な 평범한

問題4

20 정답 : 1 田口さんは普段は無口ですが、サッカーのことになるとよく話します。

無口 : 과묵함

21 정답 : 3 私の寮では、22時以降の外出は禁止されている。

～以降 : ~이후

1 …、休日**以外**は時間が取れそうにありません。

4 60点**以下**は不合格になりますから、…

22 정답 : 3 ささやかですが、こちらお祝いの品物です。どうぞ。

ささやか : 작음/조촐함

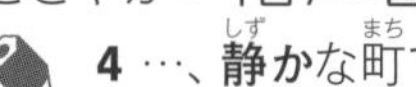

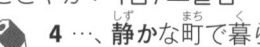

4 …、**静か**な町で暮らしたい。

23 정답 : 2 成績が上がってきたとはいえ、試験に合格するまで油断は禁物だ。

油断は禁物 : 방심은 금물

1 …、会場内でのご飲食は**禁止**されています。

24 정답 : 1 仕事ばかりしていないで、たまには息抜きしましょう。

息抜きする : 한숨 돌리다

2 …、涼しい風が森の中を**吹き抜けて**いった。

風が吹き抜ける : 바람이 불고 지나가다

4 …、気がつくと**ため息**ばかりついている。

ため息をつく : 한숨쉬다

25 정답 : 4 さすが、若い人は仕事の飲み込みが早いね。

飲み込みが早い : 이해가 빠르다

1 そんなにたくさん書類を**詰め込む**と、…
詰め込む : 가득 채우다

2 **飛び込み**で営業をしても、…
飛び込み営業 : 예고없이 찾아가는 영업

3 …、毎日研究に**のめり込んで**いて、…
のめり込む : 빠져들다

問題5

26 정답 : 3 極まりない

~極まりない : 非常に~だ

~기 짝이 없다 : 매우 ~다

※「~」에는 [な形容詞] 가 들어간다. 「危険・失礼・残念」 등의 단어가 자주 사용된다.

1 ~に限る : ~が一番いい

2 ~て/でたまらない : 我慢できないほど~だ

4 ~を禁じ得ない : ~(という気持ち) を抑えられない ※「~」에는 「涙・怒り・驚き」 등의 명사가 들어간다.

27 정답 : 4 あるからには

AからにはB : A이기 때문에 당연히 B

※ B에는 「べきだ・つもりだ・なければならない」 등이 들어간다.

1 AとしてもB : 仮にAという場合でもB

2 AものならB : もしAできるならB
※B에는 「~する・~たい」 등이 들어간다.

3 AべくB : Aしようと思ってB

28 정답 : 2 組織ぐるみ

~ぐるみ : ~を含めて全部 ~모두

例 組織ぐるみの犯罪・家族ぐるみの付き合い

1 ~上 : ~の観点から見れば ※「~」에는 「教育・法律・立場・経験」 등의 명사가 들어간다.

3 ~ずくめ : すべてにわたって~だ ※「~」에는 「いいこと・うれしいこと・ごちそう・会議・黒」 등의 명사가 들어간다.

4 ~まみれ : ~のような汚いものが全体にくっついている ※「~」에는 「泥・汗・ほこり・油・血・借金」 등의 명사가 들어간다.

29 정답 : 3 や否や

Aや否やB : A함과 동시에 B

※A에는 [動詞の辞書形] 이 들어간다.

1 Aと思いきやB : Aと思ったが実際はB

2 AもののB : Aなのは確かだがしかしB

4 AとあってB : Aという事情でB

30 정답 : 4 信頼するに足りない

~に足りない : ~するための条件を満たしていない・~できない ~할 수 없다

※「~」에는 [動詞の辞書形] [名詞 (+する)] 가 들어간다.

例 信頼するに足りない・信頼に足りない

1 ~にかたくない : 簡単に~できる
※「~」에는 「想像 (する)・理解 (する)・推測 (する)・察する」 등이 들어간다.

2 ~に越したことはない : ~するのが当然いい

3 ~にほかならない : ~以外のものではない

31 정답 : 2 お待ちしております

「待っています」의 겸양어는 「お待ちしております」。「心よりお待ちしております」는 비즈니스에서 자주 사용되는 표현.

32 정답 : 3 してまで

AてまでBようとは思わない : A와 같이 무리하여 B할 생각이 없다

2 AからしてB : Aがそうだからそれ以外はもちろんB・Aから判断してB

4 Aする限りB : Aの状態が続く間はB

33 정답 ：4 を皮切りに

Aを皮切りにB : A를 시작으로 차츰 B

1 Aを通してB : Aを媒介・手段としてB
2 AはさておきB : Aについては今は話題として取り上げないでB
3 AはおろかB : Aは当然としてさらにBも

34 정답 ：1 をおいて

～をおいて他にいない : ～以外に適当な人はいない・～以外に他に代わるものがない

2 ～ともあろう : ～という立場にある
4 ～ならでは : ～に特有・～だからできる

35 정답 ：4 をもって

AをもってB : ～という区切りで

※B에는「終了する・解散する」등 그 때에 끝났다는 뜻의 단어가 들어간다.

問題6

36 정답 ：3

このような思い切った改革は 4**彼の** 2**リーダーシップ** 3**なくしては** 1**なし得なかった** だろう。

～なくしてはなし得なかっただろう : ～がなかったら実現できなかっただろう

37 정답 ：1

半年前に 2**父が** 4**なくなって** 1**からと** 3**いうもの**、母は元気をなくしてしまった。

～てからというもの : ～てからずっと

38 정답 ：3

しばらくお会いしていませんし、お話ししたいこともたくさんありますので、就職の 2**ご報告** 4**かたがた** 3**ご挨拶に** 1**伺おう** と思います。

AかたがたB : Aをする機会に一緒にBもする

※A에는「お礼・お見舞い・ご報告・ご挨拶」등의 명사가 들어간다.

～に伺います :「～に行きます」의 겸양어

39 정답 ：4

年をとってから体力が落ちてきた父は 3**若いころの** 1**ようにとは** 4**言わないまでも** 2**50メートルぐらいは** 泳げるようにしておきたいと、トレーニングに励んでいる。

AのようにとはいわないまでもB : AのようなレベルとはいわないがAの少なくともBくらいは

40 정답 ：4

これだけの事故が起きてしまったのだから、田村さんは 2**リーダー** 1**としての** 4**責任を** 3**追及されるに** 違いない。

AとしてのB : Aの立場でのB

責任を追及される : 책임을 추궁당하다

～に違いない : きっと～だ・絶対に～だ

問題7

41 정답 ：2 なりかねません

～になりかねない : ～という好ましくない事態になるかもしれない ~라고 하는 좋지 않은 사태가 될지도 모른다

「あなたの言っていることは違う」또는「矛盾している」라는 발언은 상대방에게 싸움을 거는 것처럼 들리므로「関係性を破壊することに**なるかもしれない (=なりかねない)**」라고 말하고 있다.

42 정답 ：1 次第だ

～次第だ : ～による ~하기 나름이다

違う意見が言いにくい空気感が日本にはある。중요한 것은 화법이며「すべてが**言い方による (=言い方次第だ)**」라고 말하고 있다.

43 정답 ：3 できるのではないでしょうか

～のではないでしょうか : ～と思います

약간 관점을 바꾸면 「こういう見方が**できると思います (=できるのではないでしょうか)**」 라고 말하고 있다.

44 정답 ：1 それが
普段、結構、部下に強いところを見せている。**それが**、部長のスタイルであり、価値が**そこに**ある。

45 정답 ：4 に
「部長のスタイル」 을 부정한 것은 「お嬢様」 이므로 피동형으로 하면 「部長のスタイル**が**お嬢様**に**否定される」 가 된다.

◆독해

問題8

(1) 46 정답 : 2

20XX年７月吉日

お客様各位

市内温水プールさくら管理会社

花火大会に係る営業時間変更のお知らせ

いつも市内温水プールをご利用いただきまして、誠にありがとうございます。

さて、毎年恒例の夏まつり花火大会が８月10日（土）に予定されており、大会が開催される場合、午後５時以降は温水プールさくらの駐車場が車両進入禁止区域になります。

つきましては、雨天などによる大会順延にも即対応できるよう、**開催日及び予備日の二日間の営業時間を午前10時より午後５時までと変更させていただきます。**

お客様には大変ご不便をおかけいたしますが、何卒ご理解ご協力をお願い申し上げます。

2 가장 전하고 싶은 것이므로「お知らせ」의 경우는 우선 제목에 주목한다.「二日間の営業時間を変更する」라고 적혀있으므로 2가 정답.

1·3·4 불꽃놀이 날 주차장은 오후5시 이후 차량진입금지구역이 된다. 주차장이 불꽃놀이 장소라고는 말하고 있지 않다.

※「つきましては」는「そこで」「そのため」의 정중한 화법. 무언가를 부탁할 때나 비즈니스에서 자주 사용된다.

암기하자!

□吉日 : 길일/경사스러운 날
□各位 : 여러분
□誠に : 진심으로
□恒例 : 항례
□開催する : 개최하다
□車両進入禁止区域 : 차량진입금지구역
□順延 : 순연/연기
□即～ : すぐ～ 즉시/바로
□何卒 :「どうぞ」의 정중한 표현

(2) 47 정답 : 4

ものが豊かになった。子どものころをふり返ってみると、**4 食事がぜいたくになった**ことに驚いてしまう。(中略)

現在はまさに飽食の時代である。世界中の珍味、美味が町中にあふれていると言っていいだろう。「グルメ」志向の人たちが、あちらこちらのレストランをまわって味比べをしている。昔の父親は妻子に「不自由なく食わせてやっている」というだけで威張っていたものだが、今では**4 それだけでは父親の役割を果たしている、とは言えなくなってきた**。

4 「それだけで」의 「それ」는 「妻子に不自由なく食わせてやっている」를 가리키고 있다. 옛날과 달리 지금은 식사가 사치스럽게 되었고 양으로 만족시킬 만한 시대가 아니게 되었으므로 4가 정답.

암기하자!

□飽食の時代 : 포식의 시대
□珍味 : 진미
□美味 : 미미/맛좋은 음식
□グルメ志向 : 미식 지향
□役割を果たす : 역할을 다하다

(3) 48 정답 : 3

二宮金次郎の人生観に、「積小為大」という言葉がある。(中略)「自分の歴史観」を形づくるためには、この「積小為大」の考え方が大切だ。つまり歴史観というのは、歴史の中に日常を感じ、同時にそれを自分の血肉とする細片の積み重ねなのだ。そのためには、まず、「歴史を距離を置いて見るのではなく、自分の血肉とする親近感」が必要だ。つまり、**3 歴史は"他人事"ではなく、"わが事"なのである**。いうなれば、**3 歴史の中に自分が同化し、歴史上の人物の苦しみや悲しみを共感し、体感し、それをわが事として「では、どうするか」ということを、歴史上の相手(歴史上の人物)とともに考え抜くという姿勢だ**。

2 실제로 비슷한 체험을 하려고 한다고는 말하고 있지 않다.

3 환언이나 결론을 말하는 접속사 「つまり」「いうなれば」에 이어지는 문장에 주의하자!
「歴史の中に自分が同化し、自分ならどう行動するかを考えること」라고 말하고 있으므로 3이 정답.

4 그렇게는 말하고 있지 않다.

암기하자!

□人生観(じんせいかん)：인생관
□歴史観(れきしかん)：역사관
□形(かたち)づくる：형성하다
□血肉(ちにく)：혈육
□細片(さいへん)：세편/작은 조각
□親近感(しんきんかん)：친근감
□いうなれば：言(い)ってみれば・すなわち　말하자면/즉
□同化(どうか)する：동화하다
□共感(きょうかん)する：공감하다

(4) 49 정답 ：4

先日、或る編集者と御飯を食べながら打ち合わせをしていたときのこと。不意に彼女が言った。

「カレーは温かいのがいいって言う人が多いけど、私は御飯かルウのどっちかが冷たい方が好きなんです」

「おおっ、俺もです！」

興奮のあまり、思わず一人称が「俺」になってしまった。**4 だって、人生の四十五年目にして初めて出会ったのだ。「御飯かルウのどっちかが冷たいカレーが好き」。そう断言するひとに。**仲間だ。私は小学校時代の同級生と小田原城の天守閣で偶然再会したとき以来の「まさかこんなところで友に会えるとは感」に襲われた。

3 취향을 확실하게 단언한 것에 흥분한 것은 아니므로 3은 틀렸다.

4 「45年目(ねんめ)にして初(はじ)めて会(あ)った」 즉 「これまで会(あ)ったことがなかった」라는 것이므로 4가 정답.

암기하자!

□不意(ふい)に：느닷없이
□一人称(いちにんしょう)：1인칭
□襲(おそ)う：습격하다/느닷없이 방문하다

問題9

(1) 50 정답 ：2　51 정답 ：2　52 정답 ：3

四十にして惑わず、という言葉がある。男の厄年は四十二だ。別にこれらに影響されなくても、50 **四十という年齢は、男の人生にとって、幸、不幸を決める節目である**と思えてならない。

（中略）

51 **四十代の男が、もし不幸であるとすれば、それは自分が意図してきたことが、四十代に入っても実現しないからである**。世間でいう、成功者不成功者の分類とはちがう。職業や地位がどうあろうと、幸、不幸には関係ない。52 **自分がしたいと思ってきたことを、満足いく状態でしつづける立場をもてた男は、世間の評判にかかわりなく幸福であるはずだ**。

家庭の中で自分の意志の有無が大きく影響する主婦とちがって、社会的人間である男の場合は、思うことをできる立場につくことは、大変に重要な問題になってくる。これがもてない男は、趣味や副業に熱心になる人が多いが、それでもかまわない。週末だけの幸福も、立派な幸福である。

52 **困るのは、好きで選んだ道で、このような立場をもてなかった男である**。この種の男の四十代は、それこそ厄代である。知的職業人にこの種の不幸な人が多いのは、彼らに、仕事は自分の意志で選んだという自負があり、これがまた不幸に輪をかけるからである。

50 40세가 그 후의 행복과 불행을 결정하는 때가 된다고 말하고 있으므로 2가 정답.

51 이 부분에서 2가 정답.

52 「このような立場をもてなかった」라는 것은「自分がしたいと思ってきたことを、満足いく状態でしつづける立場をもてなかった」라는 것이므로 3이 정답.

암기하자!

□四十にして惑わず :『論語』속에 있는 공자의 유명한 말.「40세가 되면 도리를 알고 미혹(헤매는 일)이 없어진다」라는 의미
□節目 : 고비
□意図する : 의도하다
□副業 : 부업
□厄代 : 필자가 만든 말. 재난을 맞이하기 쉬운 연대라는 뜻.
□知的 : 지적
□この種の～ : こういう・こういった　이런 종류의~/이러한
□自負 : 자부
□輪をかける : 程度をさらに激しくする　정도를 더 심하게 하다

(2) 53 정답 ：3　54 정답 ：1　55 정답 ：1

戦後、イギリスから京都大学へすぐれた物理学者がやってきた。招かれたのかもしれない。この人は、**53 珍しく、日本語が堪能で、日本では、日本人研究者の英語論文の英語を助けることを行っていた。のち、世界的学者になる人である。**

この人が、日本物理学会の学会誌に、「訳せない“であろう”」というエッセイを発表し、日本中の学者、研究者をふるえ上がらせた。

日本人の書く論文には、たえず、“であろう”ということばが出てくる。物理学のような学問の論文には不適当である。英語に訳すことはできない、という、いわば告発であった。

おどろいたのは、日本の学者、研究者である。**54 なんということなしに、使ってきた語尾である。**“である”としては、いかにも威張っているようで、おもしろくない。**55 ベールをかけて“であろう”とすれば、ずっとおだやかになる。自信がなくて、ボカしているのではなく、やわらかな感じになるのである**、などと考えた人もあったであろうが、学界はパニックにおちいり、“であろう”という表現はピタリと止まった。

伝えきいたほかの科学部門の人たちも、“であろう”を封鎖してしまった。科学における“であろう”は消滅した、というわけである。

53 이 부분에서 3이 정답.

54 「なんということなしに」는「何も考えずに」라는 의미이므로 1이 정답.

55 “であろう”를 사용하면「おだやか」하여「やわらかな感じ」가 된다고 생각하고 있었다고 말하고 있기 때문에 1이 정답.

암기하자!

- □戦後 : 전후 (일본에서는 제2차 세계대전 이후를 전후라고 한다.)
- □堪能 : 뛰어남/능통함
- □エッセイ : 에세이
- □ふるえ上がる : 부들부들 떨다
- □不適当 : 부적당/부적절
- □告発 : 고발
- □なんということなしに : 深い意味なしに· 何も考えずに 별 생각없이
- □語尾 : 어미
- □ベールをかける : 베일을 쓰다
- □学界 : 학계
- □パニックにおちいる : 패닉에 빠지다
- □封鎖する : 봉쇄하다

□消滅する：소멸하다

(3) 56 정답 ：3　57 정답 ：2　58 정답 ：2

論理は、いわゆる理系人間の利点、アドバンテージだと言えるのかもしれませんが、新製品の発売を決定する社内会議で、エンジニアが論理的にポイントをおさえた完璧なプレゼンをしたとしても、会議の参加者の心を動かすことができず、製品化のゴーサインが出なかった、などという話がよくあります。

57 **人間はもともと恐怖や喜びなどの感情によって生き残りを図ってきた動物なので、感情的にしっくり来ないものを直感的に避けてしまう傾向がある**のです。そのため、エンジニアのプレゼンに対して、「話の筋も通っているし、なるほどもっともだ」と頭では理解、納得しても、もう一方に 56 **「コレ、なんとなく買う気にならないんだよね」という心の声があると、多くの人は最後にはそちらを優先してしまいます**。

しかし、この「なんとなく」こそ、まさに感情と論理の狭間にあるもので、58 **それこそが会議で究明しなくてはならないもの**であるはずです。

たとえば、「なんとなく」の正体が、「試作品の色が気にくわなかった」だけだと分かれば、代わりの色を探せばよいだけの話で、せっかくの企画を没にしてはもったいないどころではありません。一方で、その製品は子供が乱暴に扱う可能性が高いため、会議の参加者が無意識下で「それにしてはヤワだなあ」ということを感じていたのなら、使用素材や設計をじっくり見直す必要があるはずです。

56 「なんとなく買う気にならない」라는 마음의 소리 (＝직감적으로 부정적인 감정) 가 있으면 그 쪽을 우선한다 (＝마음의 소리에 따라 사지 않는다) 이므로 3이 정답.

57 인간은 「感情的にしっくり来ないものを直感的に避けて」 생존을 도모해 왔으므로 2가 정답.

58 「それこそ」의 「それ」는 「なんとなく」를 가리키고 있다. 「なんとなく」야 말로 「会議で究明しなくてはならない (＝追究して明らかにしなくてはならない)」라고 말하고 있으므로 2가 정답.

암기하자!

□論理 : 논리
□利点 : 이점
□アドバンテージ : 어드밴티지
□生き残りを図る : 생존을 도모하다
□しっくり来る : 감이 잘 오다
□直感的に : 직감적으로
□優先する : 우선하다
□狭間 : 틈새
□究明する : 구명하다
□正体 : 정체
□試作品 : 시작품
□気にくわない : 気に入らない 마음에 들지 않다
□企画を没にする : 기획을 취소하다
□無意識下で : 무의식중에
□素材 : 소재

問題10

59 정답 : 1　**60** 정답 : 2　**61** 정답 : 1　**62** 정답 : 2

占いは若いころだけではなく、歳をとっても気になるものだ。二十代のころは、占いのページを見ているととても楽しかった。特に恋愛運はむさぼるように読み、

「あなたを密かに想っている男性がそばにいます」

などと書いてあったなら、

「うふふ、誰かしら。あの人かしら、この人かしら。まさか彼では……」

と59**憎からず思っている男性の顔を思い浮かべ、けけけと笑っていた。それと同時に嫌いな男性を思い出しては、まさかあいつではあるまいなと、気分がちょっと暗くなったりもした**。今から思えば、あまりに間抜けで恥ずかしい。

「アホか、あんたは」

と①過去の自分に対してあきれるばかりだ。

アホな二十代から三十有余年、五十代の半ばを過ぎると、恋愛運などまったく興味がなくなり、健康でいられるかとか、周囲に不幸は起きないかとか、現実的な問題ばかりが気になる。(中略)60**占いを見ながら、胸がわくわくする感覚はなくなった**。とはいえ、雑誌などで、占いのページを目にすると、やはりどんなことが書いてあるのかと、気になって見てしまうのだ。

先日、手にした雑誌の占いのページには、今年一年のラッキーアイテムが書いてあった。他の生まれ月の欄を見ると、レースのハンカチ、黄色の革財布、文庫本といった、いかにもラッキーアイテムにふさわしいものが挙げられている。それを持っていれば、幸運を呼び込めるというわけだ。

「いったい私は何かしら」

と久しぶりにわくわくしながら、自分の生まれ月を見てみたら、なんとそこには「太鼓のバチ」と書いてあるではないか。

「えっ、太鼓のバチ?」

雑誌を手にしたまま、②呆然としてしまった。

レースのハンカチ、財布、文庫本ならば、いつもバッグに入れて携帯できるが、だいたい太鼓のバチはバッグに入るのか? どこで売

59 「左右される」는 「大きく影響を受ける」라는 의미. 같은 단락 내에서 「占いのページを見ながら笑ったり暗くなったりしていた」라고 말하고 있으므로 1이 정답.

60 「胸がわくわくする(=期待に胸を膨らませる) 感覚はなくなった」라고 말하고 있으므로 2가 정답.

っているのかも分からないし、万が一、入手してバッグに入れていたとしても、緊急事態で荷物検査をされた際に、バッグからそんなものがでてきたら、いちばんに怪しまれるではないか。

61 **友だちと会ったときに、これが私のラッキーアイテムと、バッグから太鼓のバチを出して、笑いをとりたい気もするが、苦笑されるのがオチであろう**。その結果、今年の私はラッキーアイテムなしではあるが、62 **そんなものがなくても、無事に暮らしていけるわい**と、鼻息を荒くしているのである。

61 「苦笑されるのがオチだろう(=苦笑されて終わりだ)」라고 말하고 있으므로 1이 정답.

62 「そんなもの」는 「ラッキーアイテム」이므로 2가 정답.

※문말 「~わい」는 「~わ」와 같은 의미로 가벼운 결의를 나타낸다. 고령의 남성이 사용하는 이미지.

암기하자!

□占い：점
□恋愛運：연애운
□密かに：몰래
□あいつ：「あの人」를 친근하게 또는 얕보고 말할 때 사용
□間抜け：얼간이
□あんた：「あなた」를 친근하게 또는 얕보고 말할 때 사용
□~有余年 ：~年以上・~年余り ~년 정도
□ラッキーアイテム：럭키 아이템/행운의 아이템
□呆然とする：망연자실하다
□入手する：입수하다/손에 넣다
□鼻息を荒くする：激しく意気込む様子 매우 분발하는 모습/기세가 대단하다

問題11

63 정답 ：3　64 정답 ：4

A

学校の部活動における体罰は、全面的に禁止すべきだと思います。私は指導者の体罰が普通だった世代ですし、体罰によって忍耐力をつけさせるべきだという主張もわかります。しかし、スポーツをする意義は別のところにあるのではないでしょうか。自分の感情もコントロールできない人に指導する資格はないでしょう。63**体罰は、未熟な指導者が一方的に暴力をふるうことです。**十分な指導力があれば、言葉のみで解決できるはずです。私は心的外傷を負った子どもを診察した経験がありますが、体罰は、受けた場合はもちろん、目撃しただけでも、多かれ少なかれ精神的なショックになります。64**体罰を容認することは、将来、DVのような暴力を容認する態度を持つ成人を作ることにつながりかねません。**

B

体罰は、どんな場面であっても容認されるべきではないと考えます。確かに自分たちが中高生の頃は、体罰は当たり前で、水分補給もさせてもらえませんでした。63**間違ったスポーツ医学や精神論がはびこっていたのです。**しかし、スポーツにおける考え方は、驚くほど進化しています。実際、体罰を与えていないにもかかわらず、全国大会の常連になっている学校はたくさんあります。指導者たちは、最新の指導の仕方を学ぶべきです。それに、体罰をすると、生徒はどうすれば指導者から暴力を受けなくなるかということばかり考えるようになります。そうなると、64**失敗を恐れ、新しいことに挑戦しにくくなり、選手としての成長を阻むことにつながると思います。**

63　3이 정답. A는 체벌을 하는 지도자에 대하여「感情を抑えられる人」「我慢強い人」라고는 말하고 있지 않다. B는 체벌을 하는 지도자에 대하여「全国大会に連れていける人」라고는 말하고 있지 않다.

64　4가 정답. A는 학생이 체벌을 받는 경우「DVを起こす大人になる」라고는 말하고 있지 않다. B는 학생이 체벌을 받은 경우「心に大きな傷を持つ」라고는 말하고 있지 않다. 또한 DV에 대해서는 아무것도 말하고 있지 않다.

암기하자!

□体罰 : 체벌
□全面的に : 전면적으로
□世代 : 세대
□忍耐力 : 인내력
□資格 : 자격
□未熟な : 미숙한
□暴力をふるう : 폭력을 휘두르다
□心的外傷を負う : 심적외상을 입다
□目撃する : 목격하다
□DV : 가정폭력(Domestic Violence)
□容認する : 용인하다
□水分補給 : 수분보충
□はびこる : 만연하다
□進化する : 진화하다
□常連 : 단골손님
□挑戦する : 도전하다
□阻む : 막다

問題12

65 정답 ：4　66 정답 ：3　67 정답 ：1　68 정답 ：3

テーマ（研究の主題）を決めることは、すべての学問研究の出発点になります。現代史も変わるところはありません。まずテーマを「決める」という研究者自身の①主体的な選択がなによりも大切です。当然のように思われるかもしれませんが、実際には、他律的または受動的に決められることが稀ではないのです。

現代史研究では、他のすべての学問と同じく、あるいはそれ以上に、65**精神の集中と持続とが求められますが、この要求を満たすためには、テーマが熟慮の末に自分自身の責任で（研究が失敗に終わるリスクを覚悟することを含めて）決定されなければなりません**。（中略）

65 「自分自身で決定する」라는 것은「主体的に選択する」라는 것. 그리하면 정신의 집중·지속을 할 수 있다고 말하고 있으므로 4가 정답.

②テーマを決めないで研究に着手することは、行先を決めないで旅にでるのと同じです。あてのないぶらり旅も気分転換になりますから、無意味とはいえません。新しい自己発見の機会となることがありますし、素晴らしい出会いがあるかもしれません。旅行社お手盛りのパック旅行よりも、ひとり旅のほうが充実感を味わえると考えるひとは多いでしょう。テーマを決めないで文献や史料をよみあさることも、あながち無駄とはいえない知的散策です。たまたまよんだ史料が、面白いテーマを発見する機縁となる幸運もありえます。ひとりの史料探検のほうがパック旅行まがいの「共同研究」よりも実りが多い、といえるかもしれません。（中略）

66**けれども一般的に、歴史研究にとって、テーマの決定は不可欠の前提です。テーマを決めないままの史料探索は、これぞというテーマを発見する過程だからこそ意味があるのです。**67**テーマとは、歴史家がいかなる問題を解くために過去の一定の出来事を研究するか、という研究課題の設定です**。（中略）

66 「けれども」의 뒤에 주목. 이 부분에서 3이 정답.

「ぜひすべきである」라고는 말하고 있지 않으므로 1은 틀렸다.

67 「この意味」의 앞에 어떤 것을 말하고 있는지에 주목. 「この意味」는 이 부분을 가리키고 있으므로 1이 정답.

歴史は暗記物で知的創造とは無縁の、過去の出来事を記憶し整理する作業にすぎないという、歴史と編年史とを同一視する見方からしますと、③この意味でのテーマの選択とか課題の設定とかは、さして重要でない、むしろ仕事の邪魔になるとさえいうことができます。歴史についてのこのような偏見はいまも根強く残っていますので繰り返すのですが、歴史も新たに提起された問題（事実ではなく問題）を一定の方法で解きほぐすことを目指す創造的かつ想像的な営みであることは、他の学問と違うところはありません。**68 テーマの選択とは、いかなる過去の出来事を研究するかではなく、過去の出来事を、なにを目的として、あるいはどんな問題を解明しようとして研究するか、という問題の設定を指示する行為にほかなりません。**

68 「最も言いたいこと」는 마지막에 말하는 경우가 많다. 「~にほかなりません」라는 것은 「間違いなく~だ」라는 의미. 「テーマの選択とは問題の設定を指示する行為だ」라고 말하고 있으므로 3이 정답.

암기하자!

□主題 : 주체
□主体的 : 주체적
□他律的 : 타율적
□受動的 : 수동적
□稀 : 드물다
□持続 : 지속
□満たす : 채우다/충족시키다
□熟慮 : 숙려
□リスク : 리스크
□着手する : 착수하다
□行先 : 행선지
□あてのない : 정처없는
□気分転換 : 기분전환
□自己発見 : 자기발견
□充実感 : 충실감
□史料 : 사료
□よみあさる : 닥치는 대로 읽다
□あながち : 반드시/억지로
□知的散策 : 지적산책
□機縁となる : 기연이 되다/인연이 되다
□~まがい : ~모조품
□実りが多い : 결실이 많은
□不可欠 : 불가결
□前提 : 전제
□いかなる : 어떠한
□課題 : 과제
□設定 : 설정
□知的創造 : 지적창조
□無縁 : 무연
□編年史 : 편년사
□同一視 : 동일시
□偏見 : 편견

□根強(ねづよ)く残(のこ)る : 뿌리깊게 남다
□提起(ていき)する : 제기하다
□解(と)きほぐす : 풀어내다
□創造的(そうぞうてき)な営(いとな)み : 창조적인 행위
□解明(かいめい)する : 해명하다
□行為(こうい) : 행위

問題13

69 정답 ：2　70 정답 ：2

クレジットカードのご案内

	<学生カード> 18～25歳の学生限定！ 留学や旅行もこの一枚！	<デビューカード> 18～25歳限定！初めてのカードに！いつでもポイント2倍！	<クラシックカード> これを持っていれば安心、スタンダードなカード！	<ゴールドカード> 上質なサービスをあなたに！
お申し込み対象	満18～25歳までの大学生・大学院生の方 ※研究生・聴講生・語学学校生・予備学校生はお申し込みになれません。 ※未成年の方は保護者の同意が必要です。	満18～25歳までの方（高校生は除く） ※未成年の方は保護者の同意が必要です。	満18歳以上の方（高校生は除く） ※未成年の方は保護者の同意が必要です。 ※満18～25歳までの方はいつでもポイントが2倍になるデビューカードがおすすめ	原則として満30歳以上で、ご本人に安定継続収入のある方 ※当社独自の審査基準により判断させていただきます。
年会費	初年度年会費無料 通常1,300円+税 ※翌年以降も年1回ご利用で無料	初年度年会費無料 通常1,300円+税 ※翌年以降も年1回ご利用で無料	インターネット入会で初年度年会費無料 通常1,300円+税	インターネット入会で初年度年会費無料 通常13,000円+税 年会費割引特典あり（備考欄参照）
利用可能枠	10～30万円	10～70万円	10～100万円	50～400万円
お支払日	月末締め翌月26日払い ※15日締め翌月10日払いへの変更可能	月末締め翌月26日払い ※15日締め翌月10日払いへの変更可能	15日締め翌月10日払い／月末締め翌月26日払い ※選択可	15日締め翌月10日払い／月末締め翌月26日払い ※選択可
備考	満26歳以降になるとランクアップ。26歳以降、最初のカード更新時に自動的に本カードから「ゴールドカード」に切り替わります。 ※クラシックカードへのお切り替えもできます。	満26歳以降になるとランクアップ。26歳以降、最初のカード更新時に自動的に本カードから「ゴールドカード」に切り替わります。 ※クラシックカードへのお切り替えもできます。		空港ラウンジサービス利用可 ※年会費割引特典：前年度（前年2月～当年1月）お支払いのお買い物累計金額が50万円以上100万円未満の場合は20％引、100万円以上300万円未満の場合は次回年会費が半額、300万円以上の場合は次回年会費が無料

69 「日本語学校(にほんごがっこう)に通(かよ)う」「21歳(さい)」「50万(まん)以上(いじょう)の買(か)い物(もの)はしない」이므로 2또는 3. 이 부분에서 2가 정답.

70 「35歳(さい)」「去年(きょねん)1度(ど)だけ150万円(まんえん)の大(おお)きな買(か)い物(もの)をした」이므로「ゴールドカード」를 가지고 있는 것을 알 수 있다. 13,000엔의 반값이므로 2가 정답.

제1회 문자・어휘 문법 독해 청해

암기하자!

□限定(げんてい) : 한정
□スタンダードな : 스탠다드한
□上質(じょうしつ)な : 질 좋은/상질인
□聴講生(ちょうこうせい) : 청강생
□予備校生(よびこうせい) : 예비교생/학원생
□未成年(みせいねん) : 미성년
□保護者(ほごしゃ) : 보호자
□同意(どうい) : 동의
□ポイント : 포인트
□原則(げんそく) : 원칙
□当社(とうしゃ) : 당사
□独自(どくじ) : 독자
□審査基準(しんさきじゅん) : 심사기준
□初年度(しょねんど) : 초년도
□通常(つうじょう) : 통상
□翌年(よくねん) : 다음해
□特典(とくてん) : 특전
□月末締(げつまつじ)め : 월말마감
□ランクアップ : 랭크업/업그레이드
□更新(こうしん) : 갱신
□切(き)り替(か)わる : 바뀌다
□累計(るいけい) : 누계
□半額(はんがく) : 반값

청해

問題1

例 정답 : 3 　N1_1_03

イベント会場で女のスタッフと男のスタッフが話しています。男のスタッフはこのあと何をしなければなりませんか。

F：桜井さん、開演まであと一日なんだけど、グッズの件はもう解決した？

M：はい。なかなか届かないので、業者さんに電話しようと思っていたら、さっき届きました。一通りチェックをして、内容物も数も注文通りでした。

F：そう、間に合ってよかった。ありがとう。あとは客席の確認だけかな。

M：客席の確認？

F：うん。客席にゴミが落ちていたら、お客さんが嫌な思いをするでしょう。だから開演前にもう一回確認しないと。

M：そうですか。じゃあ、今すぐ確認してきます。

F：それは私がやるから、桜井さんは飲み物とお菓子の用意をしてくれる？

M：控え室に置くやつですね。わかりました。

F：あ、そうだ。ポスターはもう貼った？ いろんなところに貼るから、それを先にやっといてね。

M：ポスターなら、今朝、富岡さんが貼ってくれました。

F：そう、わかった。じゃあ、よろしく。

男のスタッフはこのあと何をしなければなりませんか。

□グッズ：상품/물품/용품
□嫌な思い：싫은 느낌/불쾌한 생각
□控え室：대기실

1番　정답 : 2

N1_1_04

電話で女の人と男の人が話しています。男の人はこのあとまず何をしますか。

F：こちら、あいうえお銀行、サービスセンターでございます。ご用件をお伺いします。

M：あのー、インターネットバンキングを利用したくて、ログインしようとしたんですけど、できなくて…。それで、何回も失敗したら、ログインの画面じゃなくて「お困りの方へ」っていう画面しか出てこなくなっちゃったんです。

F：さようでございますか。それでは、ただ今ご覧になっている画面を教えていただけますか。

M：はい。画面の一番上にインターネットバンキングと書いてあって、その下に赤い欄があって、「重要。コンピューターウイルスにご注意ください」と書いてあります。で、その下に大きく「お困りの方へ」と書いてあります。

F：はい。それでは、その画面の左に四角く囲ったログインという文字が出ているかと思いますので、そちらをクリックしていただけますか。

M：ああ、ここですね。押してみます。あ、ここにIDとパスワードを入れればいいんですね。**あ、そうそう、もともとIDがわからなくて何回も失敗してたんです。**

F：そうしますと、一つ画面を戻っていただけますか。

M：はい。

F：四角く囲ったログインという文字の下に、**ログインID再発行というのはございますか。**

M：ああ、**ここで手続きすればいいんですね**！ ありがとうございました。

男の人はこのあとまず何をしますか。

「あ、そうそう」는 무언가를 생각해낸 것처럼 말을 바꿀 때 자주 사용되므로 그 뒤의 회화에 주의할 것.

「ここ」는 바로 앞의 「ログインID再発行」을 말하므로 2가 정답.

□用件：용건

□ログイン：로그인

□さようでございますか：「そうですか」의 정중한 표현
□ウイルス：바이러스
□囲う：둘러싸다
□クリックする：클릭하다

2番　정답：3

N1_1_05

空港の宅配受付カウンターで女の人と受付の人が話しています。女の人はこのあと何をしますか。

F：これ、お願いします。

M：スーツケースのお受け取りですね。少々お待ちください。

・・・

大変お待たせいたしました。お客様、ちょっと確認させてください。車輪はもとからこのような状態でしたか。

F：え、どうしよう！ 取れてる…。

M：やはりそうですか。大変申し訳ないのですが、こちら、わたくしどものミスで、配達途中で破損が生じてしまったようでして…。

F：え、ちょっと困るんですけど！ 今から2時間後に出発なんですよ。どうしよう。夫に電話しないと。あれ、携帯がない！ とりあえず早く新しいの買わないといけないんですけど、その分のお金って支払っていただけるんでしょうか。

M：大変申し訳ございませんでした。代わりのスーツケースを用意しましたので、あちらからお選びください。渡辺様のご旅行中に修理して、到着後お渡しするという形になりますが、よろしいでしょうか。

F：うーん、まあ、そうしていただけるなら…。**でも、夫のなので、連絡取ってみますね。**

M：承知いたしました。

女の人はこのあと何をしますか。

「でも」의 뒤는 상대의 제안과 다른 것을 말하므로 주의하여 들을 것. 「夫と連絡を取ってみる」라고 말하고 있으므로 3이 정답.

암기하자!

□破損が生じる：파손이 생기다

3番　정답 : 3

N1_1_06

会社の会議で課長が話しています。社員たちはこのあと何をしますか。

F: 今度の新人研修の資料、一通り目を通しましたけど、これじゃあ、ちょっと情報が足りないですね。特に、コンプライアンスの遵守に関する情報、これは最近特に大事なので、必要不可欠です。でも情報を大幅に増やすとなると、スケジュールに余裕がないですよね。**二日締め切りを延ばして来週金曜日までにするっていうのもできなくはないですが、そうすると、次の会議の資料の準備に支障が出てしまう可能性がありますよね。**こっちを最優先にしてほしいので…。じゃあ、決めました。**他のチームに会議のほうを一時的に任せるので、みなさんはこっちに集中して、予定通りにお願いします。**

社員たちはこのあと何をしますか。

「~もできなくはないですが」는 상대의 의견을 존중하면서 부정할 때 자주 사용된다.

「二日締め切りを延ばす」는「来週金曜日」가 되므로「予定通り」라는 것은「来週水曜日」。「他のチームに会議のほうを任せる」이므로 3이 정답.

암기하자!

□コンプライアンス：컴플라이언스 (Compliance)/규정
□遵守：준수
□必要不可欠：絶対に必要 필요불가결
□大幅に：큰 폭으로
□支障が出る：지장이 생기다
□最優先：최우선

4番　정답：2

N1_1_07

会社で部長と女の人が話しています。女の人はこのあと何をしますか。

M：高橋さん、今朝お願いした部品の不具合の件は工場の石川課長に連絡してくれたんだよね。

F：はい、すぐにメールを送っておきました。

M：それで返信は？

F：来なかったので工場に直接電話したのですが、あいにく石川課長は中国に出張中だそうで。

M：それで？

F：電話を切りました。

M：ちょっとちょっと、それじゃ困るよ。**早急に工場に伝えて生産を止めないと、不良品を大量に製造することになるんだぞ**。その損失がいくらになると思ってるんだ。**すぐに山田係長に連絡して事情を説明しなさい**。

F：はい、わかりました。

M：工場だけじゃない。それが間違って出荷されたら、お客様にご迷惑をおかけすることになるんだぞ。そうなったら頭下げるだけじゃ済まないぞ。**直接話して、すぐに中止してもらって**。

F：すみませんでした。すぐに連絡します。

女の人はこのあと何をしますか。

「早急に」「すぐに」의 뒤에 주목할 것.

상사의 이야기를 잘 들을 것. 「早急に(＝すぐに) 工場に伝えて生産を止めないと」「係長に連絡して」「直接話して、すぐに中止して」라고 말하고 있으므로 2가 정답.

암기하자!

□不具合：불량상태
□返信：답장/회신
□早急に：조급히
□不良品：불량품
□損失：손실
□出荷する：출하하다

5番　정답：1

🔊 N1_1_08

家で男の人と女の人が話しています。女の人はこのあとどの順番で行きますか。

M：何調べてんの？

F：３年前の納税証明書がいるんだけど、ここじゃなくて、前住んでたとこの市役所に頼まないといけないみたいなんだ。

M：そっか。でもわざわざ行かなくても郵送してもらえるでしょ。

F：そうなんだけど、いろいろ必要みたいで。まず申込書をプリントアウトしてから手書きで書き込んで…。

M：え、プリンター使うの？ さっきインク使い切っちゃったから、コンビニでプリントアウトしてくれば？

F：えー。あ、でもどうせコンビニは行こうと思ってたんだ。返信用の封筒と切手買わなきゃいけなくて。ついでに免許証のコピーも取ろうっと。あれ？ 手数料は郵便切手、現金でのお支払いはできませんって書いてある！

M：えっ、じゃあ、どうやって支払うの？

F：郵便為替だって。あーあ、面倒だけど郵便局も行かないと。あ、もうこんな時間。**コンビニ寄ってからでも間に合うかなあ**。

M：**ぎりぎり間に合うんじゃない？ あ、帰りに駅前のケーキ屋でケーキ買ってきて**。

F：了解！

M：封筒に住所書いてから行けば？

F：うーん、間に合わなかったら嫌だから、郵便局に行って、郵便為替買ってから、そこで書くよ。

M：うん、気をつけて。

女の人はこのあとどの順番で行きますか。

질문이「どの順番で行きますか」이므로 선택지에서 가는 장소를 확인한 후 들을 것.

「コンビニに寄ってから」「ぎりぎり間に合う」「帰りにケーキ屋で」등 시간이나 순서를 나타내는 표현에 주의하여 들을 것.

여성은 편의점→우체국→케이크샵의 순서로 간다.

암기하자!

- □納税証明書：납세증명서
- □返信用封筒：회신용봉투
- □手数料：수수료

□郵便為替：우편환

6番　정답 ：2

N1_1_09

女の人と男の人が話しています。女の人はこのあと何をしますか。

F：ゴルフ、全然うまくなんないよ。なんかコツある？

M：もしかして、何百球もひたすら打って練習してない？ ちゃんと一球一球考えながら打たないと上達しないよ。

F：えー、そうなの？ じゃあ、どういうふうに練習すればいいの？

M：**まずは打つ前の姿勢だね**。ちゃんとした姿勢が取れないと話になんないよ。

F：それはまあ一応できるかな。

M：だったら、**次は打つ時の体の軸を作ること**。

F：うん。私、軸がぶれてるから、ボールがまっすぐ飛んでいかないんだよね。

M：これが一番大事なんだけど、完璧にできるまで最低でも1年かかるから、ここで挫折しちゃう人多いんだよね。**おすすめなのは、動画を撮って体の動きを確認する方法**。

F：なるほど。動画があれば、体が左右に動いてるか確認できるね。

M：うん。**それと並行して、打つ時のスピードを上げる練習もしたほうがいいよ**。この時、右手じゃなくて左手に力を入れるのがポイント。右手に力を入れるとボールが曲がっちゃうからね。

F：左手かあ。私、右利きだから難しいなあ。

M：**あとは、打ったあとのポーズも練習したほうがいいね**。これ、軽視しがちだけど、意外に大事なんだ。打ち終わったあとに腕を左肩の上まで持ってくることを意識すれば、力いっぱい打ち抜けるから、自然に打つ時のスピードも上がるんだよ。

F：なるほど。最後のポーズがきちんと決まったらかっこいいな。よしっ、動画に撮って練習したことないから、**まずは動画撮ってぶれないように練習してみよう**っと。ありがとう。

女の人はこのあと何をしますか。

여성은 남성에게 훈련방법의 조언을 받고 있다. 「まずは」「次は」「おすすめなのは」「それと並行して」「あとは」 등의 단어에 주의하여 들을 것.

①打つ前の姿勢 → できている

②打つ時の体の軸 → ぶれている

③打つ時のスピードを上げる → 難しい

④打った後のポーズ → 決まったらかっこいい

「軸がぶれない練習」라는 것은 「軸を作る練習」이므로 2가 정답.

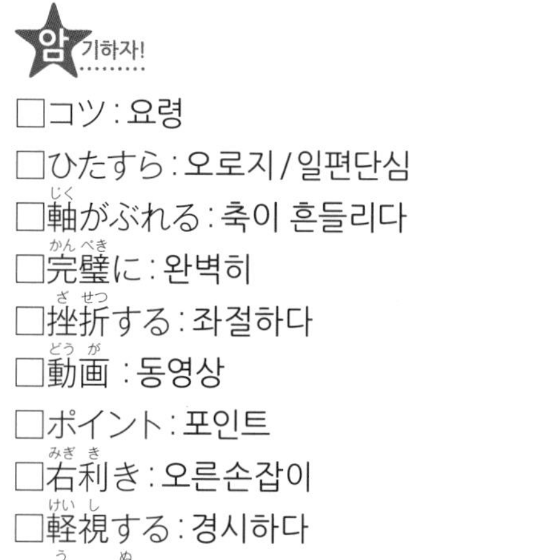

암기하자!

□コツ : 요령

□ひたすら : 오로지/일편단심

□軸がぶれる : 축이 흔들리다

□完璧に : 완벽히

□挫折する : 좌절하다

□動画 : 동영상

□ポイント : 포인트

□右利き : 오른손잡이

□軽視する : 경시하다

□打ち抜く : 치고 나가다

□よし : 무엇인가를 결의했을 때 하는 말

問題2

例　정답 : 2

N1_1_11

女の人と男の人が演劇について話しています。女の人は演劇にとって一番大事なことは何だと言っていますか。

F : ねえ、今話題になっている「六人の物語」っていう演劇、見に行った？

M : 行ってないけど、大人気らしいね。

F : 私、昨日見に行ったんだけど、想像以上にすばらしかったよ。

M : そうなんだ。原作は確かゲームだったよね。

F : そう。普通、ゲームやアニメが演劇になったとき、道具とかいろいろ使うでしょう、日本刀とか。でも今回は道具がほとんど使われてなかったよ。みんな演技力で勝負してるんだよ。すごいと思わない？ 主役の富田さんもめちゃくちゃかっこう良かったし。

M : へー、君は顔さえよければそれでいいんだろう？

F : 違うよ。確かに役者の顔も大事だけど、原作の世界観やキャラクターの性格をありのままに再現できないと演劇とは言えないでしょう。

M : うーん、原作の質がもっとも大切だと僕は思うけどね。演劇のシナリオにも影響するから。

F : そうだけど、演じているのは人だから、役者の演技力こそが演劇の命なんじゃない？

女の人は演劇にとって一番大事なことは何だと言っていますか。

암기하자!

□演劇 : 연극
□六人の物語 : 여섯 사람의 이야기
□演技力 : 연기력
□めちゃくちゃ : 되게/몹시(원래의 의미가 변형되어 사용됨)
□キャラクター : 캐릭터
□演劇の命 : 연극의 생명

1番　정답：4

N1_1_12

旅館で受付の人が男の人と話しています。男の人が「さくらの湯」に入れるのは何時からですか。

F：えー、では、こちらの旅館について簡単にご説明いたします。まず、お部屋は3階305号室でございます。そちらのエレベーターでお上がりください。

M：あ、はい。

F：次に温泉ですが、2階に「かえでの湯」と「さくらの湯」、3階に「あやめの湯」と「ぼたんの湯」がございます。すべて露天風呂付きの大浴場になっております。**「かえでの湯」と「あやめの湯」は男湯、「さくらの湯」と「ぼたんの湯」は女湯**となっております。**男湯と女湯は夜12時に入れ替わります**。その前の1時間はご入浴になれませんので、ご注意ください。チェックイン後、ご入浴は4時から可能となっております。また、予約制の家族風呂も5つご用意しております。

M：予約はどちらで？

F：こちらで24時間承っております。お電話でもかまいません。

M：あ、はい。

男の人が「さくらの湯」に入れるのは何時からですか。

남성이므로 남탕 정보에 주의하여 들을 것.

이야기의 내용

체크인 후

· 입욕은 4시부터 가능

· 남탕「かえでの湯」「あやめの湯」, 여탕「さくらの湯」「ぼたんの湯」

· 남탕과 여탕은 12시에 교대한다

· 교대 1시간 전에는 입욕할 수 없다

□露天風呂：노천탕
□大浴場：대욕탕
□入浴：입욕
□家族風呂：가족탕

2番　정답：4

N1_1_13

テレビでレポーターが読書通帳の開発者にインタビューしています。開発者は利用者が増えた一番の理由は何だと言っていますか。

F：今話題の読書通帳をご存知でしょうか。読書通帳を導入した図書館では軒並み利用者が増えているということなんです。開発者の方にお話を伺ってみましょう。まず、読書通帳というのはどういったものなんでしょうか。

M：図書館で自分が読んだ本のタイトルや貸出日を銀行の通帳のように記録できるものです。自治体によっては本の定価やページ数を記入しているところもあります。

F：なるほど。これなら自分が読んだ本の情報がすぐにわかって便利ですね。

M：そうですね。例えばお年寄りでシリーズ本のどこまで読んだのか忘れてしまったといった方がよくいらっしゃって、そういった方にご対応しやすくなりました。

F：そうですか。お年寄りにもわかりやすいという点が、利用者が増加した一番の理由でしょうか。

M：それもありますが、**一番の理由はやはり子供ですね。子供が友達と読書通帳を見せ合いながら競い合って本を借りるようになったんです**。先生や家族も、子供が読んだ本がすぐわかるので、本について話したり、おすすめの本を紹介したりと、新たなコミュニケーションも生まれています。

開発者は利用者が増えた一番の理由は何だと言っていますか。

인터뷰의 경우는 인터뷰 하는 사람의 질문 내용을 주의하여 들을 것.

이 부분에서 4가 정답.

암기하자!

□読書通帳：독서통장
□導入する：도입하다
□軒並み：모두/모든 곳
□自治体：자치체
□対応する：대응하다
□競い合う：서로 경쟁하다

3番　정답：2

N1_1_14

カフェで男の人と女の人が話しています。女の人が会社を辞めたい一番の理由は何ですか。

M：相談って何？

F：実は今の会社、辞めようか迷ってて。

M：え、給料いいって言ってなかったっけ？

F：いいことはいいんだけど、企画書何回出しても通らなくて、手ごたえゼロなんだよね。

M：誰だってそんな簡単にうまく行くわけじゃないよ。どこの会社でも同じだと思うけどね。

F：うーん、中小企業のほうが自分の能力生かせるんじゃないかなって気がするんだ。ベンチャー企業とかね。ほら、加藤くんも転職してからやりがいのある仕事できるようになったって言ってたじゃない？

M：それはそうだけど。不満はそれだけなの？

F：うーん。残業も多いし、職場の雰囲気もいまいちなんだよね。いつもピリピリしてて。

M：雰囲気ってささいなことのようで結構大事だよね。日々のストレスに直結するし。

F：まあ、**やりがいのある仕事さえできていれば、そういうのは気にならないんだけどね**。

女の人が会社を辞めたい一番の理由は何ですか。

「そういうの」는「職場の雰囲気」을 가리키고 있다.「やりがいのある仕事さえできていれば職場の雰囲気は気にならない」라고 말하고 있으므로 2가 정답.

암기하자!

- □企画書：기획서
- □手ごたえ：반응
- □能力を生かす：능력을 살리다
- □ベンチャー企業：벤처기업
- □いまいち：뭔가 좀/조금 부족한
- □ピリピリする：찌릿찌릿하다/긴장하다
- □ささいな：사소한
- □直結する：직결하다
- □やりがい：보람

4番　정답 : 3

🔊 N1_1_15

病院の受付で会計係が退院する男の人と話しています。男の人はいくら払わなければなりませんか。

F : ご退院おめでとうございます。

M : あのう、ここに書いてある料金なんですけど、15,000円の間違いじゃないですか。だって、入院は二泊だったんですよ。

F : えー、少々お待ちください。もう一度計算してみますね。えっと、鈴木様の場合は5,000円の個室Aに一泊、10,000円の個室Bに一泊の二泊三日ですので、25,000円になります。

M : ちょ、ちょっと待ってください。どういうことですか。

F : はじめにお渡ししたパンフレットにも書いてありますとおり、一泊二日の場合は二泊分の料金が発生いたします。鈴木様は**全部で二泊三日なので、三泊として計算することになります**。

M : え、そんなこと書いてありましたっけ?

F : はい、こちらをご覧ください。**あと、料金の異なる病室への移動日は、移動した方の料金をお支払いいただくことになっております**。

M : あれ? **一日目は個室Bで、二日目に個室Aに移ったから…。5,000円多くないですか**。

F : 少々お待ちください。確認します。…**大変申し訳ございませんでした。こちらの間違いでした**。

男の人はいくら払わなければなりませんか。

「あと」의 뒤에는 추가 이야기가 오므로 주의하여 들을 것.

1일 째가 개인실B (10,000엔),

2일 째가 개인실A (5,000엔),
10,000엔+5,000엔×2=20,000엔.

「こちらの間違いでした」라고 계산원이 말하고 있으므로 3이 정답.

[특별 해설]

- 「全部で二泊三日なので、三泊として計算する」라는 이유는 이동에 의해 「一泊二日の場合は二泊分の料金が発生」한다는 점을 유의.
- 「料金の異なる病室への移動日は、移動した方の料金」을 지불한다는 조건에 유의하십시오.
- 그리하여, 중요한 사항으로 「一日目は個室Bで、二日目に個室Aに移った」는 사실에서 2박분의 요금은 개인실A에 해당하는 점을 놓치면 안됩니다.

5番　정답：3

🔊 N1_1_16

授賞式で女の人が話しています。女の人の会社は何を開発しましたか。

F：えー、この度はこのような名誉ある賞をいただき、誠にありがとうございます。当社はベビーカーなど、赤ちゃんとご家族がお出かけするのに便利なグッズを開発・展開しているベビー用品メーカーなのですが、**商品だけでなく、ITを活用して外出を支援することもできるのではないかと考えた結果、このようなシステムを開発するに至りました**。実際にご利用いただいているママたちから、**気楽に出かけられるようになった、駅構内のエレベーターやトイレの位置を事前に調べられるのが本当に便利**、とのお声を多数いただきました。これからもより多くの赤ちゃんとご家族のみなさまに、もっともっと役立つサービスを提供していける企業となるよう、励んでまいりたいと思っております。

女の人の会社は何を開発しましたか。

「ITを活用して外出を支援」「システムを開発」「駅構内のエレベーターやトイレの位置を事前に調べられる」라고 말하고 있으므로 3이 정답.

암기하자!

□授賞式：시상식
□名誉：명예
□誠に：진심으로
□当社：당사/본사
□支援する：지원하다
□構内：구내
□事前に：사전에
□多数：다수
□励む：힘쓰다

6番　정답 : 4

🔊N1_1_17

電話で農園の人と購入者の女の人が話しています。女の人はどうして電話をしましたか。

M：もしもし、ふじ農園です。

F：あのー、先日アロエを購入した者なんですが。

M：はい。

F：昨日三つ届いたんですが、どれも傷がついている上に、写真よりも小さかったんです。

M：それは大変失礼いたしました。実は先日の台風の被害を受けておりまして、写真はそれより前のものなんです。

F：それならその旨、正直にサイトに載せるべきなんじゃないですか。それで、返品したいんですが、**返品した場合、アロエ本体の分だけじゃなくて、購入時に私のほうで支払った送料の分も返金してもらえるのかどうか知りたくてお電話しました。**

M：はい、もちろん全額返金いたします。お手数ですが、銀行口座の情報をホームページに書いてあるEメールアドレスに送っていただけますか。

F：わかりました。では、明日返品します。

M：お詫びといっては何ですが、もっと大きいものがとれた時点で、こちらからお送りしてもよろしいでしょうか。もちろん代金はいただきませんので。

F：あ、それはご親切にどうも。では、お願いします。

女の人はどうして電話をしましたか。

이 부분에서 4가 정답. 1, 2는 말하고 있지 않다. 3은 농원 사람이 더욱 큰 알로에를 수확하면 보내도 되는지 묻고 있으므로 틀렸다.

암기하자!

□農園 : 농원
□購入者 : 구입자
□本体 : 본체
□お手数ですが : 수고스럽지만
□銀行口座 : 은행계좌
□~宛 : ~앞
□~時点 : ~시점

7番　정답 : 2

🔊 N1_1_18

テレビのインタビュアーが地域の住民に野鳥の大量繁殖の被害についてインタビューしています。地域の住民は何に一番困っていますか。

F : えー、こちら、野鳥が大量繁殖しているという住宅街に来ています。被害に遭われている住民の方にお話を伺ってみましょう。

M : まあ、においですよね、困ってるのは。あと鳴き声。時々ならいいんだけど、24時間ずーっと鳴いてる。

F : 確かに今も聞こえていますね。

M : まったく、気味の悪い鳴き声だよね。あ、気をつけないと。こういうふうにフンとか羽が空から落ちてくるんだよ。ほら、地面一面真っ白だろ。**体に害を及ぼすんじゃないかって、不安で…。やっぱり衛生問題が一番困るよね**。友達なんか魚の養殖してるのに毎日鳥に食べられちゃって。年間被害総額100万円。まったくひどいもんだよ。

F : 野鳥保護の法律があることから、住民の皆さんは手を出せずにいます。被害が拡大する中、一刻も早い対応が求められます。現場からは以上です。

地域の住民は何に一番困っていますか。

「やっぱり」는 「結局・最終的に」라는 의미. 「体に害を及ぼすこと(=健康被害)」「衛生問題」가 가장 문제라고 말하고 있으므로 2가 정답.

암기하자!

- □インタビュアー : 인터뷰어
- □野鳥 : 들새/야조
- □大量繁殖 : 대량번식
- □フン : 대변
- □養殖する : 양식하다
- □被害総額 : 피해총액
- □保護 : 보호
- □手を出す : 손을 내밀다/손을 대다(쓰다)
- □一刻も早い対応 : 한시라도 빠른 대응

問題3

例　정답 : 4　　N1_1_20

テレビで専門家が話しています。

M：今回の新型肺炎は感染が拡大しつつあり、死亡者も出始めています。世界中の医療機関が特効薬やワクチンの開発に取り組んではいますが、残念ながら、今のところ成功の目処が立っていません。ですので、感染を最大限に予防しないといけないのです。マスクをして頻繁に手を洗うことで、ある程度予防はできますが、人から人への感染が見られるため、他人との接触を避けるのが得策でしょう。かといって、在宅勤務に切り替えている企業はごく一部しかありません。命に関わる一大事なので、ビジネスより人命を優先するべきではないでしょうか。リーダーとしての器は、こういう時にこそ見えてくるものです。

専門家が言いたいことは何ですか。

1　薬やワクチンを開発するべきだ
2　医療機関をもっと増やすべきだ
3　新型肺炎の予防方法を身につけるべきだ
4　ビジネスを優先する考え方を正すべきだ

암기하자!

□新型肺炎 : 신형폐렴
□感染 : 감염
□取り組む : 대응하다/대처하다
□目処が立っていない : 목표가 잡히지 않다
□頻繁 : 빈번
□得策 : 득책/상책/유리한 계책
□かといって : 그렇다고(해서)
□切り替える : 바꾸다

1番　정답：2

🔊 N1_1_21

テレビで野菜ソムリエが話しています。

F: 身近な野菜で、栄養満点のトマト。**実は毒があるって、皆さんご存知でしたか**。 ただ、それはトマトが緑の段階の話で、熟して赤くなるとなくなるので問題ありません。**では、なぜこのような性質があるのでしょうか**。実はトマトの子孫の残し方と関係があるんです。トマトは実の中に種があるので、実を動物に食べてもらい、違う場所でフンをしてもらうことによって、種を拡散して子孫を残してきました。だから種の準備がまだできていない緑の段階で食べられてしまっては困るんです。それで、毒によって実を守っていたんですね。

野菜ソムリエは何について話していますか。

1　トマトが赤い理由

2　トマトに毒がある理由

3　トマトの種の特徴

4　トマトを食べる動物の特徴

무엇에 대하여 이야기하고 있는지는 이야기의 처음에 나오는 경우가 많다.

「では、なぜ～のでしょうか」는 문제를 던질 때 자주 사용되는 표현. 「このような性質」이란 직전에 있는 「実に毒がある」를 가리키고 있으므로 2가 정답.

기하자!

□ソムリエ : 소믈리에
□身近な : 친근한
□熟す : 잘 익다/무르익다
□拡散する : 확산하다
□残し方 : 남기는 법/생존법
□緑の段階 : 녹색의 단계

2番　정답 : 3

🔊N1_1_22

テレビで男の人が話しています。

M：1955年に日本で発売が開始され、今や世界中で愛されている自動炊飯器。主婦の家事労働を大幅に減らし、女性の社会進出にも影響を及ぼしましたが、**その開発には苦労がありました**。以前からご飯をおいしく炊くためには、沸騰してから強火で20分加熱すればよいことはわかっていました。しかし、外の気温などにより、沸騰するまでの時間は毎回異なるので、単純にタイマーで時間を設定することができません。**何年にもわたる実験の末に生まれたのが、「二重釜間接炊き」という方法です**。二重になっている鍋の外釜に水を入れて加熱します。その水が蒸発してなくなると急激に内釜の温度が上昇します。ここで温度検出スイッチにより、電源をオフにするようにしたのです。

男の人は何について話していますか。

1　女性の社会進出の要因
2　自動炊飯器の開発者
3　自動炊飯器の誕生の経緯
4　おいしいご飯の炊き方

「その開発」이란「自動炊飯器の開発」을 말한다. 개발에는 어떤 고생이 있었는지 이야기하고 있으므로 3이 정답.

암기하자!

☐自動炊飯器：자동밥솥/전기밥솥
☐大幅に：큰 폭으로
☐進出：진출
☐開発：개발
☐沸騰する：끓다/끓어오르다/비등하다
☐タイマー：타이머
☐設定する：설정하다
☐外釜：외부 솥
☐内釜：내부 솥
☐上昇する：상승하다
☐検出：검출
☐要因：요인
☐経緯：경위

3番　정답：3

N1_1_23

大学の講義で先生が話しています。

F：ヨーグルトのふた、最近、全然ヨーグルトがつかないもの、ありますよね。あれ、実はハスの葉を応用して作られているんです。ハスの葉って、水をはじきますよね。他にも、例えば競泳用水着はサメの皮膚を応用して作られています。サメの皮膚は摩擦抵抗を受けにくいので、速く泳げるというわけです。**このように、生物が持つ優れた機能を人工的に再現することによって、工学や材料科学、医学などの様々な分野に取り入れていく技術を「生物模倣」といいます**。これが、みなさんがこれから学んでいく分野です。生物って、地球の変動に耐えながら長い間進化し続けてきたんですよね。その歴史的産物を模倣して、活用していこうというわけです。

「このように」는 앞에 말한 것을 정리할 때 자주 사용되는 표현. 이 부분에서 3이 정답.

先生は何について話していますか。

1　ヨーグルトとハスの関係

2　サメが速く泳げる理由

3　生物模倣の概要

4　生物の進化の過程

□ハス：연꽃
□水をはじく：물을 튀기다
□競泳：수영 경기
□優れた機能：뛰어난 기능
□再現する：재현하다
□工学：공학
□模倣：모방
□変動：변동
□進化する：진화하다
□歴史的産物：역사적 산물
□概要：개요
□過程：과정

4番　정답 : 1

🔊 N1_1_24

テレビで男の人が話しています。

M：（♪ドレミファソラシド）このドレミファソラシドの7つの音階は、実は明治以降に海外から入ってきたものです。**じゃあ次に、こちらを聞いてください**。（♪ドレミソラ）こちらはファとシが抜けた、ドレミソラという5つの音階なのですが、なんとなく懐かしい、日本の古きよき風景が浮かんでくる気がしませんか。**実はこれ、「ヨナ抜き音階」という日本固有の音階なんです**。昔から日本には5つぐらいの音階しかなかったので、ドレミファソラシドの7つの音の流れは日本人には難しいだろうということで、政府がヨナ抜き音階を奨励したんだそうです。それで、この音階は明治以降、数々の童謡に使われるようになり、今でも、演歌やJポップの様々な歌に使われています。

男の人は何について話していますか。

1　昔から日本にある音階

2　日本の歌の特徴

3　日本人の好きな音

4　明治以降の音階

「じゃあ次に」 이후는 「日本固有の（＝日本に昔からある）音階」에 대하여 이야기하고 있으므로 1이 정답.

암기하자!

□音階 : 음계
□明治 : 明治時代（1868 ~ 1912年）메이지 시대
□固有 : 고유
□奨励する : 장려하다
□数々の : 수 많은
□童謡 : 동요
□演歌 : 엔카

[특별 해설]

- 「ヨナ抜き音階」라는 용어는 메이지 시대에 도레미파솔라시도의 7개 음계를 「ヒ・フ・ミ・ヨ・イ・ム・ナ」라고 칭하였는데 일본인 고유의 음계에 맞추어 「ヨ・ナ」 음계를 빼고 5개 음계로 하여 학교 교육에 정착시키면서 만들어진 것이다.

5番　정답：4

🔊 N1_1_25

講演会で司会者が話しています。

F：訪れたすべての人が笑顔で幸せな気分になる、夢の遊園地、さくらランド。その裏側には、スタッフのすさまじい努力と究極のサービス精神があった…。

５回目を迎える今回の講演会では、さくらランドで人材育成のリーダーを務める木村氏をお迎えしました。木村氏には、**顧客の心をつかむためのコミュニケーションのコツや、スタッフのモチベーション維持の秘訣など、実体験のエピソードを交えてお話しいただきます**。

少子高齢化による人材不足が叫ばれる現代において、**人材の確保及び育成は企業の最重要課題となっています**。この講演会が、経営者の皆様に何らかのインスピレーションをもたらすことができれば幸いです。

講演者はこれから何について話しますか。

1　さくらランドの経営方法

2　苦労したエピソード

3　企業が抱える問題点

4　人材育成のやり方

이 부분들에서 4가 정답.

실제 체험의 에피소드는 「交えて（＝含めて）話す」라고 말하고 있으므로 이야기의 중심은 아니다.

암기하자!

□笑顔(えがお) : 웃는 얼굴
□夢(ゆめ)の遊園地(ゆうえんち) : 꿈의 유원지
□裏側(うらがわ) : 뒷전 / 뒤쪽
□すさまじい : 굉장하다 / 대단하다
□究極(きゅうきょく) : 궁극
□人材(じんざい) : 인재
□育成(いくせい) : 육성
□顧客(こきゃく) : 고객
□コツ : 요령
□モチベーション : 모티베이션 / 동기
□秘訣(ひけつ) : 비결
□実体験(じったいけん) : 실제 체험
□エピソードを交(まじ)える : 에피소드를 주고받다
□少子高齢化(しょうしこうれいか) : 저출산 고령화
□確保(かくほ) : 확보
□及(およ)び : 및
□課題(かだい) : 과제
□インスピレーションをもたらす : 영감을 가져오다

6番　정답：2

N1_1_26

セミナーで男の人が話しています。

M：私が昔、取引先の方によく言われたのはこんな言葉です。「お前じゃ話にならない。上司を出せ」。**こんなふうに言われたらどうするのか**。私の体験談をお話しします。まず、謝ります。そしてすぐに取引先の方に「個人的にお食事をご一緒させてほしい」とお願いするんです。もちろん「そんな暇はない」と怒られます。そのあとです。「15分でもいいからお時間をください」と言うんです。15分という具体的な時間を出すからいいんです。こう言うと、大概、「お前の熱心さには負けた」と言って、お時間をくださいます。お食事を共にして、若い時の苦労話や仕事の哲学などを話していただく。**そうすると、相手の方も失敗していた新人時代を思い出して、結局は許してくださるんです。こうやって関係を深めるのが、成功の秘訣です**。

男の人は何について話していますか。

1 若い時に最もつらかった話

2 仕事で失敗した時の切り抜け方

3 取引先の相手の秘密を聞き出す方法

4 有効な時間の使い方

「お前じゃ話にならない（＝話し合いにならない）。上司を出せ」라고 하면 어떻게 할 것인지가 기술되어 있다.

여기까지 말해 온 것처럼 한다면「結局は許してくれる」「こうやって関係を深めるのが成功の秘訣（＝成功するためのうまい方法）」라고 말하고 있으므로 2가 정답.

암기하자!

□話にならない：話し合いにならない 말 상대가 안된다
□体験談：체험담
□大概：たいてい 대개
□秘訣：비결
□切り抜ける：벗어나다
□有効な：유효한

問題4

例　정답 : 1　N1_1_28

M: 先月出した企画だけど、通ったかどうか結局わからずじまいだよ。

F: 1　結果くらいは教えてほしいものだね。

2　企画を出すべきだったよね。

3　結局通らなかったんだよね。

1番　정답 : 3　N1_1_29

F: あれ? 鈴木さん、もしかしてもう帰っちゃったなんてことないよね。

M: 1　え、そんなに大したことないはずだよ。

2　え、大丈夫なわけないよ。

3　え、もう帰っちゃったんじゃない?

기무라상이 없는 것에 대하여 「もう帰っちゃったなんてことないよね (=まだいるよね)」라고 확인하고 있으므로 3이 정답.

1 大したことない : 대수롭지 않다

2番　정답 : 1　N1_1_30

M: 資料はお読みになり次第、こちらへお戻しください。

F: 1　あ、ここに置けばいいんですね。

2　あ、こちらに戻るんですね。

3　あ、お読みになりますか。

「お読みになり次第、こちらへお戻しください (=読み終わったら、ここへ戻してください)」라고 말하고 있으므로 1이 정답.

3番　정답 : 2　N1_1_31

M: これ、3時までに30部コピーお願いできる?

F: 1　ええ、できるくらいならやってます。

2　ええ、できないことはないですが。

3　ええ、30部でお願いします。

「できないことはないですが」는 「がんばればできるかもしれないが、難しい」라는 뜻. 우회적으로 거절할 때 사용하는 표현. 1 「できるくらいならやってます」는 시비조이며 비즈니스에는 적합하지 않은 표현.

4番　정답 : 2　N1_1_32

F: あの人、今月いっぱいで退職するんじゃなかった?

M: 1　そのつもりでしたが、やめました。

2　お辞めになるのは来月のようですよ。

3　いいえ、先月就職しましたよ。

「あの人」라 하고 있으므로 제3자를 말하고 있다. 「退職するんじゃなかった? (=退職すると思っていたけど違うの?)」라고 묻고 있으므로 2가 정답.

5番　정답 : 2　　🔊 N1_1_33

M: こんなにミスばっかりじゃシャレになんないよ。

F: 1　申し訳ありません。確認するには当たりません。

　2　申し訳ありません。ちゃんと確認すべきでした。

　3　申し訳ありません。確認するつもりはなかったんですが。

「こんなにミスばかりじゃシャレにならない(＝ミスが多すぎる)」라고 주의받고 있으므로 「確認すべきでした(＝確認する必要があったのにしなかった)」라고 반성하는 말을 하고 있는 2가 정답. 「確認するつもりはなかった」는 확인해버렸으므로 3은 틀렸다.

□シャレにならない: 농담으로 받아들일 수 없다

6番　정답 : 1　　🔊 N1_1_34

F: 恐れ入りますが、折り返しお電話くださいとお伝えいただけますか。

M: 1　はい、橋本が承りました。

　2　はい、恐縮です。

　3　はい、ちょうだいします。

「承りました」는 「聞く·受ける」의 겸양어. 비즈니스 등에서 전화로 전언을 부탁받았을 때 자주 사용하는 표현.

암기하자!

□恐れ入りますが: 죄송합니다만
□折り返し: 반환/회신
□恐縮: 죄송

7番　정답 : 2　　🔊 N3_1_35

M: 警察官ともあろう人が、なんてことを。

F: 1　本当なもんですか。困りましたね。

　2　本当ですね。信じがたいですね。

　3　警察官と一緒だったんですか。

「～ともあろう人」는 「～のような立場にある人」라는 뜻으로 그 사람이 행한 나쁜 행위에 대하여 비난을 말할 때 사용하는 표현. 「信じがたい(＝信じられない)」라고 말하고 있으므로 2가 정답.

✎ **1** ～なもんですか : 「～であるはずがない」라는 강한 부정을 나타낸다.

8番　정답 : 3　　🔊 N1_1_36

F: 贈り物はしないまでも、お礼の手紙ぐらい送っといたほうがいいんじゃない?

M: 1　昨日、かろうじて届いたよ。

　2　おちおちしてらんないね。

　3　送ったところで読まないと思うよ。

「お礼の手紙ぐらい送っておいたほうがいい」라는 의견에 대해 「送ったところで(＝送っても) 読まない」라고 말하고 있다.

□かろうじて : やっと·ようやく 간신히
□おちおちしてらんない : 安心していられない 안절부절못하다

9番　정답 : 1　　N1_1_37

F: そちらにこのかばん置かせていただけますか。

M: 1　ちょっとそれはご遠慮いただいています。

2　ええ、どうぞご覧になってください。

3　ちょっとそちらにはおかけにならないほうがよろしいかと。

가방을 놓아도 괜찮은지 묻고 있으므로 「ご覧になってください（＝見てください）」와 「おかけにならないほうが（＝座らないほうが）」는 틀렸다.

10番　정답 : 3　　N1_1_38

M: この服、袖についてるの、模様だと思いきや、シミだったよ。

F: 1　え、いつ切れちゃったのかな。

2　え、ちょっと地味すぎるかな。

3　え、クリーニングに出さないと。

「シミ」라고 말하고 있으므로 3이 정답.

□シミ : 얼룩

11番　정답 : 2　　N1_1_39

F: カップラーメン食べたそばからおにぎり食べるなんて、そりゃ太るわよ。

M: 1　とりあえず、おにぎり食べる?

2　そんなに太ったかなあ。

3　じゃあ、そばはやめとこうかな。

「～たそばから」는 「～たあとすぐに」라는 뜻. 「太る」라고 말했기에 「太ったかなあ」라고 답하고 있다.

□食べたそばから : 먹자마자

12番　정답 : 3　　N1_1_40

M: ビジネスでは、一度信頼を失えば、もうそれまでだよ。

F: 1　そうだよね。それまででいいよね。

2　そうだよね。信頼されるといいね。

3　そうだよね。気をつけるよ。

「一度信頼を失えば、もうそれまでだ（＝それで終わりだ）」라고 조언을 받고 있으므로 3이 정답.

13番　정답 : 1　N1_1_41

F: まったくこの会社(かいしゃ)ときたら。社員(しゃいん)あっての会社(かいしゃ)でしょう。

M: 1　ほんと、もっと社員(しゃいん)に優(やさ)しくすべきだよね。

2　そうそう、社員(しゃいん)もっと増(ふ)やすべきだよね。

3　その通(とお)り! 待遇(たいぐう)よすぎだよね。

「まったく~ときたら」는 불만을 말할 때 사용하는 표현. 「AあってのB」는 「AがあるからBが成(な)り立(た)つ」라는 뜻. 「社員(しゃいん)がいるから会社(かいしゃ)が成(な)り立(た)つ」즉 「社員(しゃいん)がいなければ会社(かいしゃ)が成(な)り立(た)たない」라고 말하고 있으므로 1이 정답.

□待遇(たいぐう) : 대우

14番　정답 : 3　N1_1_42

M: 2丁目(ちょうめ)にできた新(あたら)しいパン屋(や)、気(き)になるなあ。

F: 1　そうそう、目(め)に余(あま)るよね。

2　できっこないよ!

3　散歩(さんぽ)がてら見(み)てくれば?

「AがてらB」는 「AのついでにBする」라는 뜻.

□目(め)に余(あま)る : 눈꼴 사납다

 **2** ~っこない : ~はずがない ~리가 없다

問題5

1番　정답：4

N1_1_44

会議で男の人と課長が話しています。

M：課長、こちらが最終候補に残った四つです。

F：なるほど。どれもさすが最終候補に残っただけあるね。うーん、駅を行きかう人たちに見てもらうために一番必要なのはインパクトだから、それにしてはAはちょっと背景が暗すぎるかなあ。

M：僕もそう思います。この海の色がもっと明るければパッとするんでしょうけど。Bはどうでしょう。手書きは最近珍しいですし、このカエルのキャラクターもかわいいですが。

F：手書きねえ。確かに目にはつくけど、学園祭のポスターじゃないんだし、一企業として、素朴さよりも洗練された感じを出したいかな。そういう点でいうとCがいいかなあ。

M：Cは確かにプロが作った感じが出てますけど、注意喚起のポスターというよりは何かの商品の広告のように見えなくもないかなと思います。

F：それもそうだね。Dはどうかな。**この熊だか犬だかわからないキャラクターは何なの？**

M：あ、これはハリネズミだそうです。

F：ああ、ハリネズミ！ なんでハリネズミなのかなあ。

M：こちらは文字が全部立て看板の中に書かれていますし、「再利用しよう!」という文字も大きくてはっきりしているので、リサイクルのポスターとしてはわかりやすいと思います。

F：あ、ほんとだ。他のは全部英語かカタカナでリサイクルしようって書いてあるだけだから、再利用しようっていう文句は確かにいいね。でもハリネズミ。なんかひっかかるなあ。

M：Aで背景の色だけ変えるっていうのは可能なんでしょうか。

F：いやいや、やっぱりそのままのを選ばないと。うーん、**わかんないからこそ目を引くっていうのもあるから、やっぱりこれにしよう。**

課長はどのポスターを選びましたか。

과장의 의견이 중요.

A는 배경이 너무 어둡다.

B는 소박.

C는 프로가 만든 느낌.

D는 캐릭터를 알 수 없다.

이 부분들에서 D가 정답.

1　Aのポスター

2　Bのポスター

3　Cのポスター

4　Dのポスター

암기하자!

□インパクト : 임팩트
□パッとする : 탁 트이다/눈에 확 띄다
□学園祭 : 학교 축제
□素朴さ : 소박함
□注意喚起 : 주의환기
□ハリネズミ : 고슴도치
□立て看板 : 입간판
□リサイクル : 리사이클/재활용

2番　정답 : 2

N1_1_45

家で母、娘、父の三人が話しています。

F1 : ハンバーグ、どこに食べに行こっか。いつも「キッチンたぬき」ばっかりだから、たまには違うお店で食べてみたいな。

F2 : そう思って、昨日の夜インターネットで調べといたよ。この辺だと「さくらカフェ」が一番人気みたい。普通のハンバーグなんだけど、サイズが普通のお店より大きいんだって。ライスも大盛り。肉汁があふれて玉ねぎの旨味も広がるって書いてある。

M : 肉汁があふれるって、いいなあ。俺のよだれもあふれてくる。

F1 : ちょっと、お父さん、汚いわねえ。で、他のお店は？

F2 :「ふじ食堂」は、大根おろしの和風ソースが有名だって。あ、でも狭いからちょっと待つかも。**「レストランまつ」はデミグラスとトマトの２種類のソースがあって、サラダバーもついてるって。チーズ入りハンバーグがおいしいらしいよ。私はここがいいな。**

F1 : サラダバーがついてるっていいわねえ。野菜はいっぱいとらないと。でも、大根おろしでさっぱりっていうのも捨てがたいわねえ。

이야기의 내용

·「キッチンたぬき」는 언제나 가고 있다. 가끔은 다른 곳이 좋다.

·「さくらカフェ」는 제일 인기 있다.

·「ふじ食堂」는 일식 소스가 유명하다. 좁아서 조금 기다린다.

·「レストランまつ」는 딸이 좋다고 한다.

M：俺は普通のが一番だ。ん？ 待てよ？ さっき言ってた一番人気の「さくらカフェ」って、もしかしてあのデパート行く途中の右側にあるやつか。

F2：そう、あれ。

M：あんまりお客さん入ってるようには見えないぞ。インターネットの評判なんて当てにならん。お店の人が自分で書いてるかもしれないじゃないか。

F2：インターネットの評判って、300も400も書いてあるんだよ。お店の人もそんなに暇じゃないよ。

M：なんだかんだ言って、行きつけのところが一番信用できるんじゃないか？ **まあ俺は何でもいいよ。どうせ何か言ったって二人の意見が通るんだろうし。**

F1：あら、よくわかってるじゃない。**じゃあ、ゆきちゃんがせっかく調べてくれたんだから、ゆきちゃんが行きたいところにしましょう。**

F2：ありがとう、ママ！

三人はどこに行きますか。

1　ふじ食堂

2　レストランまつ

3　キッチンたぬき

4　さくらカフェ

아버지는「二人の意見が通るんだから何でもいい」라고 말하고 있고 어머니는「ゆきちゃん(＝娘)が行きたいところにしよう」라고 말하고 있으므로 2가 정답.

암기하자!

□大盛り：곱빼기
□肉汁：육즙
□旨味：감칠맛
□俺：わたし (성인 남성이 동료나 연하에게 말할 때 사용)
□大根おろし：무즙
□サラダバー：샐러드 바
□当てにならない：믿을 수 없다
□なんだかんだ言う：あれこれ言う 이것 저것 말하다
□行きつけ：단골

3番　質問1　정답：1、質問2　정답：4

N1_1_47

博物館で係員がアナウンスをしています。

F1：(ピンポンパンポーン) 本日はご来場いただき、誠にありがとうございます。本日の催し物を4点お知らせいたします。まず、午前11時半より、園内のきのこ案内がございます。中央広場にご集合いただいた後、係員が園内のきのこをご案内いたします。日本各地のきのこを実際に触ったり、においをかいだりすることにより、きのこの魅力を体感していただけます。次に、ギャラリートークですが、同じく午前11時半より、講師の先生による、きのこアート作品の解説がございます。きのこをモチーフにした水彩画、木版画、切り絵などの作品についての解説です。会場は展示館の3階となっております。午後2時からは、2階のホールにて「日本人ときのこ」と題する講演がございます。日本と欧米で好まれるきのこを比較した上で、日本人に好まれているきのこの特徴についてお話しいただきます。最後に、体験コーナーでは、きのこの写真立てをお作りいただけます。午後1時からで、先着60名となっております。

F2：わー、催し物いっぱいあるんだね。**展示の作品見ただけじゃよくわからなかったから、説明聞きに行きたいな**。あと、午後からの日本と他の国のきのこの好みの違いも気になる。

M：うん、それ、僕も興味ある。講演開始は2時みたいだから、早めに行って席取っとかないとね。それまでは別行動でいいかな。**僕、山にきのこ狩りに行く時の参考になるように、実物に触れときたいんだ**。

F2：うん、わかった。じゃあ、終わったら連絡してね。

質問1：女の人はまず何に参加しますか。

質問2：男の人はまず何に参加しますか。

행사 4개

오전11시 반부터

· 버섯안내 : 실제로 만지거나 냄새를 맡을 수 있다.

· 갤러리토크 : 버섯 예술작품의 해설

오후1시부터

· 체험코너 : 버섯 액자 만들기

오후 2시부터

· 강연 : 「일본인과 버섯」

「まず何をしますか」이므로 오전중의 이벤트에 주목.

여성은 「展示の作品見ただけじゃよくわからなかった」「説明聞きに行きたい」라고 말하고 있으므로 1「ギャラリートーク」가 정답.

남성은 「実物に触れときたい」라고 말하고 있으므로 4「きのこ案内」가 정답.

둘 다 오후는 강연을 들으러 간다. 그때까지는 각자 행동한다고 말하고 있다.

암기하자!

□来場(らいじょう) : 会場(かいじょう)に来(く)ること 행사장에 오는 것/내장
□誠(まこと)に :「本当(ほんとう)に」의 정중한 표현
□催し物(もよおしもの) : 행사
□きのこ : 버섯
□体感(たいかん)する : 체감하다
□ギャラリートーク : 갤러리 토크
□モチーフ : 모티프
□水彩画(すいさいが) : 수채화
□木版画(もくはんが) : 목판화
□切り絵(きりえ) : 키리에(종이를 오려 그림처럼 모양을 만드는 것)
□展示館(てんじかん) : 전시관
□題(だい)する : 제목을 붙이다
□先着(せんちゃく) : 선착
□きのこ狩(が)り : 버섯 따기

제2회 해답 · 해설

필승합격 모의고사 해답용지

N1 言語知識（文字・語彙・文法）・読解

第2回

受験番号 Examinee Registration Number		名前 Name	

〈ちゅうい Notes〉

1. くろいえんぴつ（HB、No.2）でかいてください。
   Use a black medium soft (HB or No.2) pencil.
   （ペンやボールペンではかかないでください。）
   (Do not use any kind of pen.)
2. かきなおすときは、けしゴムできれいにけしてください。
   Erase any unintended marks completely.
3. きたなくしたり、おったりしないでください。
   Do not soil or bend this sheet.
4. マークれい Marking Examples

よいれい Correct Example	わるいれい Incorrect Examples
●	⊗ ✓ ○ ◎ ⊜ ⦶ ●

問題	1	2	3	4
問題1				
1	①	②	●	④
2	①	●	③	④
3	●	②	③	④
4	①	②	③	●
5	①	②	●	④
6	①	②	③	●
問題2				
7	●	②	③	④
8	①	②	③	●
9	●	②	③	④
10	①	②	●	④
11	①	●	③	④
12	①	②	●	④
13	●	②	③	④
問題3				
14	①	●	③	④
15	①	②	③	●
16	①	②	●	④
17	①	②	③	●
18	①	②	●	④
19	①	②	●	④
問題4				
20	①	②	●	④
21	①	②	③	●
22	①	②	③	●
23	①	②	③	●
24	①	●	③	④
25	●	②	③	④
問題5				
26	①	②	③	●
27	●	②	③	④
28	①	②	③	●
29	①	●	③	④
30	①	②	③	●
31	●	②	③	④
32	①	②	③	●
33	①	●	③	④
34	①	②	●	④
35	●	②	③	④
問題6				
36	●	②	③	④
37	①	●	③	④
38	①	②	③	●
39	●	②	③	④
40	①	②	●	④
問題7				
41	●	②	③	④
42	①	②	③	●
43	①	②	③	●
44	●	②	③	④
45	①	②	③	●
問題8				
46	①	②	③	●
47	①	●	③	④
48	①	②	③	●
49	①	②	●	④
問題9				
50	①	●	③	④
51	①	②	③	●
52	①	②	●	④
53	①	●	③	④
54	①	●	③	④
55	●	②	③	④
56	●	②	③	④
57	①	●	③	④
58	①	②	③	●
問題10				
59	①	②	③	●
60	●	②	③	④
61	①	②	●	④
62	①	②	●	④
問題11				
63	①	②	③	●
64	①	②	●	④
問題12				
65	①	②	●	④
66	①	●	③	④
67	●	②	③	④
68	①	②	③	●
問題13				
69	①	②	●	④
70	①	②	③	●

필승합격 모의고사 해답용지

N1 聴解

第2回

受験番号 Examinee Registration Number		名前 Name	

〈ちゅうい　Notes〉

1. くろいえんぴつ（HB、No.2）でかいてください。
   Use a black medium soft (HB or No.2) pencil.
   （ペンやボールペンではかかないでください。）
   (Do not use any kind of pen.)
2. かきなおすときは、けしゴムできれいにけしてください。
   Erase any unintended marks completely.
3. きたなくしたり、おったりしないでください。
   Do not soil or bend this sheet.
4. マークれい Marking Examples

よいれい Correct Example	わるいれい Incorrect Examples
●	⊗ ✓ ○ ◎ ⊜ ⦶ (gray)

問題1

例	①	②	●	④
1	①	●	③	④
2	●	②	③	④
3	①	②	●	④
4	①	②	●	④
5	●	②	③	④
6	①	②	③	●

問題2

例	①	●	③	④
1	①	②	●	④
2	①	②	●	④
3	①	②	③	●
4	●	②	③	④
5	①	●	③	④
6	①	②	③	●
7	①	②	●	④

問題3

例	①	②	③	●
1	①	②	③	●
2	①	●	③	④
3	●	②	③	④
4	①	②	③	●
5	①	②	●	④
6	①	②	●	④

問題4

例	●	②	③
1	①	②	●
2	①	②	●
3	●	②	③
4	①	●	③
5	①	●	③
6	①	②	●
7	①	●	③
8	①	②	●
9	①	②	●
10	●	②	③
11	①	●	③
12	①	②	●
13	●	②	③
14	●	②	③

問題5

1		①	②	●	④
2		①	●	③	④
3	(1)	①	②	③	●
3	(2)	●	②	③	④

제2회 채점표와 분석

		배점	정답수	점수
문자・어휘・문법	문제1	1점×6문제	／ 6	／ 6
	문제2	1점×7문제	／ 7	／ 7
	문제3	1점×6문제	／ 6	／ 6
	문제4	2점×6문제	／ 6	／12
	문제5	1점×10문제	／10	／10
	문제6	1점×5문제	／ 5	／ 5
	문제7	2점×5문제	／ 5	／10
	합 계	56점		a ／56

60점이 되도록 계산하여 봅시다. a ☐ 점÷56×60＝ A ☐ 점

		배점	정답수	점수
독해	문제8	2점×4문제	／ 4	／ 8
	문제9	2점×9문제	／ 9	／18
	문제10	3점×4문제	／ 4	／12
	문제11	3점×2문제	／ 2	／ 6
	문제12	3점×4문제	／ 4	／12
	문제13	3점×2문제	／ 2	／ 6
	합 계	62점		b ／62

b ☐ 점÷62×60＝ B ☐ 점

		배점	정ㄷ답수	점수
청해	문제1	2점×6문제	／ 6	／12
	문제2	1점×7문제	／ 7	／ 7
	문제3	2점×6문제	／ 6	／12
	문제4	1점×14문제	／14	／14
	문제5	3점×4문제	／ 4	／12
	합 계	57점		c ／57

c ☐ 점÷57×60＝ C ☐ 점

A B C 중에 48점 이하인 과목이 있다면 해설과 대책을 읽고 다시 한 번 도전합시다.
(48점은 이 책의 기준입니다).

※이 채점표의 득점은 아스크 출판 편집부가 문제의 난이도를 판단하여 배점했습니다.

언어지식 (문자 · 어휘 · 문법) · 독해

◆ 문자 · 어휘 · 문법

※해설은 유사표현을 많이 알 수 있도록 알기 쉬운 일본어와 한국어를 병용하였습니다.

問題1

1 정답 : 3 ただよって

漂 ヒョウ／**ただよ-う**

漂う : 떠돌다/표류하다

- **1** 潤う : 축축해지다/윤택해지다
- **2** みなぎる : 넘치다
- **4** とどまる : 머물다

2 정답 : 2 なごやかな

和 ワ／やわら-げる · やわら-ぐ · なご-む · **なご-やか**

和やかな : 부드러운

- **1** 穏やかな : 잔잔한
- **3** にぎやかな : 번화한
- **4** 緩やかな : 완만한

3 정답 : 1 こわいろ

声 セイ · ショウ／こえ · **こわ**

色 ショク · シキ／**いろ**

声色 : 음색

4 정답 : 4 げんせん

厳 **ゲン** · ゴン／きび-しい · おごそ-か

選 **セン**／えら-ぶ

厳選する : 엄선하다

5 정답 : 3 にょじつ

如 ジョ · **ニョ**／ごと-し

実 **ジツ**／み · みの-る

如実に : 여실히

6 정답 : 4 くろうと

玄 ゲン

玄人 : 전문가 ⇔ 素人 : 아마추어

問題2

7 정답 : 1 不備

不備がある : 미비가 있다

- **2** 不当 : 부당
- **3** 不意 : 불의
- **4** 不順 : 불순

8 정답 : 4 気が乗らない

気が乗らない : 마음이 내키지 않는다

- **1** 気が立つ : 신경이 곤두서다
- **2** 気が抜けない : 정신이 없다
- **3** 気がおけない : 仲がいい 허물없다

9 정답 : 1 きっぱり

きっぱり断る : 딱 잘라 거절하다

- **2** じっくり : 차분히 例じっくり話す
- **3** てっきり : 틀림없이
  例てっきり晴れると思った
- **4** うっかり : 무심코 例うっかり忘れた

10 정답 : 3 復職

復職する : 복직하다

- **1** 副業する : 부업하다
- **2** 回復する : 회복하다
- **4** 複写する : 복사하다

11 정답 : 2 値する

尊敬に値する : 존경할 만하다

- **1** 即する : 꼭 맞다
- **3** 有する : 소유하다
- **4** 要する : 필요로 하다

12 정답 ：3 成果

努力の成果が出る：노력의 성과가 나오다

1 成功：성공
2 評価：평가
4 効果：효과

13 정답 ：1 デビュー

華々しいデビューを飾る：화려한 데뷔를 장식하다

2 エリート：엘리트
3 インテリ：인텔리
4 エンド：엔드(End)

問題3

14 정답 ：2 はっきりと

顕著に ＝ はっきりと 분명하게

15 정답 ：4 全部

一律 ＝ 全部 전부

16 정답 ：3 ひどく疲れて

くたびれる ＝ ひどく疲れる 매우 지치다

17 정답 ：4 関係する

まつわる ＝ 関係する 관계하다

18 정답 ：3 みじめな

情けない ＝ みじめな 한심한/비참한

19 정답 ：3 現実的に

シビアに ＝ 現実的に 현실적으로

1 楽観的に：낙천적으로
2 悲観的に：비관적으로
4 多角的に：다각적으로

問題4

20 정답 ：3 そろそろこの仕事に着手しないと、締め切りに間に合わないよ。

仕事に着手する：일에 착수하다

1 好きな俳優に握手してもらっただけでなく、…
2 この飛行機は空港に着陸する準備を始めますので、…

21 정답 ：4 地球上には、まだ数多くの未知の生物が存在する。

未知の生物：미지의 생물

1 …、自分はなんて無知なのかと…
無知：무지

22 정답 ：4 このゴルフ教室は、初心者でも気兼ねなく練習できる。

気兼ねなく：스스럼없이

23 정답 ：4 彼は貧しい子供たちの生活を支える活動をするために、この団体を発足した。

団体を発足する：단체를 발족하다

24 정답 ：2 これまでの実績と君の実力を見込んで、ぜひお願いしたい仕事がある。

実力を見込んで：실력을 믿고

1 高いところから下をのぞき込んで、…
3 …、まだ小さい子どもだったので見逃してあげた。

25 정답 ：1 松田さんはチームをまとめるのが上手で、リーダーとしての素質がある。

リーダーとしての素質がある：리더로서의 소질이 있다

2 小林さんは素朴な性格で、…
素朴な：소박한
4 …、数多くの素材を集めるのが大変だった。
素材：소재

問題5

26 정답 ：4 すら

~ですら ＝ ~でさえ ~조차

※「~もそうだからそれ以外のものもなおさら」라는 뜻.「~」에는 명사가 들어간다.

2 AはおろかB：AはもちろんBも

27 정답 ：1 ところで

~ところで：~하더라도

AたところでB：いくらAてもB（~ない・無駄だ）

4 AたところB：Aた結果B・Aた感じではB

28 정답 ：4 と相まって

~と相まって：~と結びついて・~と一緒になって ~와 더불어/~와 함께

1 ~に反して：~とは反対に ※「~」에는「予想・期待」등의 명사가 들어간다.

2 ~を伴って：~を一緒に連れて

3 ~とかかわって：~とつながりを持って

29 정답 ：2 たりとも

~たりとも（~ない）：~であっても（~できない・~わけにはいかない）~라도

※「~」에는「1日 ・1分 ・1円」등의 최소 단위가 들어가고 그 정도로도 가볍게 볼 수 없다는 뜻을 나타낸다.

3 ~たらず：~には足りない・~程度で十分ではない ※「~」에는 일시와 수량이 들어간다. 例入社して1週間足らずだ。

4 ~限り：~だけ ※「~」에는 일시와 수량이 들어간다. 例お一人様1点限り

30 정답 ：4 着き次第

A次第B：A하자마자 B

※B에는 부탁과 희망 등의 의지표현이 들어간다.

1 Aや否やB：Aと同時にB ※A, B 모두 실제로 일어난 일이 들어간다.

2 AたとたんB：Aたらその瞬間B ※A, B 모두 실제로 일어난 일이 들어간다.

3 Aが早いかB：Aと同時にB ※A, B 모두 실제로 일어난 일이 들어간다.

31 정답 ：1 にも増して

以前にも増して：이전보다 더

32 정답 ：4 吸わずにはいられない

~ずにはいられない：（気持ちが抑えられず）どうしても~してしまう ~하지 않을 수 없다

1 ~ずにはおかない：必ず~てみせる・~ないのは許せない

2 ~ないではおかない：必ず~てみせる・~ないのは許せない

3 ~てはいられない：~ている場合ではない・~ている状態でいるのは難しい

33 정답 ：2 必要とされている

「~とされている」는「~としている」의 피동형

34 정답 ：3 そばから

AそばからB：A하자 바로 B

1 A上にB：Aに加えてさらにB

2 AにつれてB：AするとだんだんB

4 AとともにB：Aと一緒にB

35 정답 ：1 辞退させていただきます

「辞退させていただく」는「辞退させてもらう」의 겸양어

2「ご辞退になります」는「辞退する」의 존경어

3「辞退していらっしゃいます」, 4「辞退しておられます」는「辞退している」의 존경어

問題6

36 정답 ：1

彼女と結婚したいという気持ちは 4**誰が** 3 **何と** 1**言おうと** 2**決して** 変わりません。

誰が何と言おうと：누가 뭐래도

決して～ない：결코～하지 않다

37 정답 ：2

竹内さんは、部下の満足度や他部署の予定よりも 3**自分の都合ばかりを** 4**優先する** 2**きらいがあるので** 1**部下の信頼を** 得ることができない。

～するきらいがある：～というよくない性質・傾向がある ~한 성질(경향)이 있다

信頼を得る：신뢰를 얻다

38 정답 ：4

ゆうべ、友人からのメールで 3**大学時代の指導教官であり** 1**私が尊敬して** 4**やまない** 2**平野先生が** 昨日お亡くなりになったと知り、なかなか眠りにつくことができなかった。

～てやまない：すごく～ている 매우~하는

39 정답 ：1

社内の不祥事が明るみに 4**出るに** 2**至って** 1**ようやく** 3**経営陣は社内での** 調査を始めた。

明るみに出る：드러나다/밝혀지다

40 정답 ：3

学校の成績が 4**優秀で** 2**あれば** 3**あるに** 1**越したことはない** のですが、それだけを見ることはしません。特に弊社のようなベンチャー企業では新しい発想が求められます。

～であればあるに越したことはない：~이면 더 좋다

問題7

41 정답 ：1 に即して

Aに即してB：Aを基準・根拠にしてB

A에 입각해서 B

2 ～にとって：～の立場・視点から言うと

3 ～に先立って：～する前に

4 ～に限って：～の場合に特別に

42 정답 ：4 呼ばれるものだ

AがBと呼ばれるものだ。

 **1** AをBと名付ける

3 ～と言ったところだ：だいたい～という程度・状況だ

43 정답 ：4 ちなみに

ちなみに：덧붙여서

 **2** いわゆる：이른바

44 정답 ：1 使っているわけだ

ふむふむ～わけだ：なるほど～なら当然だ

「ふむふむ」는 「なるほど」의 의미. 회화체로는 사용하지 않는다.

3 使うまでもない：わざわざ使う必要はない (그렇게까지 하지 않아도 된다)

45 정답 ：4 言えるかもしれない

「一目瞭然」은 「一目見てはっきりわかる」라는 뜻. コーパス가 있으면 「どんな言葉を、どんな場面で実際に使っているのか」를 바로 알 수 있다. 환언하면 「ある言葉に、どんなニュアンスをこめているのかがわかる」라고도 말할 수 있다고 되어 있다.

1 言わずにはおかない：必ず言う

2 言えるものではない：一般的には言えない

3 言うわけにはいかない：理由があって言えない

□コーパス：코퍼스(Corpus)

※언어학적 분석을 위해 수집된 일군의 데이터를 일컫는 말

◆ 독해

問題8

(1) 46 정답 ：4

【担当者変更のお知らせ】

株式会社ＡＢＣ

佐藤様

いつもお世話になっております。

株式会社さくらの鈴木です。

この度、弊社の人事異動に伴い、４月１日より営業部小林が貴社を担当させていただくことになりました。在任中、佐藤様には大変お世話になり、感謝しております。

小林は入社10年のベテラン社員で、長らく営業業務に携わってまいりました。

今後も変わらぬご指導のほど、何卒よろしくお願い申し上げます。

後日改めまして、小林と共にご挨拶に伺う所存ではございますが、取り急ぎメールにてご連絡申し上げます。

上記につきまして、どうぞよろしくお願いいたします。

4 「最も伝えたいことは何か」는 자주 나오는 질문. 「お知らせ」의 경우에는 우선 제목에 주목한다. 제목이 「担当者変更のお知らせ」인 것과 앞으로도 잘 부탁한다고 적혀 있으므로 4가 정답.

암기하자!

- □担当者変更 : 담당자 변경
- □弊社 : 폐사
- □人事異動 : 인사이동
- □貴社 : 귀사
- □在任中 : 재임중
- □長らく: 長い間　오랫동안
- □携わる : 종사하다
- □変わらぬ : 변함없는
- □所存 : 생각/의견
- □取り急ぎ : 우선

(2) 47 정답 ：2

私はパソコンもスマートフォンも持っていないが、**2 ネット上には、作家やその作品に対する全否定、罵倒が溢れている**らしい。プリントアウトしたものを私も見せてもらったことがある。やはり編集者が気を遣ってかなりましな感想を選んでくれたのだろうが、それでも**2 そうとうなもので、最後まで読む勇気が自分にあった**のは驚きだった。

「ネット上の罵倒（＝非難）がそうとうなものだった」라고 되어 있다. 너무 심해서 끝까지 읽을 용기가 자신에게 있었다는게 놀라웠다고 말하고 있으므로 2가 정답.

암기하자!

□馬頭 : 매도
□全否定 : 完全な否定 완전한 부정
□溢れる : 넘치다
□気を遣って : 배려를 하여
□ましな : 더 나은
□勇気 : 용기

(3) 48 정답 ：4

私は一見社交的に見えるようだが、初対面の人と話すのは苦手だ。（中略）という話を、先頃、あるサラリーマンにした。

彼は小さな広告代理店の営業担当役員である。**1 新しい人と知り合うのが仕事のような職種だ。**

彼曰く、**4 話題につまった時は、ゴルフか病気の話をすれば何とかなるそうだ。3・4 四十も過ぎれば、体の不調は誰でも抱えている。自分自身は元気でも、親はある程度の年齢だから、病気に関わる心配事を抱えていない大人はいない。**なるほどである。

어느 샐러리맨이 이야기 한 것 중에서「なるほど」라고 필자가 납득한 부분을 찾는다.

1 샐러리맨이 이야기 한 것이 아니다.

2 그렇게는 말하고 있지 않다.

3 샐러리맨이 이야기 한 내용이지만 거기서 납득할 이유가 없다.

4 40세가 넘으면 자신이나 자신의 부모가 아플 가능성이 높으므로 화제에 막혔을 때는 병에 대한 이야기를 하면 된다고 말하고 있으므로 4가 정답.

암기하자!

□一見 : 일견
□社交的 : 사교적
□初対面 : 첫 대면 / 첫 만남
□先頃 : この間 최근
□広告代理店 : 광고대리점
□営業担当役員 : 영업담당임원
□職種 : 직종
□曰く : 말하기를
□体の不調 : 몸의 상태가 나쁨
□抱えている : 안고 있다

(4) 49 정답 : 3

2 強いとか弱いとかいうのとはちょっと別に、**3 その選手に異様な熱を感じる時期というのがあって、世界戦やタイトルマッチじゃなくても、その熱は会場中に伝播する**。その熱の渦中にいると「ボクシングってこんなにすごいのか!」と素直に納得する。たったひとりの人間が発する熱が源なのだから。それはもしかしたら、その選手の旬というものなのかもしれない。年齢とは関係ない。また、**4 旬の長さも一定ではないし、一度きりということでもない**のだろう。だけれど、永遠ではない。

1 그렇게는 말하고 있지 않다.

2 강함과는 관계가 없다.

3 이 부분에서 3이 정답.

4 「一度きりということでもない」는 「一度だけではない」라는 의미.

암기하자!

□異様な : 이상한
□タイトルマッチ : 타이틀매치
□伝播する : 次々に伝わって広まる 전파하다
□渦中 : 와중
□発する : 발하다/시작하다
□源 : 기원/근원
□旬 : 적기/가장 최고의 시기/가장 맛드는 철
□一度きり : 한 번 뿐

問題9

(1) 50 정답 : 2　51 정답 : 4　52 정답 : 3

落語の世界では、マクラというものがあり、長い噺を本格的に語る前にちょっとした小咄とか、最近あった自分の身の回りの面白い話などをする。(中略)

落語家はマクラを振ることによって何をしているかといえば、観客の気持ちをほぐすだけではなくて、今日の客はどういうレベルなのか、どういうことが好きなのか、というのを感じとるといっている。

たとえば、**50 これぐらいのクスグリ(面白い話)で受けないとしたら、「今日の客は粋じゃない」とか「団体客かな」などと、いろいろ見抜く。そして客のタイプに合わせた噺にもっていく。**これはプロの熟達した技だ。

それと似たようなことが授業にもある。先生の立場からすると、自分の話がわかったときや知っているときは、生徒にうなずいたりして反応してほしいものだ。そのうなずく仕草によって、先生は安心して次の言葉を話すことができる。**51 反応によっては発問を変えたり予定を変更したりすることが必要だ。**

逆の場合についても、そのことはいえる。たとえば子どもが教壇に一人で立って、プレゼンテーションをやったとする。そのときも教師の励ましが必要なのだ。アイコンタクトをし、うなずきで励ますということだ。**52 先生と生徒が反応し合うことで、密度は高まり、場の空気は生き生きしてくる。**

50 길게 이야기를 하기 전에 쿠스구리를 해서 어떤 고객인지 알아보고 거기에 맞게 이야기를 한다고 말하고 있으므로 2가 정답.

51 선생님도 학생의 끄덕이는 행동 등의 반응을 보고「発問を変えたり予定を変更したりすることが必要だ」라고 하므로 4가 정답.

52 선생님만, 학생만이 아니라「先生と生徒が反応し合うこと」라고 하므로 3이 정답.

암기하자!

□落語 : 만담
□本格的に : 본격적으로
□身の回り : 신변
□気持ちをほぐす : 마음을 풀다
□受ける : ここでは、面白がられること 재미있어 하다
□粋 : 세련되다/가장 정도가 높은 부분
□見抜く : 알아차리다
□熟達する : 숙달하다
□うなずいたり : 수긍하거나/(고개를) 끄덕이거나
□仕草 : 어떤 일을 할 때의 행위나 몸짓

□発問：質問すること 발문/질문
□教壇：교단
□密度：밀도
□アイコンタクト:아이컨택트/눈 맞춤
□生き生きしてくる:살아나게 되다

(2) 53 정답 ：2　54 정답 ：2　55 정답 ：1

ペットショップで目が合って何か運命的なものを感じてしまい、家へ連れて帰ってきたシマリスのシマ君が、今朝、突然、攻撃的になってしまった。

53 これまで、手のひらに入れてぐるぐるお団子にしたり、指を口の前に差し出しても一度も咬んだり人を攻撃したことがないのに、いきなり咬みつかれた。かごの中の餌からゴミを取ろうとしてふと指を入れたら、がぶっとやられたのである。

（中略）

「①タイガー化する」といって、冬眠に入る秋冬になるとものすごく攻撃的になるという。そんなことは知らなかった。あんなにひとなつこくて誰にでも甘えてくるリスが、目を三角にしてゲージにバンバン体当たりしてくる。同じ動物とは思えない。怖い。

獣医師によると、冬眠する前に体内にある物質が分泌されるらしい、という説や、冬眠前になるべく餌をたくさん食べて体脂肪を蓄えるためになわばり意識が強まる、という二つの説があるそうだが、**54 医学的にははっきり解明されていない**。

その上、何と **55「春になると元のひとなつこい状態に戻る子もいるし、そのままの凶暴状態が続く子もいます」というのである。**

もう戻らないかもしれないなんて、②本当に悲しい。あんなに可愛かったうちのシマ君が、突然、野獣に変ってしまった。

53 손바닥에서 둥글게 굴리는 것을 좋아한다고는 적혀 있지 않으므로 1은 틀렸다.「一度も咬んだり人を攻撃したことがない」라고 하므로 2가 정답.

54 「解明されていない（＝解き明かされていない）」이므로 2가 정답.

55 「本当に悲しい」의 앞 부분을 보면「春になっても元のひとなつこい状態に戻らないかもしれない」라고 슬프다고 적혀 있으므로 1이 정답.

암기하자!

□運命的(うんめいてき)な : 운명적인
□シマリス : 얼룩 다람쥐
□手(て)のひら : 손바닥
□ぐるぐる : ここでは、丸(まる)めること 굴리다
□お団子(だんご) : 경단
□ぐるぐるお団子(だんご)にしたり : 경단처럼 굴리거나
□差(さ)し出(だ)す : 내밀다
□咬(か)む : 물다
□咬(か)みつく : 깨물다
□がぶっと : 벌컥
□タイガー化(か) : 호랑이화/호랑이처럼 되는 일
□冬眠(とうみん) : 동면/겨울잠
□ひとなつこい : 사람을 잘 따르다
□甘(あま)える : 응석 부리다
□バンバン体当(たいあ)たりする : 탕탕 몸을 부딪치다
□獣医師(じゅういし) : 수의사
□分泌(ぶんぴつ)する : 분비하다
□体脂肪(たいしぼう) : 체지방
□蓄(たくわ)える : 저축하다
□なわばり意識(いしき) : 세력권 의식
□解明(かいめい)する : 해명하다
□凶暴(きょうぼう) : 흉폭
□野獣(やじゅう) : 야수

(3) 56 정답 : 1　57 정답 : 2　58 정답 : 4

かつての教員養成はきわめてすぐれていた。ことに小学校教員を育てた師範学校は、いまでは夢のような、ていねいな教育をしたものである。

（中略）

その師範学校の教員養成で、ひとつ大きな忘れものがあった。56**外国の教員養成に見倣ったもの**だから、罪はそちらのほうにあるといってよい。

何かというと、声を出すことを忘れていたのである。読み、書き中心はいいが、声を出すことをバカにしたわけではないが、声の出し方を知らない教師ばかりになった。

（中略）

新卒の先生が赴任する。58**小学校は全科担任制だが、朝から午後までしゃべりづめである。声の出し方の訓練を受けたことのない人が、そんな乱暴なことをすれば、タダではすまない。**

早い人は秋口に、体調を崩す。戦前の国民病、結核にやられる。57**運がわるいと年明けとともに発病**、さらに不幸な人は春を待たずに亡くなる、という例がけっして少なくなかった。

もちろん、みんなが首をかしげた。大した重労働でもない先生たちが肺病で亡くなるなんて信じがたい。日本中でそう思った。

知恵（？）のある人が解説した。先生たちは白墨で板書をする。その粉が病気を起こすというのである。この珍説、またたくまに、ひろがり、日本中で信じるようになった。神経質な先生は、ハンカチで口をおおい、粉を吸わないようにした。それでも先生たちの発病はすこしもへらなかった。

58**大声を出したのが過労であったということは、とうとうわからずじまいだったらしい。**

56 「外国（＝海外）の教員養成に見倣った（＝参考にした）」라고 말하고 있으므로 1이 정답.

57 「年明け（＝お正月）とともに発病（＝病気になること）」라고 말하고 있으므로 2가 정답. 「春を待たずに亡くなる、という例がけっして少なくなかった（＝多かった）」라고 말하고 있으므로 3은 틀렸다.

58 백묵가루를 들이마시는 것이 병을 일으킨다는 것은 「この珍説、またたくまに、ひろがり、日本中で信じるようになった」라고 말하고 있으므로 2, 3은 틀렸다. 「朝から午後までしゃべりづめである。声の出し方の訓練を受けたことのない人が、そんな乱暴なことをすれば、タダではすまない」라고 했다. 「タダではすまない」 즉 「過労を起こす」라고 말하고 있으므로 4가 정답.

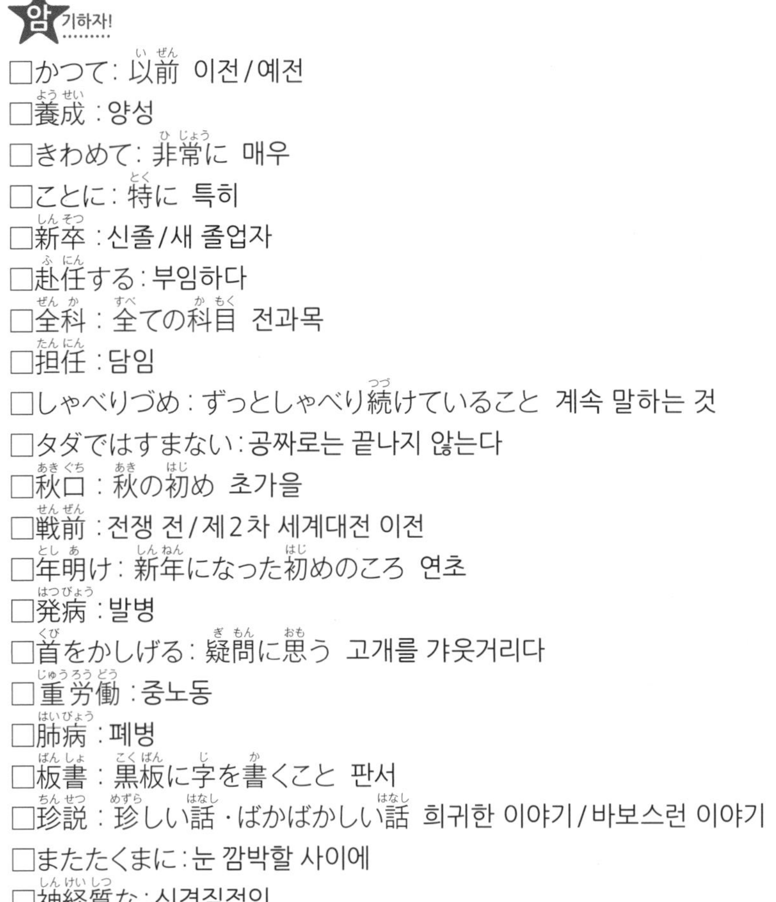

암기하자!

□かつて：以前(いぜん) 이전/예전
□養成(ようせい)：양성
□きわめて：非常(ひじょう)に 매우
□ことに：特(とく)に 특히
□新卒(しんそつ)：신졸/새 졸업자
□赴任(ふにん)する：부임하다
□全科(ぜんか)：全(すべ)ての科目(かもく) 전과목
□担任(たんにん)：담임
□しゃべりづめ：ずっとしゃべり続(つづ)けていること 계속 말하는 것
□タダではすまない：공짜로는 끝나지 않는다
□秋口(あきぐち)：秋(あき)の初(はじ)め 초가을
□戦前(せんぜん)：전쟁 전/제2차 세계대전 이전
□年明(としあ)け：新年(しんねん)になった初(はじ)めのころ 연초
□発病(はつびょう)：발병
□首(くび)をかしげる：疑問(ぎもん)に思(おも)う 고개를 갸웃거리다
□重労働(じゅうろうどう)：중노동
□肺病(はいびょう)：폐병
□板書(ばんしょ)：黒板(こくばん)に字(じ)を書(か)くこと 판서
□珍説(ちんせつ)：珍(めずら)しい話(はなし)・ばかばかしい話(はなし) 희귀한 이야기/바보스런 이야기
□またたくまに：눈 깜박할 사이에
□神経質(しんけいしつ)な：신경질적인
□過労(かろう)：働(はたら)きすぎて疲(つか)れること 과로
□わからずじまい：알고 싶은 것을 계속 모르게 되는 것

問題10

59 정답 ：4　60 정답 ：1　61 정답 ：3　62 정답 ：3

「住まいの中の君の居場所はどこか?」と問われて「自分の部屋」と、自覚的に答えられるのは、五、六歳になってからでしょうか。

しかしその時期をすぎても、実際には自室をもっている子でさえ、宿題はダイニングテーブルやリビングでやるという場合が、とても多いとききます。**59 玩具やゲーム機で遊ぶのもリビングで、けっきょく自室に入るのは眠るときだけ。こんな子が少なくありません。**

その理由の一つは子供も親も、家にいる時間がどんどんへっていることにあります。今、**60 共働きの世帯は専業主婦世帯のほぼ二倍にあたる約1100万世帯で、これからも増加する**とみられています。しかも労働時間はいっこうにへらず長いまま。親が家にいない時間が長くなるにつれて、子供もやはり家にいない時間が増えていきました。**60 起きている時間のうちの大半を、自宅ではなく保育園などで過ごす子も多い**。こんな状況ですから、**60 親子のふれあう時間そのものが少ない**のです。

①こうしたなかで、親子のコミュニケーション、ふれあいの機会を空間的にどうにか捻出しようという働きかけが、ハウスメーカーから出ています。

たとえば三井ホームは「学寝分離」、ミサワホームは「寝学分離」をテーマにした住まいを広めようとしています。

「寝」というのは睡眠の場所、「学」というのは遊びを含む学びの場所のことです。これを分離するというのはどういうことでしょうか。

「**61 家族のコミュニケーションを高めるために、子供室はあくまで“寝る部屋”と位置づけ、“学ぶ部屋”“くつろげる場所”を共有空間などの別の場所に設けるという考え方**」(三井ホーム・シュシュ)

62 これまでの子供部屋はしっかり集中して勉強ができる空間、ゆっくりと安眠できる空間、また読書や音楽鑑賞といった個人の趣味や息抜きをする空間として考えられていました。いわばそこは子供にとってのオールマイティな場所でした。

しかし、それでは親と子供がふれあう時間がなくなる。そこで、②子供部屋がほんらい発揮すべき役割を、家の中の他の場所にもつ

59 「自室（＝自分の部屋）は眠るときだけ。こんな子が少なくありません（＝多い）」라고 말하고 있으므로 2는 틀렸다.「遊ぶのもリビング」라고 말하고 있으므로 4가 정답.

60 지시어의 내용은 직전 문장에 적혀 있는 경우가 많다.「親子のふれあう時間そのものが少ない」라고 말하고 있고 그 이유가「共働きが増加」하고「保育園で過ごす子も多い」라고 말하고 있으므로 1이 정답.

「子供が寝る時間が増えた」라고는 말하고 있지 않기에 2는 틀렸다.

61 「子供部屋は寝る部屋」로「家族のコミュニケーションを高めるために、“学ぶ部屋”“くつろげる場所”を共有空間などの別の場所に設ける」라고 말하고 있으므로 3이 정답.

62 「いわば」는 앞의 내용을 알기쉽게 정리하여 말할 때 사용한다.「子供にとってのオールマイティな（＝何でもできる）場所」라고 말하고 있으므로 3이 정답.

くって、そこをコミュニケーションの場としても活用しようというわけです。

암기하자!

□居場所 : 있는 곳/지내는 곳
□自覚的に : 자각적으로
□自室 : 自分の部屋 자신의 방
□ダイニングテーブル : 食卓 식탁
□リビング : 居間 거실
□玩具 : おもちゃ 완구/장난감
□共働き : 맞벌이
□世帯 : 세대
□専業主婦 : 전업주부
□いっこうに : まったく 전혀
□ふれあう : 어울리다/교류하다
□捻出する : 짜내다/염출하다
□働きかけ : 움직임/시도
□分離する : 분리하다
□共有空間 : 공유공간
□～に設ける : ~에 설치하다
□安眠する : 안면하다
□息抜き : 숨을 돌림/휴식
□いわば : 言ってみれば 말하자면
□オールマイティ : 올마이티/전능한/다목적인
□発揮する : 발휘하다

問題11

63 정답 ：4　64 정답 ：3

A

私は幼稚園での運動会の写真撮影禁止に賛成です。写真には、子供も先生も他の親たちもみんな写ってしまうのです。それが嫌な人もいるわけですよ。それに、写真に残さないといけないという脅迫観念の中で生きている人が多いのですが、**63 撮って満足しているだけじゃないんですか**。撮影のための場所取りに必死になって、他の人の邪魔になったり、運動会を見に来ているのか撮影だけに来ているのか、わからなくなったりしている人が多いです。**64 幼稚園側も、肉眼でしっかり子供を見て、成長を目に焼き付けてもらいたいんじゃないでしょうか**。私は写真撮影しても、後日見返したことがないです。実際の目で見た方が、終わってからの満足感を得られると思います。

B

運動会の写真撮影を禁止する幼稚園があるそうですが、それは仕方のないことだと思います。最近はモラルのない保護者が多いので、撮影の場所取りなどで保護者同士のトラブルになったら、幼稚園にクレームが殺到しますよね。**64 幼稚園側からすれば、そのようなクレームに対応できないというのが本音でしょう**。また、保護者の方たちは、撮影していると自分の子供ばかりに目が行きがちですが、**64 幼稚園側としては、先生方の声かけや他の子供たちとのかかわり方などにも目を向けてもらいたいのではないでしょうか**。それと、**63 親が撮影に熱心になりすぎて、拍手や声援がまばらになるので、子供たちのやる気にも影響してしまうのではないか**と思います。子供と目を合わせて、見てるよ、応援してるよ、とアイコンタクトする。そういった温かいやり取りが忘れられているように思います。

63　A는「撮って満足しているだけじゃないか」라고 말하고 있고, B는「子供たちのやる気にも影響してしまうのではないか」라고 말하고 있으므로 4가 정답.

64　질문이「幼稚園側の意見について、AとBはどのように推測しているか」이므로「幼稚園側も~てもらいたいんじゃないでしょうか」「幼稚園側からすれば~というのが本音（＝本当の気持ち）でしょう」「幼稚園側としては~てもらいたいのではないでしょうか」의 부분에 주목한다. 이 부분들에서 3이 정답.

암기하자!

□脅迫観念(きょうはくかんねん) : 강박관념
□必死(ひっし)になる : 필사적이 되다
□肉眼(にくがん) : 육안
□目(め)に焼(や)き付(つ)ける : 눈에 강하게 새겨 넣다
□後日(ごじつ) : 후일
□見返(みかえ)す : 되돌아보다
□保護者(ほごしゃ) : 보호자
□トラブル : 트러블
□クレーム : 클레임
□殺到(さっとう)する : 쇄도하다
□対応(たいおう)する : 대응하다
□本音(ほんね) : 본심
□かかわり方(かた) : 관계 방식
□目(め)を向(む)ける : 눈을 향하다/바라보다
□目が行きがち : 눈이 갈 수 밖에 없다
□声援(せいえん) : 성원
□まばら : 드문드문/적은 상태
□やる気(き) : 의욕
□アイコンタクトする : 아이콘택트하다

問題12

65 **정답 ：3**　**66** **정답 ：2**　**67** **정답 ：1**　**68** **정답 ：4**

少子化と、超高齢化で、将来的に労働力が不足し、生産力が激減するということで、移民の受け入れと並んで、高齢者の雇用延長、再雇用が奨励されるようになった。定年も1970年代には55歳だったものが、その後60歳、さらに、改正高年齢者雇用安定法により、65歳までの雇用確保が定着しつつある。

（中略）

アメリカのように定年制がない国もあるが、日本の定年がどうやって決められているのか、わたしにはよくわからない。おそらく平均寿命から算出されているのかも知れない。長く続いた「55歳定年制」だが、日本人の平均寿命が40歳代前半だった二十世紀初頭に、日本郵船が設けた社員休職規則が起源という説が有力だ。**65今や、平均寿命は80歳を超えているわけだから、65歳まではもちろん、ひょっとしたら70歳、いや75歳までは働けるのではないか、といったムードがあるように思う**。そしてメディアは、「いくつになっても働きたい、現役でいたい」という人々を好んで取り上げる。**65働いてこそ幸福、という世論が醸成されつつある感じもする**。

だが、果たして、①**歳を取っても働くべきという考え方**は正しいのだろうか。「村上さんは会社勤めじゃないから定年なんかなくていいですね」と言われることがあり、「まあ、そうですけどね」とか曖昧に対応するが、内心「ほっといてくれ」と思う。

パワーが落ちてきたのを実感し、「もう働きたくない」という人だって大勢いるに違いない。「ゆっくり、のんびりしたい」と思っていて、**66経済的余裕があれば、無理して働く必要はないと個人的にはそう思う**。さらに②**不可解**なのは、**67冒険的な行為に挑む年寄りを称賛する傾向だ**。歳を取ったら無理をしてはいけないという常識は間違っていない。冒険なんかされると、元気づけられるどころか、あの人に比べると自分はダメなのではないかと、気分が沈む。勘違いしないで欲しいが、年寄りは冒険をするなと言っているわけではない。冒険するのも、自重するのも、個人の自由であって、一方を賛美すべきではないということだ。

65 「働いてこそ幸福」 즉 일하는 것은 행복한 것이고 「75歳まで働けるかもしれない」 라고 적혀 있으므로 3이 정답.

66 「だが、果たして（＝本当に）～だろうか」는 의문을 던지는 말투. 이 부분에서 2가 정답.

67 「不可解なのは」 라고 말하고 있으므로 그 뒤에 답이 있다. 「称賛する（＝ほめる）」라고 말하고 있으므로 1이 정답.

わたしは、60歳を過ぎた今でも小説を書いていることに対し、別に何とも思わない。伝えたいことがあり、物語を構成していく知力がとりあえずまだ残っていて、かつ経済面でも効率的なので、書いているだけで、幸福だとか、恵まれているとか、まったく思ったことはない。**68** **「避ける」「逃げる」「休む」「サボる」そういった行為が全否定されているような社会は、息苦しい。**

68 필자의 주장은 마지막 단락에 적혀 있는 경우가 많다. 「避ける」「逃げる」「休む」「サボる」이러한 행위 즉 열심히 하지 않는 것이 완전히 부정되는 사회는 괴롭다고 말하고 있으므로 4가 정답.

암기하자!

□少子化 : 저출산
□超高齢化 : 초고령화
□激減する : 격감하다
□雇用 : 고용
□奨励する : 장려하다
□定着する : 정착하다
□定年 : 정년
□算出する : 산출하다
□初頭 : 초두/시작 시기
□設ける : 마련하다/만들다/설치하다
□起源 : 기원
□有力 : 유력
□ひょっとしたら : もしかしたら 어쩌면/혹시
□ムード : 무드
□メディア : 미디어
□現役 : 현역
□世論 : 세론/여론
□内心 : 내심/속마음
□不可解な : 불가해한
□挑む : 도전하다
□称賛する : 칭찬하다
□自重する : 자중하다
□賛美する : 찬미하다
□知力 : 지력
□効率的 : 효율적
□サボる : 빼먹다/게으름 피우다
□恵まれる : 혜택받다
□息苦しい : 숨이 막히다/답답하다

問題13

69 정답 ：3　70 정답 ：4

7/ 30～8/ 31　夏の宿泊キャンペーン！

ホテルABC鬼怒川

鬼怒川温泉駅から徒歩6分。四季折々に姿を変える山々に囲まれ、露天風呂からは鬼怒川を一望できる、伝統ある温泉宿です。源泉100％の天然温泉で、効果を肌で実感できます。お食事は郷土料理を含む和洋中の朝食及び夕食をご堪能いただけます。お客様を心からおもてなしいたします。

【客室】 月の館　バス・トイレ付和室（2～6名）　　光の館　バス・トイレ付和室（2～5名）

【基本代金（お一人様/単位：円）】

［宿泊プランA］　1泊夕食・朝食付（夕食は90分飲み放題付き）

区分（1室利用人員）	宿泊プランA
おとな（中学生以上）	10,000
こども（小学生）	7,000
こども（4歳以上の未就学児）	5,000

※0～3歳児のお子様は代金不要でご利用いただけます。
1室利用人員には含めません。

※光の館はリニューアル一周年となりました。光の館にご宿泊の場合、上記基本代金に各1名様につき、おとな（中学生以上）2,000円、こども（小学生）1,500円、こども（4歳以上の未就学児）1,000円が加算されます。

キャンペーン特典

①お一人様一杯の**ウェルカムドリンク**付き！

②ご夫婦どちらかが50歳以上の場合、**光の館5000円引き宿泊券**（次回宿泊時から利用可）をプレゼント！

③お得な**往復特急券付きプランB**をご用意！
宿泊プランAに特急きぬ号往復券（普通車指定一般席/東武浅草⇔鬼怒川温泉）付き。上記基本代金に各1名様につき、おとな5,000円、こども（小学生）3,000円が加算されます。

【設備】 温泉大浴場、貸切風呂、室内温泉プール（期間限定）、アロマセラピー、リフレクソロジー、卓球、カラオケ、宴会場、会議室

69 특급열차의 통상 가격은 한 사람 편도로 3,000엔이므로 왕복으로는 6,000엔이 든다. 저렴한 왕복특급권이 포함된 플랜B라면 플랜A에 한 사람당 5,000엔 가산하면 된다. 「光の館5,000円引き宿泊券」은 다음 숙박시부터 사용할 수 있으므로 제일 저렴한 플랜은 「月の館」에 숙박하여 왕복특급권이 포함된 플랜B.

70 「光の館」에 성인 2명, 중학생 1명, 초등학생 1명이 묵는다. 중학생은 성인 요금이므로 12,000엔×3명＋8,500엔＝44,500엔이 된다.

암기하자!

□キャンペーン : 캠페인
□徒歩 : 도보
□四季折々 : 사계절마다
□露天風呂 : 노천탕
□一望する : 일망하다/한눈에 보다
□温泉宿 : 온천숙소
□源泉 : 원천
□天然 : 천연
□実感する : 실감하다
□郷土料理 : 향토 요리
□和洋中 : 일식 양식 중식
□及び : 및
□堪能する : 만족하다(충분히 만족한 상태나 어떤 행위를 만족할 때까지 실컷하는 것을 뜻한다)
□おもてなしする : 대접하다
□リニューアル : 리뉴얼
□一周年 : 1주년
□加算する : 가산하다/더하다
□特典 : 특전
□ウェルカムドリンク : 웰컴 드링크
□設備 : 설비
□大浴場 : 대욕탕
□宴会場 : 연회장

청해

問題1

例　정답 : 3

🔊 N1_2_03

イベント会場で女のスタッフと男のスタッフが話しています。男のスタッフはこのあと何をしなければなりませんか。

F：桜井さん、開演まであと一日なんだけど、グッズの件はもう解決した？

M：はい。なかなか届かないので、業者さんに電話しようと思っていたら、さっき届きました。一通りチェックをして、内容物も数も注文通りでした。

F：そう、間に合ってよかった。ありがとう。あとは客席の確認だけかな。

M：客席の確認？

F：うん。客席にゴミが落ちていたら、お客さんが嫌な思いをするでしょう。だから開演前にもう一回確認しないと。

M：そうですか。じゃあ、今すぐ確認してきます。

F：それは私がやるから、桜井さんは飲み物とお菓子の用意をしてくれる？

M：控え室に置くやつですね。わかりました。

F：あ、そうだ。ポスターはもう貼った？ いろんなところに貼るから、それを先にやっといてね。

M：ポスターなら、今朝、富岡さんが貼ってくれました。

F：そう、わかった。じゃあ、よろしく。

男のスタッフはこのあと何をしなければなりませんか。

□グッズ：상품/물품/용품
□嫌な思い：싫은 느낌/불쾌한 생각
□控え室：대기실

1番　정답 : 2

N1_2_04

会社の会議で課長が話しています。社員たちはメールが届いたらまず何をしますか。

F：みなさんに毎日利用していただいているタイムカードですけれども、来月から廃止することになりました。代わりにオンライン上でやっていただくことになります。今月中に手続きを済ませておかないと、来月から出社と退社の時刻が記録されなくなってしまいますので、必ず手続きを済ませておいてください。手続きの仕方は後ほどメールでお送りします。メールに仮パスワードが書いてありますので、**まずその仮パスワードで出勤管理システムにログインしてから、新しいパスワードを設定してください**。そして、新しいパスワードで必ず一度テストを行ってください。新しいパスワードでログインしてから退出ボタンをクリックして、退出時刻が出てくれば、手続き完了となります。

社員たちはメールが届いたらまず何をしますか。

「まず」「～てから」「そして」 등의 순서를 나타내는 단어를 놓치지 않을 것.

질문이 「メールが届いたらまず何をしますか」이므로 「まず」의 뒤에 언급되고 있는 2「出勤管理システムにログインする」가 정답.

암기하자!

□タイムカード : 타임카드
□廃止する : 폐지하다
□オンライン : 온라인
□仮パスワード : 임시 비밀번호
□ログインする : 로그인하다
□設定する : 설정하다
□退出ボタン : 퇴출 버튼
□クリックする : 클릭하다
□退出時刻 : 퇴출 시간

2番　정답：1

🔊 N1_2_05

電話でチケット販売サイトの人と女の人が話しています。女の人はこのあとどんなメールを待ちますか。

M：はい。こちら、格安航空券販売サイト、ABCチケットでございます。ご用件をお伺いします。

F：あのー、三日前にネットでチケットを購入したんですけど、航空券が送られてこないんです。本当に買えているのか心配で。

M：さようですか。確認いたしますので、6桁の予約管理番号を教えていただけますか。

F：928457です。

M：はい、少々お待ちください。（カタカタカタ）お待たせいたしました。小林花子さまでいらっしゃいますね。

F：はい、そうです。

M：予約と決済は完了しておりまして、ただ今発券処理をしているところでございます。**決済完了のメールが届いているかと思います**が、そちらはご覧になりましたか。

F：あ、はい。見ました。

M：航空券は空港で受け取っていただくことになります。**最終のご案内というメールを購入日から三日以降、つまり本日以降、出発の一週間前までにお送りします**ので、そちらに記載されております航空券引換番号をフライト当日に空港のカウンターでお伝えいただいて、航空券をお受け取りいただくという形になります。

F：あ、そうですか。そのメールを印刷して見せればいいんでしょうか。

M：印刷していただかなくても、番号を控えていただきまして、その番号をお見せいただくだけでかまいません。

F：あ、はい。わかりました。

女の人はこのあとどんなメールを待ちますか。

메일은 2종류가 보내져 온다.

「決済完了のメール」는 이미 도착했다.

「最終のご案内というメール」는 「本日以降、出発の一週間前までにお送りします」라고 말하고 있으므로 1이 정답.

암기하자!

□格安航空券 : 저가항공권
□ご用件 : 용건
□購入する : 구입하다
□さようですか :「そうですか」의 정중한 표현
□当社 : 당사/본사
□誠に : 진심으로
□決済 : 결제
□発券 : 발권
□記載する : 기재하다
□引換番号 : 교환번호
□フライト : 플라이트
□カウンター : 카운터
□番号を控える : 번호를 메모하다

3番　정답 : 3

N1_2_06

電話で保険会社の人と女の人が話しています。女の人はこのあと何をしますか。

M : はい、こちら、さくら自動車保険です。

F : あのー、駐車場で車の左前が木にぶつかっちゃって、バンパーがへこんでしまったんですけど…。

M : さようですか。そうしましたら、まずご本人様確認のため、お名前と生年月日を教えていただけますか。

F : はい。鈴木みちこ、1985年6月20日です。

M : はい、確認が取れました。では、お車のナンバーと保険の契約番号を教えていただけますか。

F : あ、すみません。契約番号が書いてあるファイル、車の中に置いてきちゃいました。

M : それでは、後ほどお知らせください。今回のような場合、修理代は全額保険で賄うことができます。

F : あ、そうですか。よかった。

M : 鈴木様のほうで修理工場を選んでいただき、そちらの会社名と電話番号を教えていただければ、こちらからお支払いいたします。

F：はい。

M：ただ、保険で修理代を補償される場合は、今後５年間の保険料が一年に2万円ずつプラスされます。

F：そうすると、**修理代が安い場合は自分で払ったほうが結果的にいいかもしれない**ってことですね。

M：そうですね。**修理代のお見積もり次第で、保険で補償されるかどうかはご契約者様ご本人で決めていただければと思います。**

F：そうですか。**じゃあ、ちょっと調べてみます。**

女の人はこのあと何をしますか。

이 부분들에서 우선 견적을 받아 보험을 사용할지 말지를 결정함을 알 수 있다.

암기하자!

□保険：보험
□バンパー：범퍼
□さようですか：「そうですか」의 정중한 표현
□ファイル：파일
□発生する：발생하다
□賄う：조달하다/맡아 처리하다/마련하다
□補償する：보상하다
□見積もる：견적하다/예정하다/추측하다

4番　정답：3

N1_2_07

電話で施設の人と男の人が話しています。男の人はこのあと何をしますか。

F：はい、さくらプラザでございます。

M：あのー、施設の予約をしようと思って、ホームページを見たんですが、よくわからないんです。

F：そうですか。ご予約ですと、ホームページの予約システムのほうから予約申し込みをしていただくことになります。

M：はい、見てます。

F：予約システムというところをクリックしていただくと、施設一覧という青い字が出てきますので、そちらをクリックして、お部屋を選択していただくか、もしくは、空き状況を見るというところから空いているお部屋を選択していただくことになります。

M：はい、そこまではわかったんです。で、三日分までは予約できたんですけど、四日目の分だけなぜか選択できなくなったんです。

F：さようですか。実はこちらの施設は連続してご使用いただける日が三日間までと決まっておりまして。

M：そうなんですか。なら**一日分はキャンセルして、別の日に予約したい**んですが。

F：それでは、**まず会員登録をしていただき、マイページから予約をし直していただくことになります。会員登録はお済みですか。**

M：**はい、してあります**。わかりました。ありがとうございました。

男の人はこのあと何をしますか。

남성은「一日分キャンセルして、別の日の予約したい」. 그것을 하기 위해서는 ①회원등록, ②마이페이지에서 다시 예약. ①은 이미 했으므로 3이 정답.

암기하자!

□施設：시설
□システム：시스템
□クリックする：클릭하다
□一覧：일람
□もしくは：또는/혹은
□さようですか：「そうですか」의 정중한 표현
□キャンセルする：캔슬하다/취소하다
□会員登録：회원등록

5番　정답 : 1

N1_2_08

大学で先生と女の学生が話しています。女の学生はこのあとまず何をしますか。

M：発表の練習、よかったですけど、**先行研究の部分がちょっと弱いので、本番の前にもうちょっと文献を増やしたほうがいい**と思いますね。

F：はい。**このあと図書館に行って調べてみます。**

M：それから、方法のところですけど、調査方法は書いてあるけど**分析方法は書いてないですよね。そういうところ、しっかり書いてください。**

F：はい。最初は書いていたんですけど、ちょっと字数がオーバーしてしまって、削除したんです。

M：そうですか。レジュメって枚数制限はありますけど、フォーマットは自由なので、そういうときは余白を削ればいいんですよ。

F：なるほど、わかりました。すぐ直します。

M：それから、**出典が五十音順になってない**ですね。ほら、佐々木が高橋よりもあとになってる。

F：はい。

M：こういう細かいところを一つひとつきちんと整えることは研究をする上で非常に大事なことなんです。

F：はい、わかりました。

M：じゃあ、**すぐ直せることは後回しにしていいから、先行研究の部分をまずがんばってください。**

女の学生はこのあとまず何をしますか。

선생님으로부터의 조언

①선행연구의 부분이 약하므로 문헌을 늘리는 편이 좋다 → 도서관에 가서 조사한다

②분석방법을 확실히 적는다 → 즉시 고친다

③출전이 50음순이 아니다 → 즉시 고친다

④자수조정을 위해 포맷을 수정 → 즉시 고친다

이 부분에서 ②③④는 즉시 고칠 수 있는 것으로써 나중에 하기 때문에 1「図書館に行く」가 정답.

암기하자!

□先行研究 : 선행연구
□本番 : 실전
□レジュメ : 레쥐메/요약/적요
□フォーマット : 포맷
□出典 : 출전/출처

6番　정답：4

🔊 N1_2_09

家で男の人と女の人が話しています。男の人はこのあと何をしますか。

M：あー、今年も大そうじの季節が来たか。

F：一年経つのって本当に早いね。**ちゃんと大そうじのコツ、ネットで調べといた**よ。

M：お、ありがとう。なになに？ 持ち物の整理、不用品の処分、そうじ場所のリスト作り、そうじ道具をそろえる、の順番にやるといいのか。

F：そう。**まずはいらないものといるものに分けるところからね**。

M：それが意外に難しいんだよね。いらないと思って捨てたら、あとで必要になっちゃったり。そう考えると、何も捨てらんないよ。

F：時間かかりそうだから、**とりあえず必要なさそうなのは全部段ボールに入れちゃって**。あとからゆっくり整理して。

M：はいはい。それで、そうじ場所のリストは作ったの？

F：まだだけど、いつも通りでいいかな。

M：うん。じゃあ、**リストはいいよ**。あとは、そうじ道具か。足りないものある？

F：あ、**ゴム手袋切らしてるんだった。ちょっと買ってきて**。

M：うん。でも、**そうじ始めたら足りないものもっと出てきそうだから、ちょっと始めてからにしたほうがいい**んじゃない？

F：そうね。じゃあ、とりあえず始めよう。

男の人はこのあと何をしますか。

「とりあえず」는「やることはたくさんあるけど、それらを後回しにしてまず第一に」라는 의미.「とりあえず」다음은 주의하여 들을 것.

대청소 준비·할 것

·대청소 요령 → 이미 알아두었다

·필요없는 것과 필요한 것으로 나눈다 → 필요없을 것 같은 물건은 전부 상자에 넣는다

·청소장소 리스트를 만든다 → 평소와 같으므로 만들지 않는다

·고무장갑 등을 사온다 → 청소를 시작한 후 사러 간다

이상의 것으로부터 4가 정답.

암기하자!

□コツ：요령
□不用品：불용품/필요없는 물건
□処分：처분
□切らす：다 사용하다

問題 2

例　정답 : 2

N1_2_11

女の人と男の人が演劇について話しています。女の人は演劇にとって一番大事なことは何だと言っていますか。

F：ねえ、今話題になっている「六人の物語」っていう演劇、見に行った？

M：行ってないけど、大人気らしいね。

F：私、昨日見に行ったんだけど、想像以上にすばらしかったよ。

M：そうなんだ。原作は確かゲームだったよね。

F：そう。普通、ゲームやアニメが演劇になったとき、道具とかいろいろ使うでしょう、日本刀とか。でも今回は道具がほとんど使われてなかったよ。みんな演技力で勝負してるんだよ。すごいと思わない？ 主役の富田さんもめちゃくちゃかっこう良かったし。

M：へー、君は顔さえよければそれでいいんだろう？

F：違うよ。確かに役者の顔も大事だけど、原作の世界観やキャラクターの性格をありのままに再現できないと演劇とは言えないでしょう。

M：うーん、原作の質がもっとも大切だと僕は思うけどね。演劇のシナリオにも影響するから。

F：そうだけど、演じているのは人だから、役者の演技力こそが演劇の命なんじゃない？

女の人は演劇にとって一番大事なことは何だと言っていますか。

기하자!

□六人の物語 : 여섯 사람 이야기
□大人気 : 대인기
□演技力 : 연기력
□めちゃくちゃ :(속어) 마구 / 엉망 / 형편없이
□演劇の命 : 연극의 생명

1番　정답 : 3

🔊 N1_2_12

病院で窓口の人と女の人が話しています。面会者が必ずしなければならないことは何ですか。

M : それでは、こちらの入院のしおりについて、ご説明します。まず、用意していただくものですが、パジャマや下着などの着替えは夏で汗をかくこともあるので多めにお願いします。

F : パジャマ2着しか持っていないんですけど、買い足したほうがいいんでしょうか。

M : そうですね。入院が長引くかどうかにもよりますが、様子を見て、洗濯が間に合わなそうなら買い足してはどうでしょうか。

F : はい、わかりました。

M : 続きまして、病棟の出入りについてですが、面会時間は、月曜から金曜の午後3時から午後7時までと、土日祝日の午後1時から午後7時までとなっております。それ以外の時間帯に病棟にお入りになる際は、自動ドア右側にあるインターホンを押してください。**面会される際は、入口の自動ドア前で面会申込書に必要事項をご記入の上、受付の人に渡してください**。面会者用カードが渡されますので、そちらを首から下げて、中に入ってください。

面会者が必ずしなければならないことは何ですか。

병원 사람(남성)의 설명을 잘 들을 것.

질문이 「面会者がしなければならないこと」이므로 이 부분에서 3이 정답.

인터폰을 누르는 것은 면회시간 외일 때만.

면회자용 카드를 건내는 것은 병원 접수처 사람.

암기하자!

□面会 : 면회
□しおり : 안내서
□パジャマ : 파자마
□多めに : 많이
□病棟 : 병동
□必要事項 : 필요사항

제2회 문자・어휘 문법 독해 청해

2番　정답 : 3

N1_2_13

温泉旅館で旅館の人が宿泊客に説明しています。宿泊客がしなければならないことは何ですか。

F：お部屋は14階の34号室でございます。ご夕食は地下一階のバイキング会場をご利用ください。A会場、B会場、C会場の3か所ご利用になれますが、**本日は混雑が予想されるため、一番広いC会場がよろしいかと思います**。ご夕食会場は6時半から9時までご利用可能です。こちらの券をお持ちください。なお、お食事会場では浴衣の着用をご遠慮いただいておりますので、お気をつけください。スリッパは飲食施設を含む全館でご利用になれます。**大浴場をご利用の際は、タオルをお部屋からお持ちください**。防犯上、夜9時以降は正面玄関の自動扉を閉めておりますので、ルームキーをかざしてお開けください。質問はございますか。

宿泊客がしなければならないことは何ですか。

질문이「宿泊客がしなければならないこと」이므로「ご利用ください」「お持ちください」「お開けください」등 료칸으로부터 요구를 놓치지 않고 들을 것.

「よろしいかと思います」라고 추천하고 있는 것뿐이므로 1은 틀렸다.

이 부분에서 3이 정답.

암기하자!

□予想する：예상하다
□着用：착용
□飲食施設：음식시설
□全館：전관
□大浴場：대욕탕
□自動扉：자동문
□ルームキー：룸키
□かざす：꽂다

3番　정답：4

N1_2_14

家で女の人と男の人が話しています。田中さんはどうして夫に怒っていますか。

F：ねえ、聞いて。**田中さんの旦那さん、特殊詐欺に引っかかった**んだって。

M：え、うそだろう。本当に引っかかる人いるんだ。

F：それがね、誰でも引っかかっちゃうだろうってぐらい巧妙な手口なの。

M：ほう。

F：医療費の還付金が5万円もらえるって言って、口座情報を教えたんだけど、5万円もらえないどころか口座に入ってた200万円全部引き落とされちゃったんだって。

M：そりゃひどいな。

F：わざと田中さんが留守の時間狙ったみたいなの。旦那さん一人のほうがだましやすいと思ったのかな。

M：俺も一人じゃ危ないな。

F：それでね、**田中さん、ものすごく怒っちゃって。その口座、旦那さんが田中さんに内緒で持ってた口座なの。**

M：ほう、隠し財産ってやつか。

F：そんなお金あるなら、孫にでもあげたかったたって、田中さん言ってたよ。

田中さんはどうして夫に怒っていますか。

이 부분에서 다나카 씨가 남편에게 화를 내고 있는 이유는 4「秘密の口座を持っていたから」인 것을 알 수 있다.

암기하자!

□旦那さん：타인의 남편을 호칭할 때 사용된다.
□詐欺に引っかかる：사기에 걸리다
□巧妙な：교묘한
□手口：수법
□還付金：환부금
□口座：계좌
□引き落とす：인출
□そりゃ：「それは」의 캐주얼한 표현

□わざと：일부러/고의로
□内緒で：비밀로
□隠し財産：숨겨둔 재산

4番　정답：1

🔊N1_2_15

電話で女の人と男の人が話しています。男の人が一番知りたかったことは何ですか。

F：こちら、ABC事務所です。ご用件をどうぞ。

M：もしもし。ふじ事務所の佐藤と申しますが、山本さんをお願いできますか。

F：ふじ事務所の佐藤様でいらっしゃいますね。山本はただ今会議中で席を外しておりまして、伝言を預かっております。**佐藤様が必要だとおっしゃっていた書類は、今朝そちらの事務所宛てに郵送したので、今日か明日には届くはずだということです**。木曜日までに届かなければお電話くださいとのことです。

M：今日か明日ですか。迅速にご対応くださり、ありがとうございましたとお伝えください。**まさにその件でお電話したんです**。では、お待ちしております。失礼いたします。

男の人が一番知りたかったことは何ですか。

남성은「まさにその件でお電話した」라고 말하고 있다.「その件」은 전언의 부분이므로 1이 정답.

암기하자!

□ご用件：용건
□席を外す：자리를 뜨다(비우다)
□伝言を預かる：전언(전할 말)을 맡다
□～宛て：~앞으로
□迅速に：신속히
□対応する：대응하다

5番　정답 ：2

🔊 N1_2_16

不動産屋で社員が女の人と話しています。女の人がこの街について一番気に入った点は何ですか。

M：私はこの街、本当におすすめです。まず、３路線が通っている。これは便利ですよね。さらに、そのうちの一つは始発駅ですから、朝の混雑時にも座って通勤できる。これ、お勤めの方はうれしいですよね。それから、将来お子さんができたとしても、この街、待機児童が５年連続でいないんです。つまり、保育園がいっぱいで子供を入園させられないなんてことがない。なので、安心して出産後お仕事に復帰できますよ。あと、将来お子さんが大きくなったら、夜一人で歩かせるの、心配ですよね。この街は駅前に居酒屋が全然ない、珍しい街なんです。なので、夜も安心です。始発駅なのに夜酔っ払いが歩いていない駅なんて他にないですよ。

F：わー、**本当にいい街ですね。毎朝座って行けるなんて。私、毎朝電車の中で長時間立ちっぱなしで、それが一番嫌だったんですよ**。もう、この街に決めます。

女の人がこの街について一番気に入った点は何ですか。

질문은「女の人がこの街について一番気に入った点」이므로 여성의 이야기를 잘 들을 것.

부동산이 이 동네를 추천하는 이유

- 3개 노선이 다니고 있다
- 시발역이므로 앉아서 출퇴근할 수 있다
- 대기아동이 없다
- 선술집이 전혀 없다

이 부분에서 매일 아침 앉아 갈 수 있는「始発駅であること」가 가장 마음에 드는 점인 것을 알 수 있다.

암기하자!

- □路線：노선
- □始発駅：시발역
- □お勤め：근무
- □待機児童：대기아동
- □入園する：입원하다
- □出産する：출산하다
- □復帰する：복귀하다
- □酔っ払い：술취한 사람
- □他にない：달리 없다
- □立ちっぱなし：선 채로/서서

6番　정답：4

N1_2_17

会社で男の人がみんなの前で話しています。男の人はどうしてみんなの前で話していますか。

M：**本日は、私のためにこのような会を開いてくださいまして、本当にありがとうございます。11月13日付で大阪支社へ異動になりました。**本田部長をはじめ、皆様には大変お世話になりました。５年間こちらで仕事を続けてこられたのは、皆様のサポートがあったからこそです。特に企画営業部の皆様と大きなプロジェクトを進められたことは、私の最大の誇りです。時には励まし合い、切磋琢磨しながら仕事を成功させたことは、新天地においても強みになるでしょう。皆様、これからも健康に留意して、良い仕事をしてください。今後の皆様のご健闘をお祈り申し上げます。

男の人はどうしてみんなの前で話していますか。

이 부분에서 오사카지사로 이동하게 되어 송별회같은 것을 열어주는 것을 알 수 있다.

암기하자!

□～付：~부
□異動：이동
□サポート：서포트/지원/도움
□プロジェクト：프로젝트
□誇り：자랑(거리)
□励まし合う：서로 격려하다
□切磋琢磨する：절차탁마하다
□新天地：신천지
□健康に留意する：건강에 유의하다
□健闘を祈る：건투를 빌다

7番　정답：3

N1_2_18

テレビショッピングで女の人が話しています。今回改良された点は何ですか。

F: 今回ご紹介するのは、便利な「ツイン羽毛ぶとん」。それぞれ単独で使えるふとん2枚を、ホックで留めることで、なんとボリュームのあるふとんに早変わりさせることができるんです。寒い冬には2枚重ねて、その他のシーズンは1枚で、一年を通して快適にお使いいただけます。春や秋の、暑くも寒くもない季節に、どんな寝具を使えば良いかお悩みのあなた。こちらのふとんでしたら、日々の気温変化が大きい時でも使い分けできますので、日によってご自身で最適な環境を調節できます。羽毛は「天然のエアコン」と呼ばれているのをご存知ですか。羽毛は気温が高くなると羽が閉じるんです。それで通気性が良くなるので、夏の寝具としてもおすすめなんです。来客用としてお使いいただいても便利な一品ですね。2枚合わせてお使いいただくからこそ、生地の軽量化にはこだわりました。また、ふとんは洗濯機でお手入れできるので、大変便利です。以前はホックが4か所で、ずり落ちることがあるという声もありましたが、**今回6か所にして、ずれにくくしました**。ホックはふとんの周囲に付いているので、取り付けと取り外しも簡単です。

今回改良された点は何ですか。

「今回改良された点は何か」라고 말하고 있으므로 이 부분에서 3이 정답.

암기하자!

□改良する：개량하다
□ボリュームがある：볼륨이 있다
□早変わりする：빨리 변하다
□ツイン：트윈
□羽毛：깃털
□使い分け：구분하여 사용함
□天然のエアコン：천연 에어컨
□羽が閉じる：날개가 닫히다
□来客用：손님용/내방객용
□通気性が良い：통기성이 좋다
□軽量化：경량화
□こだわる：집착하다
□ずり落ちる：흘러내리다
□配置する：배치하다
□取り付け：설치/연결
□取り外し：제거

問題3

例　정답 ：4

N1_2_20

テレビで専門家が話しています。

M：今回の新型肺炎は感染が拡大しつつあり、死亡者も出始めています。世界中の医療機関が特効薬やワクチンの開発に取り組んではいますが、残念ながら、今のところ成功の目処が立っていません。ですので、感染を最大限に予防しないといけないのです。マスクをして頻繁に手を洗うことで、ある程度予防はできますが、人から人への感染が見られるため、他人との接触を避けるのが得策でしょう。かといって、在宅勤務に切り替えている企業はごく一部しかありません。命に関わる一大事なので、ビジネスより人命を優先するべきではないでしょうか。リーダーとしての器は、こういう時にこそ見えてくるものです。

専門家が言いたいことは何ですか。

1　薬やワクチンを開発するべきだ

2　医療機関をもっと増やすべきだ

3　新型肺炎の予防方法を身につけるべきだ

4　ビジネスを優先する考え方を正すべきだ

암기하자!

□新型肺炎：신종폐렴
□感染：감염
□出始めている：나타나기 시작하다
□取り組んでいる：몰두하고 있다/대처하고 있다
□目処が立つ：전망이 서다
□得策：득책/상책
□切り替える：전환하다/바꾸다
□人命を優先する：생명을 우선하다
□～べきだ：~해야 한다

1番　정답 ：4

🔊 N1_2_21

セミナーで女の人が話しています。

F: 日本では年間600万トン以上の食品ロスが発生していると言われています。**食品ロスとは、まだ食べられる食品が捨てられることです。その食品ロスの削減方法として最近話題になっているのが、フードドライブという活動です。** ご家庭に眠っている食品の中で、賞味期限が1か月以上ある食品、いくつかあるんじゃないでしょうか。そのような余っている食品を職場などに持ち寄って、まとめて地域の福祉団体や施設に寄贈しようというものです。対象となる食品は、常温保存が可能な未開封のもので、お米や乾麺、缶詰、レトルト食品などを寄贈される方が多いです。生鮮食品やお酒類はご遠慮いただいていますので、ご注意ください。この街では、毎月第三土曜日に中央公園で開催されていますので、ぜひお立ち寄りください。

女の人は何について話していますか。

1　福祉団体の活動

2　生鮮食品の保存方法

3　食品の賞味期限

4　食品ロスを減らす活動

「何について話しているか」는 처음에 이야기되는 경우가 많다.

여기서는 식품 로스의 삭감방법으로써「フードドライブ」라는 활동을 소개하고 있으므로 4가 정답.

암기하자!

□削減 : 삭감
□賞味期限 : 유통기한
□持ち寄る : 각자 가지고 모이다
□福祉団体 : 복지단체
□施設 : 시설
□寄贈する : 기증하다
□常温保存 : 상온보존
□未開封 : 미개봉
□乾麺 : 건면
□レトルト食品 : 레토르트 식품
□生鮮食品 : 신선식품(가공식품에 대비되는 용어로 사용됨)
□開催する : 개최하다
□立ち寄る : 들르다

2番　정답 : 2

N1_2_22

セミナーで男の人が話しています

M：仕事上のトラブルで案外多いのが、細かい連絡ミスです。例えば、上司から「これ、だれだれさんに明日までに送っておいてね」と言われたとします。てっきりメールだと思ってメールで送ってしまったら、実は郵送だったなんてこと、ありますよね。**あなたならこのミスを上司にどう報告しますか**。私はこういう場合、必ず事実と解釈を分けて上司に伝えるようにしています。つまり、これまでのやり取り、という事実を伝えた上で、メールで送るものだと思った、という解釈を伝えるのです。大切なのは、事実が何なのかということです。**まず事実ベースで話を振り返って、そこからどういう解釈があったためにミスやトラブルが生じたのか。そういう視点で話を進めると、冷静に事を運ぶことができます**。

男の人は何について話していますか。

1　連絡ミスの回避方法

2　トラブル後の報告の仕方

3　事実と解釈の違い

4　コミュニケーションの難しさ

「ミスを上司にどう報告するか」라고 질문하고 자신의 보고 방법을 이야기하고 있으므로 2가 정답.

□トラブル : 트러블

□だれだれさん : XXさん (특정인의 이름을 지정하지 않을 때 사용)

□てっきり : 틀림없이

□やり取り : 주고 받는 방법/업무 방법

□事実ベース : 사실 베이스/사실 근거

□視点 : 시점/관점

□事を運ぶ : 일을 진행시키다

□回避 : 회피

3番　정답 : 1

N1_2_23

ラジオで女の人が話しています。

F: 子供が自由に走り回れるリビング、バーベキューができる人工芝の屋上、料理も洗濯もスムーズにできる間取り、たっぷりな収納など、理想を確実に実現できるのが、自分たちで建てる一戸建て。まずはご自身の予算でどのような家が建てられるのか、知りたくはありませんか。お金や段取り、土地探しに関して丁寧に教えてくれる「はじめての注文住宅講座」、1,000万円台でどんな家が建つのか教えてくれる「注文住宅価格まるわかり講座」、ほかに、「ハウスメーカー・工務店選び方講座」や、要望をもとに建築会社を絞り込む「個別相談会」など、当住宅センターでは、**家づくりに関するさまざまな悩みを無料でサポートしております**。当日参加も可能ですが、電話でご予約いただいたほうがスムーズです。また、通話料無料の電話相談サービスもぜひご利用ください。

女の人は何について話していますか。

1　家を建てたい人のための無料サービス

2　家を売りたい人のための無料講座

3　住宅センターのしくみ

4　通話料無料の悩み相談サービス

암기하자!

□走り回る : 뛰어다니다
□リビング : 리빙룸/거실
□人工芝 : 인조잔디
□スムーズに : 스무스하게
□間取り : 방 배치
□収納 : 수납
□一戸建て : 단독주택
□段取り : 절차/진행 순서
□講座 : 강좌
□まるわかり : 완벽히 알기
□工務店 : 공무소/토목 건축 사무소
□要望 : 요망/요구
□絞り込む : 압축하다/좁히다

이야기의 내용

「家づくりに関するさまざまな悩みを無料でサポート」

·첫 주문 주택 강좌

·주문 주택 가격 완벽히 알기 강좌

·하우스 메이커·공무점 선택법 강좌

·개별상담회

이상의 것으로부터 1이 정답.

□個別：개별
□通話：통화
□しくみ：구조

4番　정답：4

N1_2_24

セミナーで男の人が話しています。

M：**大雨や台風の度に、道路の脇の溝に落ちてしまった人のニュース、耳にしますよね。どうしてそんなところに落ちるんだろうって思っていませんか。実は私、同じような体験をしたことがあるんです**。５年前、台風の中、家に帰る途中のことでした。道は50センチぐらい水に浸かっていたと思います。泥水なので、下のほうはまるっきり見えないんですよ。**ここらへんが道だったかなという感じで歩いていたのですが、急に首の辺りまで水に浸かってしまったんです**。あの時は本当に、死ぬかと思いました。**下がよく見えなかったので、溝だと気づかなかったんです**。普段、道路の凹凸って全然意識しませんよね。記憶がちょっと違っただけで、それが命取りになるんだなっていうのを実感しました。

男の人は何について話していますか。

1　車道を歩く危険性
2　道路を注意深く見て歩く重要性
3　台風の時に川に落ちた経験
4　災害時に道路の脇の溝に落ちる理由

「どうしてそんなところ(＝道路の脇の溝）に落ちるんだろうと思っていないか」라고 묻고 같은 체험담 (＝大雨や台風などで道路の脇の溝に落ちた体験）과 그 이유에 대하여 이야기하고 있다.

암기하자!

□耳にする：(우연히) 듣다
□溝：도랑
□浸かる：잠기다/침수하다
□泥水：흙탕물
□まるっきり：전혀
□凹凸：でこぼこ 요철/오목함과 볼록함
□命取りになる：목숨을 재촉하는 결과가 되다

5番　정답 : 3

🔊N1_2_25

テレビでレポーターが話しています。

F: **最近よく聞く「魔法びん住宅」って何でしょうか**。中に温かい飲み物を入れて保温しておく魔法びんは、皆さんご存知ですよね。あれは**なぜ熱が逃げにくいのかというと、二重構造になっていて、内側と外側の間の空間が真空状態になっているから**なんです。**この性質を利用した家が魔法びん住宅と呼ばれるもの**です。冷暖房で快適な温度になった空気を外に逃がさず、外からも空気が入ってこないので、**快適な温度をキープできます**。ですから、**冷暖房の電気代を大幅に減らせます**。それから、**家全体が一定の温度に保てる**ので、お風呂場だけが寒いといったことが起きません。さらに、空気だけでなく音も遮断するので、**家の中は極めて静かです**。

レポーターは何について話していますか。

1　魔法びんが人気がある理由

2　電気代を節約する方法

3　魔法びん住宅のしくみと利点

4　魔法びんと魔法びん住宅の違い

처음에 「～って何でしょうか」 라고 묻고 그 설명을 하고 있다.

마법병 주택은 마법병처럼 이중구조로 되어 있고 안쪽과 바깥쪽 사이의 공간이 진공 상태로 되어 있다. 그렇기 때문에

· 쾌적한 온도를 유지할 수 있다.

· 냉난방의 전기 요금을 큰 폭으로 줄일 수 있다.

· 집 전체가 일정한 온도로 유지된다.

· 집 안은 매우 조용하다

이상과 같이 구조와 이점을 이야기하고 있으므로 3이 정답.

암기하자!

□魔法びん : 마법병(보온병)
□保温する : 보온하다
□二重構造 : 이중구조
□空間 : 공간
□真空状態 : 진공상태
□キープする : 유지하다
□大幅に : 큰 폭으로
□一定の温度に保つ : 일정한 온도를 유지하다
□遮断する : 차단하다
□極めて : 매우
□しくみ : 구조
□利点 : 이점

6番　정답：3

🔊 N1_2_26

イベントで博物館の人が話しています。

M：**ヤモリとイモリはよく似ていますが、大きな違いとしては、肢の形状の違いが挙げられます**。ヤモリとイモリとでは、前肢の指の本数が異なります。ヤモリは5本指なのに対して、イモリは4本指であることが特徴です。またヤモリだけにある大きな特徴として、ヤモリは壁を自由にはって回ることが可能です。**他に、大きな違いとして挙げられるのは、生物学的な種類です**。ヤモリがトカゲなどと同じ爬虫類に属している一方で、イモリは、カエルなどと同じ両生類に属しています。爬虫類は皮膚に鱗があり、両生類は皮膚が鱗で覆われてはいないので、ヤモリはイモリよりも乾燥に強いという特徴があります。また、両生類であるイモリの大きな特徴としては、幼いころに水中で生活し、エラを使って呼吸するという点が挙げられます。

男の人は何について話していますか。

1　ヤモリとイモリがエラ呼吸する理由

2　ヤモリよりイモリが乾燥に強い理由

3　ヤモリとイモリの性質の違い

4　ヤモリとイモリの性格の違い

도마뱀붙이와 도롱뇽의 다른 성질에 대하여 아래와 같이 이야기하고 있다.

이야기의 내용

<도마뱀붙이>

· 앞다리의 발가락 갯수 5개

· 벽을 자유롭게 기어다닐 수 있다

· 파충류

· 피부에 비늘이 있다

<도롱뇽>

· 앞다리의 발가락 갯수 4개

· 양서류

· 어릴 때 물 속에서 생활하고 아가미를 사용하여 호흡한다

암기하자!

□ヤモリ：도마뱀붙이
□イモリ：도롱뇽
□形状：형상
□トカゲ：도마뱀
□爬虫類：파충류
□～に属する：～에 속하다
□両生類：양서류
□鱗：비늘
□エラ：아가미
□位置づけ：자리매김

問題4

例 정답 : 1

N1_2_28

M: 先月出した企画だけど、通ったかどうか結局わからずじまいだよ。

F: 1 結果くらいは教えてほしいものだね。

2 企画を出すべきだったよね。

3 結局通らなかったんだよね。

1番 정답 : 3

N1_2_29

F: もう、ポロポロこぼして。汚いったらありゃしない。

M: 1 このぐらいでいいかな？

2 もう汚さないでね。

3 そんなにガミガミ言わないで。

「～ったらありゃしない」는 「ものすごく～だ」라는 뜻. 여기서는 음식을 잔뜩 흘리고 있다는 것을 「すごく汚い」라고 강하게 비난하고 있으므로 3이 정답.

□ポロポロこぼす : 주르르 흘리다

□ガミガミ言う : 시끄럽게 말하다

2番 정답 : 3

N1_2_30

M: 高木さん、たかが叱られたぐらいであんなに落ち込むなんて。

F: 1 そうそう、あれはしょうがないよね。

2 タカも大変だよね。

3 本当、打たれ弱いよね。

「たかが～くらいで」는 「～程度のことで」라는 뜻. 「叱られた程度で落ち込むなんて情けない」라는 의견에 대하여 「打たれ弱いよね (=주의를 받거나 혼날 때 금방 상처를 입는다)」라고 동의하고 있다.

□たかが : 고작해야

□打たれ弱い : 비난에 약하다/나약하다

3番 정답 : 1

N1_2_31

F: あの人、見かけによらず大食いなんだって。

M: 1 えー、全然そうは見えないな。

2 うちには寄らないと思うよ。

3 あははは、食べちゃったんだ。

「見かけによらず大食い (=보기와 달리 많이 먹는 사람)」라는 의견에 대하여 「全然そうは見えない」라고 답하고 있다.

□見かけによらず : 보기와는 달리

□大食い : たくさん食べること・人 대식가

제2회

문자·어휘 문법 독해 청해

4番　정답 : 2

🔊 N1_2_32

F: あの方、知ってる?

M: 1　ご存知ないよ。

2　知ってるも何も、うちの社長だよ。

3　知ってるに違いないよ。

「知ってるも何も」는 「知っているのは当然だから聞く必要もない」라는 뜻.

1 ご存知ない :「知らない」의 존경어. 상대를 알고 있지 않을 때 사용한다.

2 ~に違いない : きっと~だ・~はずだ

5番　정답 : 2

🔊 N1_2_33

F: そちらの資料、ちょっと読ませていただきたいのですが。

M: 1　はい、じゃあ読み上げますね。

2　あ、今使ってるので、あとでお渡ししますね。

3　あとで読むので、そこに置いといてください。

「読ませていただきたい(=読みたい)」라고 말하고 있으므로 2가 정답.

□読み上げる : 소리 내어 읽다

6番　정답 : 3

🔊 N1_2_34

F: あのお店、一年でつぶれちゃうとはね。

M: 1　本当、景気がよくなってきたよね。

2　何が落ちてきたんだろう。

3　最近、閉店する店多いよね。

「~とは」는 놀라움을 나타내는 표현.
「一年でつぶれちゃうとは(=폐점한다니)驚きだ」라는 의견에 대하여 「最近、閉店する店多いよね」라고 답하고 있다.

암기하자!

□つぶれる : 여기서는 「閉店する」라는 뜻
□景気がいい : 경기가 좋다

7番　정답 : 2

🔊 N1_2_35

M: 転職したい気はなくもないかな。

F: 1　私も全然ない。

2　私は100%あるよ。

3　私もない気がする。

「なくもない」는 「少しはある」라는 뜻.
「転職したい気持ちが少しはある」라고 말하고 있는 것에 대하여 「私は100%ある(=すごくある)」라고 답하고 있다.

□気 : 気持ち 생각/마음

8番　정답 ：3　　🔊N1_2_36

M：山田くん、また交渉しくじったんだって。

F：1　それは食べたくないなあ。

　　2　そんなつもりはないよ。

　　3　彼は彼なりにがんばったはずだよ。

「山田くんがまた交渉をしくじった（=실패했다）」라고 말하고 있는 것에 대하여「彼なりにがんばった（=그의 힘으로 보면 충분히 분발했다）」라고 답하고 있다.
「つもり」는 화자의 의지를 나타내므로 2는 틀렸다.

□交渉：교섭
□しくじる：실수하다

9番　정답 ：3　　🔊N1_2_37

F：部長、帰れって言わんばかりの顔だったよね。

M：1　うん、すごくうれしそうだったよね。

　　2　うん、あんなに怒鳴ったの、久しぶりだよね。

　　3　うん、あそこまで嫌な顔しなくてもいいのにね。

「言わんばかり」는「今にも言いそうな」라는 뜻.「帰れ」라고 소리를 내어 말하고 있지 않으므로 3이 정답.

10番　정답 ：1　　🔊N1_2_38

M：あの人にお金貸したら最後だよ。

F：1　うん、絶対貸さないよ。

　　2　うん、もう借りないよ。

　　3　うん、早く返すよ。

「お金を貸したら最後（=돈을 빌려주었더니 더 이상 돌아오지 않는다）」라고 충고하고 있으므로 1이 정답.

11番　정답 ：2　　🔊N1_2_39

F：お時間のあるときでかまいませんので、目を通していただけませんか。

M：1　え、さっき通りましたよ。

　　2　あ、資料出来上がったんですね。

　　3　え、もらってもいいんですか。

「目を通す」는「ざっと見る」라는 뜻이므로 2가 정답.

암기하자!

□目を通す：훑어보다
□出来上がる：완성하다

12番　정답 ：3　　🔊 N1_2_40

M: そんなこと、課長に確かめるまでもないよ。

F: 1　じゃあ、そんなに大事なことなんですね。

2　じゃあ、部長に確かめたほうがよさそうですね。

3　じゃあ、今回は伺わなくてもいいですね。

「課長に確かめるまでもない (=확인할 필요도 없다·확인하지 않아도 안다)」라고 말하고 있으므로 3「伺わなくてもいい (=묻지 않아도 된다)」가 정답.

13番　정답 ：1　　🔊 N1_2_41

F: あの人、1円たりとも出さない気だよ。

M: 1　ケチな人だね。

2　1円じゃ何も買えないよ。

3　ごちそうしてくれるんだ。

「1円たりとも出さない (=1엔조차 내지 않는다)」라고 말하고 있으므로 1「ケチな人」가 정답.

□ケチな : 쩨쩨한

14番　정답 ：1　　🔊 N1_2_42

F: 泊まりならまだしも、日帰りで片道3時間はきつくない?

M: 1　うん、泊まりにしたほうがいいね。

2　うん、日帰りはきつくないね。

3　そうかな、きついと思うよ。

「~ならまだしも」는「~なら少しはいいが」라는 뜻.「日帰りで片道3時間はきつくない?」는「きつい」라고 생각하여 동의를 구하고 있으므로 1이 정답.

問題5

1番　정답 ：3

🔊 N1_2_44

家で妻と夫が話しています。

F：明日の動物園、どこから見ようか。

M：前回は広すぎて見切れなかったからね。今回はちゃんと計画立てて行こう。

F：ゆかちゃん、トラ見たいって言ってたから、トラ見るの忘れないようにしないとね。えっとー、まずはキッズ向けのイベントの時間チェックしないと。馬に乗れるのが12時と3時。乗馬体験希望の方は入園してすぐにふれあい広場に行って予約をしましょうって。あ、あとラクダにも乗れるんだ。**ラクダはえっとー、あ、一番遠いAゾーンだ。12時半と3時だって**。

M：**ゆかちゃんは馬よりラクダ**だろうね。

F：そうだよね。ちょっと遠いけど乗りに行こう。あとは、**サルのエサやりが11時**、**キリンのエサやりが2時**だって。

M：お、**サルのエサやり、見たいなあ**。

F：**じゃあ、それも見に行こう。サルはCゾーンだから入口から近いね。キリンはトラと同じBゾーンか。トラ見てついでにキリンのエサやりも見ようか**。あ、ふれあい広場で小動物のふれあい体験もできるって。10時、12時、4時か。

M：**ふれあうのは最後でいいんじゃない？**

F：うん、そうだね。そうしよう。

二人はまずどこに行きますか。

1　Aゾーン

2　Bゾーン

3　Cゾーン

4　ふれあい広場

질문은「二人はまずどこへ行くか」이므로 이벤트 시간과 어느 동물이 어느 존에 있는지 주의하여 들을 것.

A존：낙타

낙타 타기 (12시 반, 3시)

B존：기린, 호랑이　기린 먹이주기 (2시)

C존：원숭이

원숭이 먹이주기 (11시)

만남의 광장

작은 동물 만남 체험 (10시, 12시, 4시)

→ 마지막이어도 괜찮다

승마 이외의 모든 이벤트에 참가하기로 했으므로 우선 가는 곳은 11시에 원숭이 먹이주기가 있는 C존.

C → A → B → 만남의 광장 순서로 돈다.

암기하자!

□見切る：全部見る 끝까지 다 보다/끝까지 지켜보다
□乗馬：승마
□入園する：입원하다
□エサやり：먹이주기
□ゾーン：존
□小動物：작은 동물
□ふれあう：어울리다/접촉하다

2番　정답：2

N1_2_45

会社で同じ部署の三人が子供向けの冬のイベントについて話しています。

F1：さて、子供向けの冬のイベント、今年は何にしましょうか。

F2：**去年はお弁当袋に絵を描いた**んですよね。好評だったみたいなので、**今年も同じでいいんじゃないでしょうか。**

M：うーん、こちらとしては楽だけど、**去年いらした方にとってはあんまり魅力的じゃないかもしれない**ですね。

F1：去年はちょっと小さめだったので、例えば今年はもうちょっと大きく、**トートバッグにするというのはいかがでしょうか。**

F2：うーん、**大きくするとちょっと予算がかさみますね。**去年は予算ぎりぎりだったので、なるべく去年と同じに抑えたいですけど。

F1：うーん、他に何かいい案ないでしょうか。

M：あ、**カレンダーに絵を描くっていうのはどうでしょうか。**これだったら、**毎年同じことできます**し。

F2：あ、それ、いいですね。大きい紙の下半分に12か月分の暦を貼っておいて、上半分に絵を描いてもらう、と。

F1：でもそうすると、**暦の部分を貼る手間が必要になってきますね**…。あ！ **お正月なので、だるまの絵付けなんてどうでしょう。**

F2：だるまですか！ いいですね。

M：それ、5年ぐらい前にやってましたけど、**だるまって小さいお子さんにとっては小さすぎる**ので、結構難しかったみたいですよ。

질문은「冬のイベントで何をするか」이므로 어떤 내용이 화제에 올랐는지 주의하여 들을 것.

·도시락 가방에 그림을 그린다 → 작년과 같으면 매력적이지 않다

·토트백에 그림을 그린다 → 크면 예산이 늘어난다

·캘린더에 그림을 그린다 → 매년 똑같이 할 수 있다, 달력 붙이는 일에 손이 많이 간다

·오뚝이에 도자기 그림 그리기 → 어린 아이에게는 너무 작다

F2 : うーん。あ、今思いついたんですけど、**暦を各自で貼ってもらえば、そんなに手間はかからないんじゃないでしょうか。**

F1 : なるほど！ **予算もあんまりかからなそうですし、一番いいかもしれませんね。**

이러한 부분에서 2가 정답.

冬のイベントで何をしますか。

1　お弁当袋に絵を描く

2　カレンダーに絵を描く

3　だるまの絵付けをする

4　トートバッグに絵を描く

암기하자!

□部署 : 부서
□好評 : 호평
□トートバッグ : 토트백
□予算がかさむ : 예산이 늘어나다
□ぎりぎり : 겨우/간신히
□予算を抑える : 예산을 억제하다
□暦 : 달력
□だるま : 오뚝이/다루마
□絵付け : 그림 그려넣기(도자기에 그림 무늬를 그려 다시 굽는 일을 「絵付け」 라고 하는데 일반적으로는 물건·종이 등에 그림을 그려 넣는 행위를 가리킨다)

3番　質問1　정답：4、 質問2　정답：1　N1_2_47

博物館の館内放送で係員が話しています。

F1：(ピンポンパンポーン) 本日は、当博物館へおいでくださいまして、誠にありがとうございます。展示物のご案内をいたします。**本館２階では、特別展として、世界各地の様々なミイラを展示**しております。ミイラの文化的な背景や多様な死生観を知ることによって、人類への理解を深めてはいかがでしょうか。続きまして、常設展のご案内です。**本館３階では、日本人にとって最も身近なアメリカといえるハワイに移り住んだ日系人たちの歴史をたどる展示**をしております。太平洋戦争の影響を強く受けたハワイの社会において、様々なルーツを持った人々がそれぞれの立場から、いかに戦争に立ち向かったのか。写真や資料などにより、当時の様子を知ることができます。**A館では、日本の代表的なイメージの一つであるサムライの展示**を行っています。実物の資料を通じて、江戸に暮らしたサムライの実像に迫ります。**B館では、怪談・妖怪コレクションと題して、江戸時代に書かれた妖怪や幽霊に関する200点以上の資料を紹介**しております。

M：どこから見ようか。

F2：私、お化けは怖いからパス。

M：江戸時代のなら怖くないと思うけどなあ。ま、とりあえず込みそうな特別展から見ようか。

F2：ちょっと待って。**私、次のレポートで移民について書こうと思ってるから、そっち優先したい**んだけど。

M：うん、わかった。**俺は江戸時代の暮らしに興味あるから、そっち行ってくる**。そのあと一緒に特別展行こう。で、時間があればお化けも見よう。

F2：怖いのはいいって、もう。

質問1：女の人はまずどこに行きますか。

質問2：男の人はまずどこに行きますか。

특별전

· 본관 2층 : 미이라전

상설전

· 본관 3층 : 하와이로 이주했던 일본계 사람들의 역사를 살펴보는 전시

· A관 : 사무라이 전시

· B관 : 괴담·요괴 컬렉션

여성은「レポートで移民について書こうと思ってるから、そっち優先したい」라고 말하고 있고「ハワイに移り住んだ日系人たちの歴史をたどる展示」에 가는 것을 알 수 있으므로 4「本館３階」가 정답.

남성은「江戸時代の暮らしに興味あるから、そっち行ってくる」라고 말하고 있고「サムライの展示」에 가는 것을 알 수 있으므로 1「A館」이 정답.

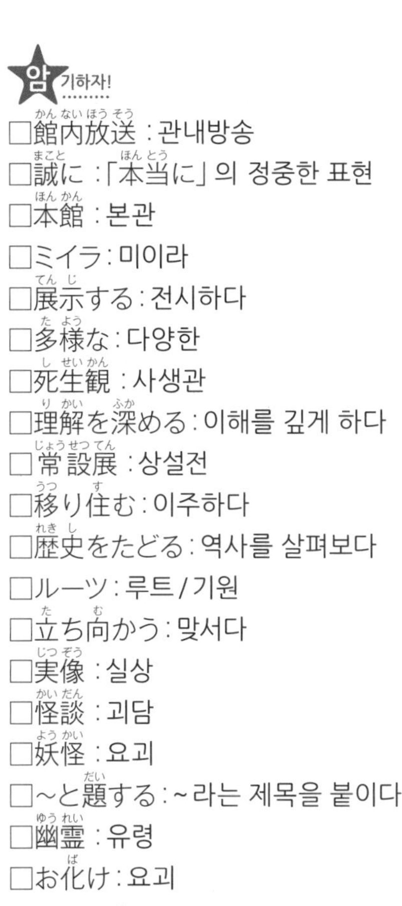

암기하자!

□館内放送(かんないほうそう) : 관내방송
□誠に(まことに) :「本当に(ほんとうに)」의 정중한 표현
□本館(ほんかん) : 본관
□ミイラ : 미이라
□展示する(てんじする) : 전시하다
□多様な(たような) : 다양한
□死生観(しせいかん) : 사생관
□理解を深める(りかいをふかめる) : 이해를 깊게 하다
□常設展(じょうせつてん) : 상설전
□移り住む(うつりすむ) : 이주하다
□歴史をたどる(れきしをたどる) : 역사를 살펴보다
□ルーツ : 루트/기원
□立ち向かう(たちむかう) : 맞서다
□実像(じつぞう) : 실상
□怪談(かいだん) : 괴담
□妖怪(ようかい) : 요괴
□~と題する(だいする) : ~라는 제목을 붙이다
□幽霊(ゆうれい) : 유령
□お化け(おばけ) : 요괴
□パス : 패스
□移民(いみん) : 이민
□優先する(ゆうせんする) : 우선하다
□江戸時代(えどじだい) : 에도시대

제3회 해답 · 해설

필승합격 모의고사 해답용지

N1 言語知識（文字・語彙・文法）・読解

第3回

受験番号 Examinee Registration Number		名前 Name	

〈ちゅうい　Notes〉

1. くろいえんぴつ（HB、No.2）でかいてください。
   Use a black medium soft (HB or No.2) pencil.
   （ペンやボールペンではかかないでください。）
   (Do not use any kind of pen.)
2. かきなおすときは、けしゴムできれいにけしてください。
   Erase any unintended marks completely.
3. きたなくしたり、おったりしないでください。
   Do not soil or bend this sheet.
4. マークれい Marking Examples

よいれい Correct Example	わるいれい Incorrect Examples
●	⊗ ✓ ◯ ◎ ◍ ⦶ ●

問題1				
1	①	●	③	④
2	①	②	③	●
3	①	②	●	④
4	①	●	③	④
5	①	②	●	④
6	●	②	③	④
問題2				
7	①	②	●	④
8	①	②	●	④
9	●	②	③	④
10	①	●	③	④
11	①	●	③	④
12	①	②	③	●
13	●	②	③	④
問題3				
14	①	②	③	●
15	●	②	③	④
16	①	●	③	④
17	①	②	③	●
18	①	②	③	●
19	●	②	③	④
問題4				
20	●	②	③	④
21	①	②	③	●
22	①	②	●	④
23	①	②	③	●
24	①	②	●	④
25	①	②	③	●

問題5				
26	①	②	●	④
27	●	②	③	④
28	①	●	③	④
29	①	②	●	④
30	①	●	③	④
31	①	②	●	④
32	①	●	③	④
33	●	②	③	④
34	①	●	③	④
35	●	②	③	④
問題6				
36	①	②	●	④
37	①	●	③	④
38	●	②	③	④
39	①	●	③	④
40	①	②	③	●
問題7				
41	①	②	③	●
42	①	●	③	④
43	●	②	③	④
44	①	②	●	④
45	①	●	③	④
問題8				
46	①	②	●	④
47	●	②	③	④
48	①	●	③	④
49	①	②	③	●

問題9				
50	●	②	③	④
51	①	②	●	④
52	①	②	●	④
53	①	②	③	●
54	①	●	③	④
55	●	②	③	④
56	①	②	③	●
57	①	②	●	④
58	●	②	③	④
問題10				
59	①	●	③	④
60	①	②	③	●
61	●	②	③	④
62	①	●	③	④
問題11				
63	①	②	●	④
64	①	②	③	●
問題12				
65	①	②	③	●
66	①	②	③	●
67	①	●	③	④
68	●	②	③	④
問題13				
69	①	●	③	④
70	①	②	●	④

필승합격 모의고사 해답용지

N1 聴解

第3回

受験番号 Examinee Registration Number		名前 Name	

〈ちゅうい Notes〉

1. くろいえんぴつ（HB、No.2）でかいてください。
   Use a black medium soft (HB or No.2) pencil.
   （ペンやボールペンではかかないでください。）
   (Do not use any kind of pen.)
2. かきなおすときは、けしゴムできれいにけしてください。
   Erase any unintended marks completely.
3. きたなくしたり、おったりしないでください。
   Do not soil or bend this sheet.
4. マークれい Marking Examples

よいれい Correct Example	わるいれい Incorrect Examples
●	⊘ ✓ ○ ◎ ≶ ◐ ◯

問題1

例	①	②	●	④
1	①	●	③	④
2	①	●	③	④
3	①	②	③	●
4	①	●	③	④
5	①	②	●	④
6	●	②	③	④

問題2

例	①	●	③	④
1	①	②	●	④
2	①	●	③	④
3	●	②	③	④
4	①	②	●	④
5	①	●	③	④
6	①	②	●	④
7	①	②	③	●

問題3

例	①	②	③	●
1	●	②	③	④
2	①	●	③	④
3	①	②	③	●
4	●	②	③	④
5	①	②	③	●
6	①	●	③	④

問題4

例	●	②	③
1	●	②	③
2	①	②	●
3	①	●	③
4	●	②	③
5	①	●	③
6	●	②	③
7	●	②	③
8	①	●	③
9	①	●	③
10	●	②	③
11	①	●	③
12	●	②	③
13	●	②	③
14	①	②	●

問題5

1		●	②	③	④
2		①	②	●	④
3	(1)	①	②	●	④
	(2)	●	②	③	④

제3회 채점표와 분석

문자・어휘・문법		배점	정답수	점수
	문제1	1점×6문제	／6	／6
	문제2	1점×7문제	／7	／7
	문제3	1점×6문제	／6	／6
	문제4	2점×6문제	／6	／12
	문제5	1점×10문제	／10	／10
	문제6	1점×5문제	／5	／5
	문제7	2점×5문제	／5	／10
	합 계	56점		a ／56

60점이 되도록 계산하여 봅시다. a ☐ 점÷56×60＝ A ☐ 점

독해		배점	정답수	점수
	문제8	2점×4문제	／4	／8
	문제9	2점×9문제	／9	／18
	문제10	3점×4문제	／4	／12
	문제11	3점×2문제	／2	／6
	문제12	3점×4문제	／4	／12
	문제13	3점×2문제	／2	／6
	합 계	62점		b ／62

b ☐ 점÷62×60＝ B ☐ 점

청해		배점	정답수	점수
	문제1	2점×6문제	／6	／12
	문제2	1점×7문제	／7	／7
	문제3	2점×6문제	／6	／12
	문제4	1점×14문제	／14	／14
	문제5	3점×4문제	／4	／12
	합 계	57점		c ／57

c ☐ 점÷57×60＝ C ☐ 점

A B C 중에 48점 이하인 과목이 있다면 해설과 대책을 읽고 다시 한 번 도전합시다. (48점은 이 책의 기준입니다) .

※이 채점표의 득점은 아스크출판 편집부가 문제의 난이도를 판단하여 배점했습니다.

언어지식 (문자 · 어휘 · 문법) · 독해

◆ 문자 · 어휘 · 문법

※해설은 유사표현을 많이 알 수 있도록 알기 쉬운 일본어와 한국어를 병용하였습니다.

問題1

1 정답 ：2 こばみ

拒　キョ／**こば-む**

拒み続ける : 계속 거부하다

- **1** 頼む : 부탁하다
- **3** 絡む : 얽히다
- **4** せがむ : 조르다

2 정답 ：4 けつじょ

欠　**ケツ**／か-ける · か-く · か-かす

如　**ジョ** · ニョ／ごと-し

欠如する : 결여되다

3 정답 ：3 いっけん

一　イチ · イツ (**イッ**) ／ひと

見　**ケン**／み-る · み-える · み-せる

一見 : 일견

4 정답 ：2 たくみ

巧　コウ／**たく-み**

巧みな : 교묘한/능수능란한

- **1** うまみ : 감칠맛
- **4** しくみ : 구조

5 정답 ：3 さむけ

寒　カン／**さむ-い**

気　キ · **ケ**

寒気がする : 한기가 들다/오한이 나다

- **2** 寒気 : 한기

6 정답 ：1 ふぜい

風　フウ · **フ**／かぜ · かざ

情　ジョウ · **ゼイ**／なさ-け

風情 : 운치

問題2

7 정답 ：3 エコ

エコ ＝ エコロジー : 에콜로지/생태환경

エコカー : 에코카/친환경 자동차

- **1** コネ : 커넥션(Connection)
- **2** ラフ : 러프(Rough)
- **4** オフ : 오프(Off)

8 정답 ：3 うなずいて

うなずく : 수긍하다/(고개를) 끄덕이다

- **1** うつむく : 머리를 숙이다
- **2** よそ見する : 한눈팔다
- **4** さぼる : 게으름 피우다

9 정답 ：1 いちいち

いちいち : 일일이/하나하나

- **2** さめざめ : 하염없이 우는 모양
- **3** やすやす (と) ＝簡単に 간단히
- **4** もぐもぐ : 우물우물

10 정답 ：2 差し替えて

差し替える : 바꾸다

- **1** 立て替える : 대신 치르다
- **3** 立て直す : 고쳐 세우다

11 정답 ：2 採用

採用する : 채용하다

- **1** 再開する : 재개하다
- **3** 起用する : 기용하다
- **4** 就職する : 취직하다

12 정답 : 4 後悔

後悔する : 후회하다

1 未遂になる : 미수가 되다

2 失敗する : 실패하다

3 未練がある : 미련이 있다

13 정답 : 1 差別

差別化をはかる : 차별화를 꾀하다

2 隔離 : 격리

3 相違 : 상위/다름

4 誤差 : 오차

問題3

14 정답 : 4 軽率な

軽はずみな ＝ 軽率な 경솔한

1 軽快な : 경쾌한

15 정답 : 1 実現する

かなえる ＝ 実現する 실현하다

2 獲得する : 획득하다

16 정답 : 2 何度も

再三 ＝ 何度も 몇 번이나

17 정답 : 4 心配だ

懸念される ＝ 心配だ 걱정이다

18 정답 : 4 賢い

頭が切れる ＝ 賢い 현명하다

19 정답 : 1 まったく

一切～ない ＝ まったく～ない 전혀～않다

4 あらかじめ : 미리/사전에

問題4

20 정답 : 1 今回のプロジェクトは、私が一人で手掛けた初めての仕事だった。

プロジェクトを手掛ける : 프로젝트를 진행하다

21 정답 : 4 せっかくケーキを焼いたのに、うっかり落としてしまい、台無しになった。

台無しになる : 못쓰게 되다/망가지다

1 一人暮らしを始めてから無理をしていたので、…

3 …、ついつい無駄づかいしてしまう。

22 정답 : 3 日本において、少子化はますます切実な問題になっている。

切実な問題 : 절실한 문제

1 そんなに必死に運動しないで、…

2 彼が必死に勉強している姿を見ると、…

23 정답 : 4 気まずい雰囲気の中、沈黙を破ったのは彼の提案だった。

沈黙を破る : 침묵을 깨다

1 彼は普段は寡黙だが、…

寡黙 : 과묵

2 …、誰が来ても無視してくださいね。

3 このことは絶対に秘密にしておいてと…

24 정답 : 3 気持ちはわかりますが、そんなに興奮しないで、冷静になって話してください。

冷静になる : 냉정해지다

1 …、冷凍して保存してください。

2 …、店内は適度に冷房がきいていて過ごしやすい。

4 社長の冷徹な仕事の進め方のために、…

冷徹な : 냉철한

25 정답 : 4 見事な逆転勝利の末、念願の初優勝を果たした。

念願 : 염원/소원

1 …、いつも念頭において行動する。

念頭におく : 염두에 두다

3 …、経済の先行きを懸念している。

懸念する : 걱정하다

問題5

26 정답 ：3 よそに

AをよそにB：A와는 관계 없이 B

※「A」에는「心配・不安・反対・期待」등의 단어가 들어간다.

2 AはおろかB：AはもちろんBも

4 AなくしてB：AがなかったらB

27 정답 ：1 にして

~にして（ようやく・やっと）：~で（ようやく・やっと）~에 겨우

2 ~にしても：仮に~としても

3 ~にしては：~から予想・期待されることと違って

4 ~にしたって ＝ ~にしても의 캐주얼한 표현

28 정답 ：2 にひきかえ

~にひきかえ：~에 비교하여

AにひきかえB：Aと比べてB

1 AはもとよりB（も）：AはもちろんB（も）

3 AとあってB：AなのでB

4 AといえどもB：たとえAでもB

29 정답 ：3 を余儀なくされた

~を余儀なくされる：~するしかない・仕方なく~する ~할 수 밖에 없는

1 ~を前提とした：~を条件とした

2 ~を禁じ得ない：~（という気持ち）を抑えられない

4 ~をものともしない：~を少しも気にしない

30 정답 ：2 ことだし

~ことだし ： ~ことだから ~이므로

1 ~ことには：とても~ことだが

3 ~ことなく：~しないで

4 ~ことか：とても~した・とても~と感じる

31 정답 ：3 かたわら

~かたわら：~함과 동시에

AかたわらB：Aする一方でB

※「A」에［名詞］가 들어갈 때는「Aのかたわら」가 된다.

1 AかたがたB：AをかねてB　※「A」에는「お礼・お見舞い・ご挨拶・ご報告」등의 단어가 들어가고 편지나 격식차린 회화에서 사용된다.

2 Aかと思うとB：Aたら、次の瞬間B

4 AがてらB：AをかねてB・AのついでにB

32 정답 ：2 お過ごしください

「お過ごしください」는「過ごしてください」의 경어표현.「どうかお体に気をつけてお過ごしください」는 상대의 몸 상태를 염려하는 표현으로 이메일·편지 등의 마지막에 자주 사용된다.

33 정답 ：1 使ってこそ

~てこそ：~해야만　※강조의 표현

2 ~ともなく：特に~ということではなく

3 ~てまで：~てもかまわないと思うほど

4 ~ことなしに：~しないで・そのまま~

34 정답 ：2 たる

~たるゆえんだ：~である理由だ ~한 이유다

35 정답 ：1 あふれんばかり

あふれんばかり：넘쳐흐를 정도

2 ~たまま：~の状態がずっと続いている

3 ~っぱなし：~のままにして放っておく

問題6

36 정답 ：3

吉野さんは 2天才とは 4言えない 3までも 1世界的に有名な 科学者になるでしょう。

Aとは言えないまでもB：Aというレベルとは言えないがBくらいは

37 정답 ：2

非情にも 1**まもなく** 3**収穫できる** 2**と喜んでいた** 4**矢先に**、台風でりんごが全滅してしまった。

～た矢先に：~하려는 참에

38 정답 ：1

大型バスが山道を走行中にスリップし、あやうく 4**大事故に** 3**なりかねない** 1**ところだったが** 2**奇跡的に** 全員無事だった。

～になりかねないところだった：(조금 더 했으면) ~라는 바람직하지 않은 사태로 이어질 뻔했다(실제는 그렇지 않았다)

39 정답 ：2

火災の消火や救急によって 4**人々の命を守る消防士は** 1**子どもたちにとって** 2**あこがれの職業だが** 3**実は常に危険と** 背中合わせの職業だ。

Aと背中合わせのB：A와 등을 맞대는 B

40 정답 ：4

今回の新商品の開発にあたり、3**御社が特に力を入れられた点と** 1**他社の商品との違いに関して** 4**差し支えない範囲で** 2**かまいません** ので、教えていただけますか。

AとBとの違いに関して：AとBの違いについて

差し支えない範囲でかまわない：지장이 없는 범위에서 괜찮다

問題7

41 정답 ：4 をきっかけに

～をきっかけに：～を転換点として ~를 계기로

「関心を寄せる」는 「興味を示す」와 같은 뜻. 호킹은 「何が存在するのか」가 아닌 「何が起きたのか」에 관심을 기울인다고 말하고 있으므로 「ホーキングの登場から、モノ的アプローチからコト的アプローチに移っていった」인 것이 된다.

1 ～をはじめ：~를 비롯하여

2 ～に先立って：~하기 전에

3 ～に基づいて：~에 근거하여/~를 기초로

42 정답 ：2 やがて

やがて：머지않아

1 例えば：예를 들어

3 なぜなら：왜냐하면

4 あるいは：또는

43 정답 ：1 試みようものなら

もしも～ようものなら：もし～のようなことをしたら

44 정답 ：3 しまいそうです

「もしも～ようものなら、それこそ～てしまいそうだ」는 「もし～のようなことをしたら、間違いなく～てしまうかもしれない」라는 뜻.

45 정답 ：2 ようになった

このように～ようになった状態を～と呼んでいる

1 ～ことにした：~로 결정했다

3 ～までもない：일부러~할 필요는 없다

◆독해

問題8

(1) 46 정답 ： 3

男の腕時計はだいたい大きい。というより**2女の腕時計が極端に小さい**。最近のはそうでもないが、戦前戦後のすべてが機械式だった時代には、婦人用時計というと極端に小さかった。もともと女性は男性より体が小さいものだが、その体積比を超えてなおぐっと小さかった。そんなに小さくしなくても、と思うほどで、指輪仕立てにした時計もあった。

あの時代は機械は大きくなるもの、という常識が強かったから、**4小さな時計はそれだけで高級というイメージがあった。3女性の時計は機能というより宝飾アクセサリーの面が強い**から、よけいにそうなったのだろう。

2 「少し小さく」가 아니라「極端に小さい」라고 쓰여 있으므로 틀렸다.

4 작은 시계=고급

3 여성의 손목시계가 작은 이유로써「機能というより宝飾アクセサリーの面が強い」라고 말하고 있으므로 3이 정답.

암기하자!

□極端に：극단적으로
□戦前戦後：전전 전후(2차 대전 전후)
□体積比：부피비
□ぐっと：많이
□～仕立て：~로 만들기(指輪仕立てにした時計：반지로 만든 시계)
□宝飾：보석 장식

(2) 47 정답 ： 1

3美食の楽しみで、一番必要なものは、実はお金ではなく、これがおいしい、と思える「舌」である。これは金だけで買えるものではない。**1自分が歩んできた人生によって培われる**もので、お金ももちろんそれなりにかかっているかもしれないが、億万長者である必要もない。この**4「舌」つまり味覚は、万人に共通する基準もなく、絶対的なものでもない**。

3 가장 필요한 것은 돈이 아니라 혀.

1 이 부분에서 1이 정답.

2 문장에 쓰여있지 않다.

4 미각은 사람 마다 다르다.

암기하자!

□美食：미식
□歩む：걷다
□培う：가꾸다/배양하다

□味覚：미각
□万人：すべての人 만인/모든 사람

(3) 48 정답 ：2

1 イタリアは、日本と同じ火山国ですから温泉はいっぱいあるけれど、その素晴らしい大浴場へは、全員が水着で入らなくてはなりません。（中略）だから彼らが日本に来ても、人前で裸になるくらいなら温泉などあきらめてしまいかねないのです。その彼らに日本の素晴らしい温泉、大浴場、山間の岩場の温泉を楽しんでもらうために、私はこうしたらどうかと思うんですね。

つまり、**2 三十分予約制にするのです。4 彼らは日本のように男女別にしても、他の人たちがいると落ち着かない。**だから三十分だけは彼らだけの専用とする。家族や恋人に対してならば、裸でも抵抗感がなくなるから。

1 이탈리아에서는 수영복을 입어야하지만 일본에서도 그래야 한다고는 말하고 있지 않다.

2 이 부분에서 2가 정답.

3 문장에 쓰여있지 않다.

4 남녀별로 하여도 다른 사람들이 있으면 안절부절 못한다.

암기하자!

□大浴場：대욕탕
□人前：남의 앞
□山間：山の中 산 속
□岩場：바위가 많은 곳
□専用：전용

(4) 49 정답 ：4

知識を増やすことが、若い時には敵わないんだとすれば、**4 歳を取ってからやるべきは、人が言った事や書いた事じゃなくて、自分の頭で考えた事をまとめることで何かを産み出すこと。**いわば創造的な知識です。自分で考えを作るんです。知識を得るのに忙しい若い人は考える時間もあまりないし、経験も乏しい。**3 歳を取ると、大きいエネルギーはないですが、経験や経済的な力で遠くまで行けるはずです。**だからクリエイティブな仕事というのは、案外中年以降、出来るんじゃないかと思いますね。

4 「何かを産み出す＝新しい何かを創ること」이므로 4가 정답.

3 「歳を取ると遠くまで行けるはずだ」라고 쓰여있지만 해야만 하는 것은 아니므로 틀렸다.

제3회 문자·어휘 문법 독해 청해

암기하자!

□創造的な：창조적인
□乏しい：모자라다/부족하다
□クリエイティブな：크리에이티브한
□中年：40歳から50代半ばくらいまでの人 중년

問題9

(1) 50 정답 ：1　51 정답 ：3　52 정답 ：3

「垂直思考」は、50**一つの問題を徹底的に深く掘り下げて考えてゆく能力**です。ある事象に対して考察を深めて一定の理解が得られたら、「その先に潜む原理は」と一層深い段階を問うてゆきます。50**ステップを踏んで段階的に進んでゆく論理的な思考**、これが垂直思考です。ここでは奥へ奥へと視点を移動させるプロセスが存在します。一つの理解を楔として、そこを新たな視点として、さらにその先を見通すようにして、思索の射程距離を一歩一歩伸ばしてゆくわけです。

52**「水平思考」もやはり視点が動きます**が、垂直思考とは異なり、論理的な展開はそれほど重視されません。むしろ、51**同じ現象を様々な角度から眺めたり、別々の問題に共通項を見出したり、手持ちの手段を発展的に応用する能力**が重要です。垂直思考が緻密な「詰め将棋」だとすれば、水平思考は自由で大胆な発想によって問題解決を図る「謎解き探偵」です。ここでは、一見難しそうな問題に対して見方を変えることで再解釈する「柔軟性」や、過去に得た経験を自在に転用する「機転」が問われます。つまり、推理力や応用力や創造力を生み出す「発想力」が水平思考です。

50 「段階的に（＝順を追って）」「一つの問題を徹底的に深く掘り下げて考える」것이므로 1이 정답.

51 「水平思考」란
- 같은 현상을 다양한 각도에서 바라보다
- 다른 문제들에서 공통점을 찾아낸다
- 갖고 있는 수단을 발전적으로 응용한다

분실물이나 지문으로 범인을 찾아내는 것은 「水平思考」에 의한 해결이라고는 말할 수 없다.

52 「視点が動く」라는 것이 공통점이므로 3이 정답.

암기하자!

□思考：사고
□徹底的に：철저하게
□掘り下げる：파내려가다/조사하다
□事象：사상
□考察を深める：고찰을 깊게하다
□潜む：잠재하다
□ステップを踏む：段階を踏む 스텝을 밟다/단계를 밟다
□論理的な：논리적인

□視点が動く：관점이 움직이다
□プロセス：手順 프로세스
□見通す：모두 보다/내다보다
□思索：사색
□射程距離：사정거리
□共通項を見出す：공통점을 찾아내다
□手持ち：소유하고 있는
□緻密な：치밀한
□大胆な：대담한
□探偵：탐정
□一見：일견
□柔軟性：유연성
□自在に：자유자재로
□転用する：전용하다/방향을 바꾸다/다른 데로 돌리다
□機転：기지/재치
□推理力：추리력
□創造力：창조력
□生み出す：낳다/새로 만들어 내다

제 3 회

문자·어휘

문법

독해

청해

(2) 53 정답 : 4　54 정답 : 2　55 정답 : 1

ファンタジーはどうして、一般に①評判が悪いのだろう。それはアメリカの図書館員も言ったように、現実からの逃避として考えられるからであろう。あるいは、小・中学校の教師のなかには、子どもがファンタジー好きになると、**53 科学的な思考法ができなくなるとか、現実と空想がごっちゃになってしまうのではないかと心配する人もある**。しかし、実際はそうではない。**54 子どもたちはファンタジーと現実の差をよく知っている**。たとえば、子どもたちがウルトラマンに感激して、どれほどその真似をするにしても、実際に空を飛ぼうとして死傷したなどということは聞いたことがない。ファンタジーの中で動物が話すのを別に不思議がりはしない子どもたちが、実際に動物が人間の言葉を話すことを期待することがあるだろうか。②子どもたちは非常によく知っている。**54 彼らは現実とファンタジーを取り違えたりしない**。それでは、子どもたちはどうして、ファンタジーをあれほど好むのだろう。それは現実からの逃避なのだろうか。

55 子どもたちがファンタジーを好むのは、それが彼らの心にぴったり来るからなのだ。あるいは、彼らの内的世界を表現している、と言ってもいいだろう。人間の内的世界においても、外的世界と同様に、戦いや破壊や救済などのドラマが生じているのである。それがファンタジーとして表現される。

53 「現実と空想がごっちゃになる(＝区別がつかなくなる)」라고 말하고 있으므로 4가 정답. 「科学的な考え方ができなくなる」라고 말하고 있지만 「科学が嫌いになる」라고는 말하고 있지 않으므로 3은 틀렸다.

54 「差をよく知っている」「取り違えたりしない」라고 말하고 있으므로 2가 정답.

55 어린이들이 판타지를 좋아하는 것은 「彼らの内的世界を表現している」 즉 「子どもの心の中を表している」라고 되어 있으므로 1이 정답.

암기하자!

- □ファンタジー : 판타지
- □ファンタジー好きになる : 판타지 팬이 되다
- □ウルトラマン : 울트라맨
- □真似をする : 흉내를 내다
- □不思議がりはしない : 이상해하지는 않는다
- □死傷する : 사상하다/죽거나 상처입다
- □取り違える : 혼동하다
- □内的世界 : 내적세계
- □外的世界 : 외적세계
- □破壊 : 파괴
- □救済 : 구제

(3) 56 정답 : 4　57 정답 : 3　58 정답 : 1

①ある人が社会人になって営業職についたのだが、**56 発注する数を間違うというミスを連発してしまった**。書類作成などでは大変高い能力を発揮する社員だったので、上司は「キミみたいな人がどうして **56 こんな単純なミス**をするのか」と首をひねった。社員は「気をつけます」と謝ったが、その後もまた同じミスを繰り返す。

あるとき上司は、「キミのミスは、クライアントと直接、会って注文を受けたときに限って起きている。メールのやり取りでの発注では起きていない。もしかすると聴力に問題があるのではないか」と気づき、**57 耳鼻科を受診するように勧めた**。その言葉に従って大学病院の耳鼻科を受診してみると、はたして特殊な音域に限定された聴力障害があり、低い声の人との会話は正確に聴き取れていないことがわかったのだ。

耳鼻科の医師は「この聴力障害は子どもの頃からあったものと考えられますね」と言ったが、②本人も今までそれに気づかずに来た。もちろん小学校の頃から健康診断で聴力検査は受けてきたのだが、検査員がスイッチを押すタイミングを見て「聴こえました」と答えてきた。また、授業や日常会話ではそれほど不自由も感じなかった、という。**58 だいたいの雰囲気で話を合わせることもでき、学生時代は少しくらいアバウトな会話になったとしても、誰も気にしなかった**のだろう。

56 「発注するときに単純なミス(＝簡単な間違い) を連発する(＝繰り返す)」라고 말하고 있으므로 4가 정답.

57 이 부분에서 3이 정답.

상사는 부하의 실수를 이상하게 생각했지만 화를 내고 있지는 않으므로 1은 틀렸다.

58 대략적인 회화에서도 누구도 신경쓰지 않았다는 것은 커뮤니케이션에 문제가 없었다는 것이므로 1이 정답.

암기하자!

□能力を発揮する : 능력을 발휘하다
□発注する : 발주하다
□連発する : 연발하다
□首をひねる : 고개를 갸웃하다/의아하게 생각하다
□クライアント : 클라이언트/고객
□もしかすると : 어쩌면
□聴力 : 청력
□耳鼻科 : 이비인후과
□受診する : 진료받다
□はたして : 역시/과연
□限定する : 한정하다
□タイミング : 타이밍
□アバウト会話 : 대략적인 회화

問題10

59 정답 : 2　**60** 정답 : 4　**61** 정답 : 1　**62** 정답 : 2

①文章の本質は「ウソ」です。ウソという表現にびっくりした人は、それを演出という言葉に置きかえてみてください。

59**いずれにしてもすべての文章は、それが文章の形になった瞬間に何らかの創作が含まれます。良い悪いではありません。**好むと好まざるとにかかわらず、文章を書くという行為はそうした性質をもっています。

②動物園に遊びに行った感想を求められたとしましょう。「どんな様子だったのか話して」と頼まれたなら、おそらくたいていの子は60**何の苦もなく感想を述べることができる**はずです。ところが、「様子を文章に書いて」というと、途端に多くの子が困ってしまう。それはなぜか。同じ内容を同じ言葉で伝えるとしても、話し言葉と書き言葉は質が異なるからです。

巨大なゾウを見て、思わず「大きい」と口走ったとします。このように反射的に発せられた話し言葉は、まじり気のない素の言葉です。しかし、それを文字で表現しようとした瞬間、言葉は思考のフィルターをくぐりぬけて変質していきます。

「『大きい』より『でかい』のほうがふさわしいのではないか」

「『大きい!』というように、感嘆符をつけたらどうだろう」

「カバが隣にいたとあえてウソをついて、『カバの二倍はあった』と表現すれば伝わるかもしれない」

人は自分の見聞きした事柄や考えを文字に起こすプロセスで、言葉を選択したり何らかの修飾を考えます。62**言葉の選択や修飾は演出そのもの。**そうした積み重ねが文章になるのだから、原理的に「文章にはウソや演出が含まれる。あるいは隠されている」といえます。

ある文章術の本に、③「見たもの、感じたものを、ありのままに自然体で書けばいい」というアドバイスが載っていました。「ありのままに」といわれると、何だか気楽に取り組めるような気がします。

しかし、このアドバイスが実際に文章に悩む人の役に立つことはないでしょう。

61**ありのままに描写した文章など存在しないのに、それを追い求めるのは無茶な話です。**62**文章の本質は創作**であり、その本質から

59「どんな文章でも必ず創作が含まれ、それは良いことでも悪いことでもない」라고 되어 있으므로 2가 정답.

60「何の苦もなく」라고 되어 있으므로「すらすらと話せる」인 것으로 4가 정답.

61「無茶な話」즉「できないこと」이므로 1이 정답.

62 이 부분들에서 2가 정답.「文章の本質はウソ」즉「何らかの創作が含まれる」라고 말하고 있다.

目を背けて耳に心地よいアドバイスに飛びついても、文章はうまくはならない。

암기하자!

□本質：본질
□演出：연출
□置きかえる：옮겨 놓다/바꾸어 놓다
□行為：행위
□何の苦もない：何の苦労もない 아무런 어려움도 없이
□口走る：엉겁결에 말하다/입 밖에 내다(관용구)
□反射的に：반사적으로
□発する：발하다(여기서는 튀어나오다의 의미)
□素の言葉：ありのままの言葉 있는 그대로의 말
□変質する：변질하다
□ふさわしい：어울리다
□事柄：사항/일/사정
□プロセス：프로세스
□修飾：수식/장식
□積み重ね：축적
□原理的に：원리적으로
□隠す：숨기다
□ありのまま：있는 그대로
□自然体：자연체
□描写する：묘사하다
□追い求める：추구하다
□無茶な：터무니없는
□目を背ける：시선을 돌리다
□心地いい：편안한

問題11

63 정답 : 3　**64** 정답 : 4

A

男性の育児休暇の取得義務化について、私は慎重派です。日本の大半の夫婦は男性が主な稼ぎ手のため、育休を義務付けたら収入が減り、将来につながる重要な仕事のチャンスを失う恐れがあると思います。義務化するのではなく、**64 男性の育児参加を増やすために、短時間勤務や残業免除などの制度を利用しやすくするほうが現実的**なのではないでしょうか。**63 育児経験は仕事にも役立ち、人生をより豊かにしてくれる**という、育児の意外な効用もあると思います。まずは、社会、企業の意識改革が必要であると考えます。

B

私は、男性の育児休暇義務化には良い面と悪い面のどちらもあると思います。産まれたばかりの新生児という貴重な期間に、夫婦そろって赤ん坊と過ごせるのは幸せなことですし、その後の父子関係や家族のあり方に良い影響を与えてくれると思います。また、**63 育児に積極的に関わり、家族の健康維持や効率のよい家事育児の仕方について考えることによって、ビジネススキルを磨くことにもつながる**と思います。ただ、家事育児への意識と能力が高い人であればいいのですが、お昼になったら平気で「ごはんは?」と言ってくるタイプの夫の場合は、仕事に行って稼いでくれたほうがましかもしれません。それに、出産前後だけ休暇を取ってもあまり意味はないかな、とも思います。義務化するより、**64 普段から継続的に家事や育児ができる体制にしたほうがよっぽど意味がある**のではないでしょうか。

63 A는 「育児経験は仕事にも役立ち、人生をより豊かにしてくれる」라고 말하고 있고 B도 「育児に積極的に関わることで、ビジネススキルを磨くことにもつながる」라고 말하고 있으므로 3이 정답.

64 A는 「男性の育児参加を増やすために、短時間勤務や残業免除などの制度を利用しやすくするほうが現実的」라고 말하고 있고 B도 「普段から継続的に家事や育児ができる体制にしたほうが意味がある」라고 말하고 있으므로 4가 정답.

암기하자!

□育児休暇：育休 육아휴가
□取得 : 취득
□慎重派 : 신중파
□稼ぎ手 : 소득원(돈을 벌어 식구를 부양하는 사람)
□義務付ける : 의무화하다
□勤務 : 근무
□免除 : 면제

□効用 : 효용
□改革 : 개혁
□貴重な : 귀중한
□維持 : 유지
□効率がいい : 효율이 좋다
□磨く : 닦다
□稼ぐ : 돈을 벌다
□継続的に : 계속적으로
□体制 : 체제
□よっぽど : よほど 상당히
□採用 : 채용
□充実する : 충실하다
□昇進 : 승진

問題 12

65 정답 : 4　66 정답 : 4　67 정답 : 2　68 정답 : 1

65①**かつての遊びにおいては、子どもたちは一日に何度も息を切らし汗をかいた。自分の身体の全エネルギーを使い果たす**毎日の過ごし方が、子どもの心身にとっては、測りがたい重大な意味を持っている。

この二十年ほどで、子どもの遊びの世界、②特に男の子の遊びは激変した。**66 外遊びが、極端に減ったのである。**一日のうちで息を切らしたり、汗をかいたりすることが全くない過ごし方をする子どもが圧倒的に増えた。子ども同士が集まって野球をしたりすることも少なくなり、**66 遊びの中心は室内でのテレビゲームに完全に移行した。**身体文化という視座から見たときに、男の子のこの遊びの変化は、看過できない重大な意味を持っている。

相撲やチャンバラ遊びや鬼ごっこといったものは、室町時代や江戸時代から連綿として続いてきた遊びである。明治維新や敗戦、昭和の高度経済成長といった生活様式の激変にもかかわらず、**66 子どもの世界では、数百年以上続いてきた伝統的な遊びが日常の遊びとして維持されてきたのである。**

しかし、それが1980年代のテレビゲームの普及により、絶滅状態にまで追い込まれている。これは単なる流行の問題ではない。意識的に臨まなければ取り返すことの難しい身体文化の喪失である。

65 이 부분에서 4가 정답.

최근 20년동안 밖에서 노는 것이 줄었다고 말하고 있으므로 1은 틀렸다. 비디오게임 쪽이 더욱 인기가 있으므로 2도 틀렸다.

66 이 부분들에서 4가 정답.

밖에서 노는 것이 「極端に減った」 라고 말하고 있지만 「完全になくなった」 라고는 말하고 있지않으므로 1은 틀렸다.

67 **かつての遊びは、身体の中心感覚を鍛え、他者とのコミュニケーション力を鍛える機能を果たしていた**。これらはひっくるめて自己形成のプロセスである。

コミュニケーションの基本は、身体と身体の触れ合いである。そこから他者に対する信頼感や距離感といったものを学んでいく。たとえば、相撲を何度も何度も取れば、他人の体と自分の体の触れ合う感覚が蓄積されていく。他者と肌を触れ合わすことが苦にならなくなるということは、他者への基本的信頼が増したということである。これが大人になってからの通常のコミュニケーション力の基礎、土台となる。**67** **自己と他者に対する信頼感を、かつての遊びは育てる機能を担っていたのである**。

この身体を使った遊びの衰退に関しては、伝統工芸の保存といったものとは区別して考えられる必要がある。身体全体を使ったかつての遊びは、日常の大半を占めていた活動であり、なおかつ自己形成に大きく関わっていた問題だからである。**68** **歌舞伎や伝統工芸といったものは、もちろん保存継承がされるべきものである。しかし、現在、より重要なのは、自己形成に関わっていた日常的な身体文化のものの価値である**。

67 이 부분들에서 2가 정답.
「自己と他者に対する信頼感」이라고 말하고 있지만 「誰のことも信じられる」라고는 말하고 있지 않으므로 4는 틀렸다.

68 필자의 주장은 마지막 단락에 쓰여 있는 경우가 많다. 「より重要なのは、身体文化(＝かつての遊び)」라고 말하고 있으므로 1이 정답.

암기하자!

- □かつて : 일찍이/예전부터
- □息を切らす : 가쁜 숨을 쉬다
- □使い果たす : 다 써버리다
- □激変する : 격변하다
- □極端に : 극단적으로
- □圧倒的に : 압도적으로
- □~同士 : ~끼리
- □移行する : 이행하다/바꾸다
- □敗戦 : 패전
- □生活様式 : 생활양식
- □絶滅状態 : 절멸상태
- □追い込まれる : 몰리다
- □喪失 : 상실
- □鍛える : 단련하다
- □自己形成 : 자기형성
- □プロセス : 프로세스

□触れ合い(ふれあい):접촉
□蓄積(ちくせき)する:축적하다
□苦(く)になる:고생이 되다/마음에 걸리다
□通常(つうじょう):통상
□土台(どだい):토대
□担(にな)う:짊어지다
□衰退(すいたい):쇠퇴
□なおかつ:더욱이/게다가
□継承(けいしょう):계승

問題13

69 정답 :2 70 정답 :3

アルバイト募集!

職種	応募資格		給料	その他
	【必須スキル・資格】	【歓迎スキル・資格】		
①スニーカー店での接客販売	・日本語:中級レベル ・土日祝勤務可能な方	・接客が好きな方 ・ランニングや運動に興味がある方	時給 1,300円	職場は10名体制。20～30代の男女スタッフが一緒にワイワイと楽しくお仕事しています。残業ほぼなし。 詳細を見る
②空港内の免税店での接客販売	・日本語:中~上級レベル ・早朝の勤務、夜の勤務などに対応できる方	・英語ができれば尚可 ・未経験者歓迎! ・ファッションが好きな方 ・人と話すことが好きな方	時給 1,200円	外国人が活躍しています! 残業あり。正社員登用チャンスあり。 詳細を見る
③空港のWiFiレンタルカウンター	・日本語:中級レベル ・英語:中級レベル ・接客の経験がある方 ・PCスキル(パワーポイント、エクセル、メール) ・最低1年以上は勤務できる方	・明るくてコミュニケーション能力が高い方	時給 1,300円	一緒に働くスタッフは、幅広い年齢層の様々な背景を持った人たちで、みんなとても仲良し。正社員登用チャンスあり。残業ほぼなし。 詳細を見る
④ホテルスタッフ	・日本語:中級レベル ・韓国語・英語・タイ語のいずれかが堪能であること ・接客・サービス業の経験がある方(アルバイト経験もOK) ・土日祝勤務できる方	・笑顔で接客できる方 ・人と話すのが好きな方 ・お世話をするのが好きな方	時給 1,350円	正社員登用チャンスあり。深夜残業あり。 詳細を見る

69
마리 씨의 조건·스킬

・일본어와 영어를 살린 업무 희망
→ ②③④ ○

・일본어와 영어는 상급 레벨
→ ②③④ ○

・아르바이트 경험 없음
→ ③④ ×

・토일근무는 피하고 싶다 → ①④ ×

「②空港内(くうこうない)の免税店(めんぜいてん)での接客販売(せっきゃくはんばい)」가 정답.

70
이 씨의 조건·스킬

・일본 백화점에서 근무 경험 있음 → ③④ ○

・일본어는 상급 레벨, 영어는 중급 레벨
→ ①②③ ○ ④ ×

・장래 정규사원 희망
→ ②③④ ○

・잔업은 하고 싶지 않다
→ ①③ ○ ②④ ×

「③空港(くうこう)のWiFiレンタルカウンター」가 정답.

제3회 문자·어휘 문법 독해 청해

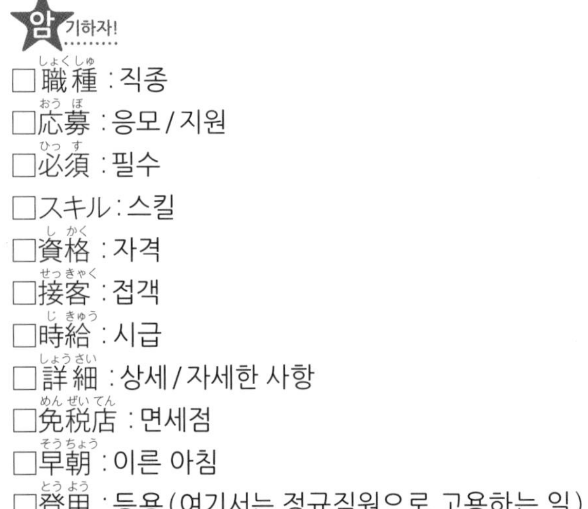

암기하자!

□職種(しょくしゅ) : 직종
□応募(おうぼ) : 응모 / 지원
□必須(ひっす) : 필수
□スキル : 스킬
□資格(しかく) : 자격
□接客(せっきゃく) : 접객
□時給(じきゅう) : 시급
□詳細(しょうさい) : 상세 / 자세한 사항
□免税店(めんぜいてん) : 면세점
□早朝(そうちょう) : 이른 아침
□登用(とうよう) : 등용(여기서는 정규직원으로 고용하는 일)
□堪能(たんのう) : 능통 / 뛰어남

청해

問題1

例 정답 : 3 N1_3_03

イベント会場で女のスタッフと男のスタッフが話しています。男のスタッフはこのあと何をしなければなりませんか。

F: 桜井さん、開演まであと一日なんだけど、グッズの件はもう解決した？

M : はい。なかなか届かないので、業者さんに電話しようと思っていたら、さっき届きました。一通りチェックをして、内容物も数も注文通りでした。

F : そう、間に合ってよかった。ありがとう。あとは客席の確認だけかな。

M : 客席の確認？

F : うん。客席にゴミが落ちていたら、お客さんが嫌な思いをするでしょう。だから開演前にもう一回確認しないと。

M : そうですか。じゃあ、今すぐ確認してきます。

F : それは私がやるから、桜井さんは飲み物とお菓子の用意をしてくれる？

M : 控え室に置くやつですね。わかりました。

F : あ、そうだ。ポスターはもう貼った？ いろんなところに貼るから、それを先にやっといてね。

M : ポスターなら、今朝、富岡さんが貼ってくれました。

F : そう、わかった。じゃあ、よろしく。

男のスタッフはこのあと何をしなければなりませんか。

암기하자!

□グッズ : 상품/물품/용품
□嫌な思い : 싫은 느낌/불쾌한 생각
□控え室 : 대기실

1番　정답 : 2

N1_3_04

レストランで男の店員と店長が話しています。男の店員はこのあとまず何をしますか。

M：店長、大変です。ただ今いらっしゃったお客様、予約の台帳には明日のところにお名前があったんですけど、電話では今日で予約されてたらしいんです。

F：え！ よりによってこんな込んでる時に。とりあえず席が空くのを待っていただいて。こちらのミスの可能性もあるから、誠心誠意謝っておいて。

M：あ、すぐ**ソファーのところにご案内して、謝っておきました。**

F：軽くじゃなくて、もう一度。こういう時は丁重な謝罪が大事なんだから、ちゃんとやってね。それから、ビールかジュースをサービスしましょう。それは私のほうで用意する。ピンチはチャンスなんだから、ここでお客様の心をつかまないと。くれぐれもお客様の勘違いだなんて傲慢な態度取らないようにね。

M：はい、わかりました。

男の店員はこのあとまず何をしますか。

「ソファーに案内して謝った」라고 말하는 점원에 대하여 점장은「軽くじゃなくてもう一度」「丁寧な謝罪が大事」라고 말하고 있으므로 2가 정답.

음료 서비스는 점장이 준비한다고 말하고 있다.

암기하자!

□台帳 : 대장/장부

□よりによって : 하필이면

□誠心誠意 : 성심성의

□謝っておく : 사과해 두다

□軽くじゃなくて : 가볍게 하지 말고

□丁重な : 정중한

□謝罪 : 사죄

□ピンチ : 핀치/위기

□傲慢な : 오만한/거만한

□勘違い : 착각/잘못한 생각

2番　정답 : 2

N1_3_05

会社で男の人と女の人が話しています。女の人はこのあと何をしますか。

M : もしもし、経理課の鈴木ですけれども。

F : お世話になっております。

M : あのですね、10月10日に提出していただいた出張旅費明細書なんですけれども。

F : ああ、あの北海道の出張のですね。

M : はい。交通費の欄なんですけど、**航空券が75,000円と記載されている**んですね。

F : ええ。

M : ご提出いただいた**領収書のほうでは76,000円となっている**んですが。

F : あ、そうですか。**ちょっと今手元に資料がないので、すぐ確認してから折り返しお電話差し上げる**ということでもよろしいですか。

M : お手数ですがよろしくお願いします。あ、ちなみにですね、来月からは締め切りが毎月10日ではなく5日に変更になりますので、お気をつけください。今週中には一斉メールで皆さんにお知らせする予定ですので。

F : はい、わかりました。

女の人はこのあと何をしますか。

항공권 가격에 대하여 출장비 명세서에는 75,000엔, 영수증에는 76,000엔으로 되어 있는 것에 대하여 「すぐ確認してから折り返しお電話差し上げる」라고 말하고 있으므로 2가 정답.

암기하자!

☐経理 : 경리
☐旅費 : 여비
☐明細書 : 명세서
☐記載する : 기재하다
☐手元 : 손이 미치는 범위
☐折り返し : 전화를 다시 걸다
☐お手数ですが : 수고스럽습니다만
☐ちなみに : 덧붙여서

3番　정답：4

N1_3_06

電話でお客様相談室の人と男の人が話しています。男の人はこのあとまず何をしますか。

F：はい、AKモバイルお客様相談室でございます。

M：あの一、そちらで購入した携帯を先日返品したんですけど、返金はいつになりますか。

F：返金が未完了とのことですね。返品のお手続きは、当社のホームページ上でなさいましたか。

M：そうですね。ホームページの「購入商品の返品・キャンセルの受付について」っていうところから手続きしました。

F：さようでございますか。実はホームページ上のお手続きだけでは、返品・キャンセルのお手続きというのは、完了したことにならないんです。**後日、担当者からのご連絡にて初めて、返品・キャンセルのお手続きに移行するという形になっております。**

M：あ、そういうことですか。

F：はい。二つの場合がございまして、まず、**お客様よりいただいた情報のみでお手続きが可能な場合は、後日担当者よりメールでご連絡を差し上げます**ので、お客様からのご返信をもって、お手続きの完了となります。もう一つの場合ですが、**より詳細な情報が必要になってくる場合は、担当者よりお電話を差し上げることになっております**ので、ご対応のほどよろしくお願いいたします。

이 부분들에서 담당자로부터 연락이 올 것을 알 수 있다. 이메일이 오는지 전화가 오는지의 차이일 뿐이므로 4가 정답.

M：はい、どうもありがとうございました。

F：はい。もしまたご不明な点など出てきましたら、いつでもお電話いただければ幸いです。お客様相談室の加藤が承りました。

M：はい、失礼します。

男の人はこのあとまず何をしますか。

□モバイル：모바일
□購入する：구입하다
□未完了：完了していないこと 미완료

□当社 : 당사/본사
□さようでございますか :「そうですか」의 정중한 표현
□移行する : 이행하다/바꾸다
□詳細な : 상세한
□対応する : 대응하다
□不明な : 불명확한

4番　정답 : 2

N1_3_07

電話で男の人と女の人が話しています。女の人の会社はこのあとどうしますか。

M : もしもし、いつもお世話になっております。わたくし、株式会社ふじの内藤と申しますが。

F : あ、内藤さん。いつもお世話になっております。高橋です。

M : あ、高橋さん。実はそちらでお使いいただいている当社のコピー機LM型なんですけれども、今回内部に破損が見つかりまして、まれに発火して火災に至る恐れがあることが判明したんです。

F : え、そうなんですか!

M : **まずは弊社でお引き取りをしまして、確認作業をいたします。再納品までの間は代替機をご用意します**ので、ご安心ください。

F : はい、わかりました。

M : こちらでお引き取りしたあと、部品を入れ替えまして、組み立て直し、そこからの再納品となりますので、お日にちはおおよそ三日となります。ご迷惑をおかけしてしまい、申し訳ございません。よろしくお願い申し上げます。

女の人の会社はこのあとどうしますか。

「再納品までの間は代替機(=代わりの機械)をご用意します」라고 말하고 있으므로 2가 정답.

암기하자!

□当社 : 당사/본사
□破損 : 파손
□発火する : 발화하다
□判明する : 판명하다
□引き取る : 인수하다
□再納品 : 재납품
□代替 : 代わり 대체

5番　정답 : 3

N1_3_08

病院で看護師が話しています。患者はどの順に行きますか。

F：それでは、これから採血となりますね。後ろを見ていただくと受付が見えると思いますが、そちらの受付でこちらのファイルをご提出ください。**採血のあとはMRI、レントゲンの順に受けていただきます。MRIの前にロッカールームでお着替えを済ませておいてください**。あ、お化粧されていますね。化粧品に金属が含まれていますとやけどの恐れがありますので、MRIの前に落としていただくことになります。**洗面所でお化粧を落としてからお着替えをお願いします**。先生の診察は、午後は2時開始となっておりますので、それまでにご昼食を済ませて、またこちらに戻ってきてください。

患者はどの順に行きますか。

「～の順に」「～の前に」「～てから」등의 순번을 나타내는 단어에 주의하자!

ウ：채혈 → イ：화장실 → ア：락커룸 → エ：MRI → オ：엑스레이의 순서로 돈다.

암기하자!

□看護師：간호사
□どの順に：어떤 순서로
□採血：채혈
□レントゲン：엑스레이(뢴트겐)
□着替え：옷 갈아입기
□やけど：화상
□ロッカールーム：락커룸
□洗面所：화장실
□化粧を落とす：화장을 지우다

6番　정답 : 1

🔊 N1_3_09

会社で課長と女の人が話しています。女の人はこのあとまず何をしますか。

M：来週の社内研修の担当、佐々木さんだったよね。

F：あ、はい、私です。

M：準備は順調に進んでる？

F：はい。先ほど講師の方から資料が送られてきましたので、それを印刷するのと、あとは当日会場の準備をするだけです。

M：そうか。会場の準備っていってもいろいろあるからね。前日でいいけど、プロジェクターが正常に動くかとか、延長コードは必要かとか、ホワイトボード用のマーカーはちゃんと書けるかとか、そういう細かい所までちゃんとチェックしとくように。

F：はい。前日にでも会場に行って、実際に確認しておきます。

M：あ、そうそう、言い忘れてたけど、アンケートってもう作った？

F：はい、前回のを参考に作っておきました。

M：それってさー、受講者用のアンケートでしょう。**今度から講師用のアンケートも作ったほうがいいと思うんだよね。早速ちょっと作って見せてくれるかな？**

F：あ、はい、わかりました。

M：あ、あと、講師の先生によっては、受講者の名前がわかるように、座席表があったほうがいいっていう方がいらっしゃるんだけど、今回はどうなんだろう？

F：あ、そうですね。前日にリマインドのメールを送る時に、ついでに聞いておきます。

M：はい、よろしく。

女の人はこのあとまず何をしますか。

이야기의 내용

사내연수는 다음주.

전 날 할 것은

· 행사장 준비 (프로젝터, 연장코드, 마카 등 비품 확인)

· 강사에게 리마인드 메일을 보낸다

· 강사에게 좌석표가 필요한지 묻는다

「早速ちょっと作って見せてくれるかな」라고 말하고 있으므로 1이 정답.

암기하자!

☐プロジェクター : 프로젝터

☐ホワイトボード : 화이트보드

☐マーカー : 마카

□受講者 : 수강자
□リマインド : 리마인드

問題2

例　정답 : 2　N1_3_11

女の人と男の人が演劇について話しています。女の人は演劇にとって一番大事なことは何だと言っていますか。

F : ねえ、今話題になっている「六人の物語」っていう演劇、見に行った?

M : 行ってないけど、大人気らしいね。

F : 私、昨日見に行ったんだけど、想像以上にすばらしかったよ。

M : そうなんだ。原作は確かゲームだったよね。

F : そう。普通、ゲームやアニメが演劇になったとき、道具とかいろいろ使うでしょう、日本刀とか。でも今回は道具がほとんど使われてなかったよ。みんな演技力で勝負してるんだよ。すごいと思わない? 主役の富田さんもめちゃくちゃかっこう良かったし。

M : へー、君は顔さえよければそれでいいんだろう?

F : 違うよ。確かに役者の顔も大事だけど、原作の世界観やキャラクターの性格をありのままに再現できないと演劇とは言えないでしょう。

M : うーん、原作の質がもっとも大切だと僕は思うけどね。演劇のシナリオにも影響するから。

F : そうだけど、演じているのは人だから、役者の演技力こそが演劇の命なんじゃない?

女の人は演劇にとって一番大事なことは何だと言っていますか。

암기하자!

□大人気 : 대인기
□演技力 : 연기력
□めちゃくちゃ : (속어) 마구/엉망/형편없이
□演劇の命 : 연극의 생명

1番　정답 : 3

N1_3_12

テレビショッピングで女の人が話しています。今回改善された点は何ですか。

F：こちらは弊社が開発した、高品質のスケッチブックです。紙表面の凹凸は自然で程よく、細部まで描き込めるようになっています。紙の密度が高く、表面強度があるため、繰り返し消しゴムを使ったり、重ね塗りしたりしても、紙が剥がれにくいようにできています。色は白みを増すための染料を使用しないナチュラルホワイトを採用しているため、黄ばみにくいのがポイント。濡れている時と乾いた時の色が違ってしまうというお声を多数いただきましたため、**今回は吸収性を抑えまして、紙面上に絵の具が発色よく残るよう、にじみ止めの調整を行いました**。そのためですね、水彩画特有のぼかしが思うままに描きやすくなったんです。力強く大地を吸い込むような青空や、燃えるような夕焼け、みずみずしい木々の若葉や色鮮やかな紅の紅葉。そんな風景画を描きたい方におすすめです。

今回改善された点は何ですか。

「今回改善された点」을 묻고 있으므로「今回」이후를 주의하여 들어 놓자!

이 부분에서「にじみ止めの調整を行った(=にじみにくくした)」라고 말하고 있으므로 3이 정답.

암기하자!

□高品質：고품질
□スケッチブック：스케치북
□凹凸：요철
□程よい：알맞다/적당하다
□細部：세부
□密度：밀도
□強度：강도
□剥がれる：벗겨지다
□染料：염료
□黄ばむ：노래지다
□ポイント：포인트
□多数：다수
□抑える：억제하다/억누르다
□紙面：지면
□発色：발색
□にじみ止め：번짐 방지
□水彩画：수채화

□ぼかし：바림/그라데이션
□みずみずしい：윤이나고 싱싱하다
□若葉：새잎/어린 잎
□色鮮やかな：선명한
□紅：주홍색

2番　정답：2

N1_3_13

セミナーで講師が話しています。この本の一番いい点は何だと言っていますか。

M：この本は、若い人にもおすすめしたい、人生の指針になる名著です。私はここ数年、いかにチームを円滑に動かすかを考えて日々の仕事に取り組んでいるのですが、この本には人間関係の原則が書かれていて、非常に勉強になります。特に難しいことは書かれていません。例えば、人に好かれるために必要なのは、人の名前を覚えること、常に笑顔でいること、まず相手を好きになること。このようなことは、小学生でも気づく内容かもしれません。でも、実際に皆さん、それが実行できているかと言われると、難しいんじゃないでしょうか。この本は、**このように行動すべきだというノウハウが提示されたあとに、具体例が多く続くので、説得力があります。これはこの本の一番いいところです**。そして、この本を読んで、私はなぜかモテるようになりました。皆さん、ぜひ読んでみてください。

この本の一番いい点は何だと言っていますか。

「これはこの本の一番いいところです」의 「これ」는 앞에 말하고 있는 것을 가리키고 있으므로 2「具体的な例が多いこと」가 정답.

암기하자!

□指針：지침
□名著：명저
□円滑に：원활히
□日々：매일
□原則：원칙
□ノウハウ：노하우
□提示する：제시하다
□説得力がある：설득력이 있다
□モテる：인기가 있다

3番　정답：1

🔊 N1_3_14

テレビでレポーターがタクシードライバーの男の人にインタビューしています。今後の課題は何ですか。

F：最近、地方において、交差点のラウンドアバウト化が進んできています。信号の代わりに、交差点の中心に中央島というスペースを作って、その周りを車が時計回りで通行するというものです。タクシーのドライバーの方にご意見を伺ってみましょう。ラウンドアバウトが導入されたことで、どのような変化が生まれましたか。

M：そうですねえ。最初は信号がなくなって事故が起きるんじゃないかと心配したんですが、ドライバー同士の譲り合いがあるので、案外安全に通行できていますね。直進の場合でも一旦時計回りに回らないといけないっていうのが面倒かと思っていたんですが、その点も今は気になりませんね。

F：そうですか。どうもありがとうございます。

・・・

F：ドライバーの方たちには好評のようですが、**実は弊害も起きています**。長野県の調査では、**視覚障害者の方から、車が接近してくる方向がわかりにくいというご意見があった**そうです。**横断歩道の前後を走行音が出やすい舗装にするなど、対策が必要になってくる**と言えるでしょう。

今後の課題は何ですか。

「課題が何か」를 묻고 있다. 「実は」는 문제점을 말할 때의 전치로써 자주 사용된다. 「弊害も起きている」「対策が必要になってくる」 등의 단어의 앞뒤도 주의하여 들을 것.

이 부분들에서 1이 정답.

암기하자!

- □レポーター：리포터
- □ドライバー：드라이버
- □ラウンドアバウト：회전교차로(로터리에서 신호등 없이 회전운전하면서 진행방향으로 가는 방식)
- □導入する：도입하다
- □譲り合い：상호 양보
- □好評：호평
- □弊害：폐해
- □視覚障害者：시각장애인
- □走行音：주행음
- □舗装：포장

4番　정답：3

N1_3_15

テレビでレポーターが店長の男の人にインタビューしています。このレストランの回転率が上がった一番の理由は何ですか。

F：私は今話題のこの、ステーキレストランに来ています。オープンしてまだ1年しか経っていないということですが、今ではこの街で知らない人はいないというほどの繁盛店になっています。売り上げはなんと月800万円だそうですが、一体どうやって売り上げを伸ばしているのでしょうか。店長にお話を伺ってみましょう。

M：それはもう、回転率を上げることですね。お客さんがどんどん入れ替われば、お店の利益も上がりますから。

F：確かにそうなんですが、そこが難しいところじゃないでしょうか。具体的にどうやって回転率を上げられたんですか。

M：まずはステーキを全部切ってからお出しするように変えました。

F：確かに、フォークとナイフで切るよりも、お箸で食べたほうがガツガツ一気に食べられますね。

M：はい。それから、**何といってもこの作戦の影響が大きいと思うんですけど、相席をしてくれたら特典を付けるようにしたんです。**

F：といいますと？

M：もともと座っていた方にもあとから座った方にもドリンクを1杯プレゼントすることにしたんです。そうしたら、相席を望むお客さんも増えて、回転率も良くなりました。

F：なるほど。ためになるお話どうもありがとうございました。

このレストランの回転率が上がった一番の理由は何ですか。

「何といってもこの作戦の影響が大きい」라고 말하고 있다.「この作戦」이란 그 뒤에 말하고 있는 것이므로 3「相席（＝知らない人と同じ席につくこと）してくれた人に飲み物（＝ドリンク）をサービスするようにしたから」가 정답.

암기하자!

□レポーター：리포터
□回転率：회전율(한 좌석에 하루 몇 명의 손님이 이용했는가 하는 수치)
□オープンする：오픈하다
□繁盛：번성
□入れ替わる：교체하다
□ガツガツ食べる：게걸스럽게 먹다
□一気に：한 번에
□作戦：작전

□相席：합석
□特典：특전
□もともと：初めから 원래

5番　정답：2

N1_3_16

家で夫と妻が話しています。夫が登録できなかったのはどうしてですか。

M：このサイト、何回やっても登録できないんだけど、なんでだと思う？

F：なになに？ ただ基本情報入れればいいんでしょう？ 簡単だよ。

M：それがさ、全部入力して決定のところ押しても何回も同じページに戻っちゃうんだ。

F：あ、もしかして、電話番号のハイフン入れた？

M：うん、ちゃんと入れたよ。

F：それが余分なんじゃない？

M：え？ だってこの例のところもそう書いてあるよ。

F：じゃあ、違うか。あと考えられるのは、パスワードのところかな。数字が入ってないとか、電話番号と同じになってるとか。

M：あ、それだ！ ほら見て、注意のところ。**大文字、小文字、数字、記号を３種類以上含めてくださいって書いてある。大文字と小文字しか入れてなかったよ。**

F：**それだね、原因は。**

夫が登録できなかったのはどうしてですか。

등록되지 않았던 원인을 묻고 있다.「それだね、原因は」라고 말하고 있으므로 그 앞 부분에서 2가 정답.

암기하자!

□登録する：등록하다
□ハイフン：하이픈
□大文字：대문자
□パスワード：패스워드/비밀번호
□小文字：소문자

6番　정답：3

🔊 N1_3_17

テレビでレポーターが男の人にインタビューしています。男の人がこの会社に入った一番の理由は何ですか。

F：今日はゲームアプリで有名なこちらの会社で役員をされています、山本さんにお話を伺います。山本さんは、もともとは別の会社にいらっしゃったんですよね。

M：そうですね。大学を卒業して、まず銀行に入りました。ですが、激務によりすぐに体調を崩しまして、一旦実家に帰ったんです。

F：そうですか。

M：それで、療養中に軽い気持ちで専門学校のWebディレクターコースに通い始めました。そうしたら、はまってしまいまして、修了後はインターネット関連会社に就職しました。

F：なるほど。それでしばらくしてからこちらの会社に転職されたんですね。

M：はい。当時は15人ぐらいの小さな会社で、給料は安いし、本当に転職していいのかなって思いました。でも、逆に自分から進んですればいろんな仕事ができるチャンスがあるのではという可能性を感じましたね。それと、**何といっても社長の心意気に心打たれたん**です。当時のネット業界はどのぐらい儲かるかっていう話ばかりだったんですが、社長はテクノロジーを使って世の中をいかに変えるのか、そこに熱意を持って取り組まれていた、唯一の人だったんですね。それで、もし社長のおっしゃるような方向に世界が進んでいくとしたら、**私も社長を支えながら、そこで一緒にがんばりたいと思った**んです。

男の人がこの会社に入った一番の理由は何ですか。

「一番の理由」를 묻고 있다. 「何といっても」는 다른 것과 비교하여 특별히 강조할 때에 사용되는 표현이므로 그 뒤를 주의하여 들을 것!

이 부분에서 3이 정답.

□レポーター：리포터

□アプリ：어플리케이션

□役員：임원

□もともとは：원래는

□激務：격무

□体調を崩す：컨디션이 나빠지다

□実家：自分の親がいる家 본가
□療養：요양
□Webディレクター：웹 디렉터
□はまる：빠지다
□転職する：이직하다
□心意気：마음가짐/의기/의지
□ネット業界：인터넷 업계
□テクノロジー：테크놀로지
□熱意：열의

7番　정답：4

N1_3_18

テレビでコメンテーターが話しています。今後の課題は何だと言っていますか。

M：今回のガーナ戦、2対2で引き分けでしたけれども、キャプテンの山田選手は試合を通してよくチームをまとめていたと思いますし、前回のオーストラリア戦は4対0で敗れてますから、ちゃんと修正できていて、これまでの試合内容とは全然違うものになっていたと思います。**今後の課題としてはですね**、3点目を取りに行けるシチュエーションもあったんですけどね。**そこは特に若い選手が力不足だったと思うので、彼らが終盤になってもプレーの質が落ちないようにするっていうのが大事になってくると思います**。ま、若手の選手に成長してもらうっていっても、そんな二日、三日で変われるようなものではないんですけれども、この2試合は意識面においてね、彼らにとって本当に貴重な経験になったのではないかと思います。次回のブラジル戦、これは本当にきつい戦いになると思いますし、間違いなく一番大事な試合になるので、あとはしっかり準備してもらうだけですね。

今後の課題は何だと言っていますか。

「今後の課題としてはですね」라고 말하고 있으므로 그 뒤를 주의하여 들을 것!

이 부분에서 4가 정답.

암기하자!

□コメンテーター：해설자
□課題：과제
□前回：전회/지난 번
□シチュエーション：시추에이션
□終盤：종반
□若手：젊은 사람
□次回：차회/다음 번

제3회 문자・어휘 문법 독해 청해

問題3

例　정답 : 4

🔊N1_3_20

テレビで専門家が話しています。

M：今回の新型肺炎は感染が拡大しつつあり、死亡者も出始めています。世界中の医療機関が特効薬やワクチンの開発に取り組んではいますが、残念ながら、今のところ成功の目処が立っていません。ですので、感染を最大限に予防しないといけないのです。マスクをして頻繁に手を洗うことで、ある程度予防はできますが、人から人への感染が見られるため、他人との接触を避けるのが得策でしょう。かといって、在宅勤務に切り替えている企業はごく一部しかありません。命に関わる一大事なので、ビジネスより人命を優先するべきではないでしょうか。リーダーとしての器は、こういう時にこそ見えてくるものです。

専門家が言いたいことは何ですか。

1　薬やワクチンを開発するべきだ

2　医療機関をもっと増やすべきだ

3　新型肺炎の予防方法を身につけるべきだ

4　ビジネスを優先する考え方を正すべきだ

암기하자!

□新型肺炎 : 신종폐렴
□感染 : 감염
□出始めている : 나타나기 시작하다
□取り組んでいる : 몰두하고 있다/대처하고 있다
□目処が立つ : 전망이 서다
□得策 : 득책/상책
□切り替える : 전환하다/바꾸다
□人命を優先する : 생명을 우선하다
□~べきだ : ~해야 한다

1番　정답 : 1

N1_3_21

テレビで男の人が話しています。

M：最近歯のホワイトニングが話題になっていますよね。**今日ご紹介するのは**、歯に酸化チタンという物質をかけてから、LEDの光を当てることによって化学反応を起こして白くするという、**新しいホワイトニングです**。LEDの強い光によって、なんと、汚れが浮き出すんです。**従来のホワイトニングですと**、歯に特殊な薬剤を染み込ませて、歯の黄ばみを中から漂白するんですが、歯の表面にエナメル質という硬い部分がありますよね。このエナメル質を通り抜ける薬剤を使っていたので、その分、痛みや刺激があったんです。**一方、新しいホワイトニングは**全く違います。エナメル質の表面だけに貼り付いて汚れを落とすタイプになってますので、全くしみることも痛みもありません。10分だけでも明らかに白くなりますよ。

男の人は何について話していますか。

1　新しいホワイトニングと従来のホワイトニングとの違い

2　新しいホワイトニングの手順

3　新しいホワイトニングの利点と欠点

4　酸化チタンとエナメル質の関係

「今日ご紹介するのは、~新しいホワイトニングです」「従来のホワイトニングですと、~」「一方、新しいホワイトニングは~」라고 두 가지를 비교하고 있으므로 1이 정답.

암기하자!

□ホワイトニング：歯を白くすること 치아미백
□化学反応：화학반응
□浮き出す：도드라지다
□従来：종래/기존
□薬剤：약제
□染み込む：스며들다
□黄ばみ：노래지다
□漂白する：표백하다
□通り抜ける：빠져 나가다
□（歯が） しみる：(치아가) 아프다
□通常：통상
□手順：수순
□利点：이점

제3회

문자・어휘　문법　독해　청해

2番　정답：2

🔊 N1_3_22

大学の講義で教授が話しています。

M：皆さん、最近売れていると話題のこのコーヒー、ご存知ですね。では、どうしてこんなに売れているんでしょうか。実は、その秘密はマーケティングにあるんです。現代はマーケティングなしではビジネスが成立し得ない。マーケティングというものが非常に重要な時代となっています。**本講義では、マーケティングとは一体何なのかという基本概念を理解するとともに、日常生活で皆さんが接しているであろう商品やサービスなどの具体的な事例を通して、なぜこの商品・サービスはヒットしたのか、逆になぜこの商品は短命に終わったのかといった身近な問題について、マーケティングを切り口にして解き明かしていきます**。みなさんにはマーケティングに関する知識を身に付けていただくとともに、マーケティング的な発想をいかに活用していくのか、そういった応用力も高めていただきたいなと思っています。

この講義は何についての講義ですか。

1　ヒットしたコーヒーの販売戦略

2　マーケティングの基礎と具体的な事例

3　マーケティング活動への関与の仕方

4　マーケティング的発想の身に付け方

「本講義では～」라고 강좌내용을 설명하고 있다. 이 부분에서 2가 정답.

암기하자!

- □マーケティング：마케팅
- □基本概念：기본개념
- □接する：접하다
- □事例：사례
- □短命：단명
- □切り口：단면(여기서는「출발점」이라는 의미)
- □解き明かす：해명하다
- □販売戦略：판매전략

3番　정답：4

N1_3_23

テレビで女の人が話しています。

F：毎日料理していると、効率よくしようとか早く済ませようとか思って、ついつい強火で料理しちゃいますよね。でも実は、ほとんどのフライパンが中火以下での使用をおすすめしているんです。いいですか、皆さん。**強火はフライパンをだめにします。**これ、基本です。レシピ本なんか見てみてください。中火で加熱、弱火でコトコト、とろ火で20分などなど。ほとんどの料理で中火以下って記載されています。料理する際の火加減は基本、中火なんです。強火で焦げ付くのは当たり前！ **さらに、焦げ付きに拍車をかけるのが、油の量。**皆さん、どうしても油の量って気になりますよね。太りたくないとか、健康に悪いとか思って、多く入れ過ぎないようにしてませんか。でも油って意外と重要で、**油の量が少ないと、材料がフライパンにくっついて、そこから焦げ付きやすくなっちゃうんです。**

女の人は何について話していますか。

1　効率的な料理の仕方

2　火加減と油の量の関係

3　油の量と健康の関係

4　フライパンの劣化の原因

전체를 통하여「フライパン」의 이야기를 하고 있다.「強火はフライパンをだめにする」「油の量が少ないと焦げ付きやすくなる」라고 말하고 있으므로 4「フライパンの劣化（=悪くなること）の原因」에 대하여 이야기하고 있는 것을 알 수 있다.

암기하자!

□効率：효율
□ついつい：무의식중에
□強火：강한 불
□中火：중간 불
□弱火：약한 불
□コトコト（煮る）：보글보글(끓이다/조리다)
□とろ火：약한 불
□記載する：기재하다
□火加減：화력의 조절
□焦げ付く：눌어붙다
□～に拍車をかける：~에 박차를 가하다
□意外と：의외로
□効率的な：효율적인

□劣化：열화/상태가 나빠지다

4番　정답：1

N1_3_24

大学の授業で先生が話しています。

M：最近、他の人が発表しているときに、きちんと聞かないでスマホで遊んでいたり寝ていたりする人がいます。自分の番が終わったら関係ない、そう思っている人がいるのかもしれません。でも、考えてみてください。皆さんはそういう時間にも、貴重なお金と時間を費やしているんですよ。じゃあ、**どうすれば他の人の発表を興味深く聞けるのか**。私がおすすめしたいのは、聞きながら考えること。今晩のおかずは何かな、そんなことを考えるんじゃありませんよ。**私や他の人たちがあとでどんなコメントをするのか、それを予想しながら聞くんです。この人なら、この発表をどう整理して、どこに問題点を見い出して、それをどんな言葉で発表者に伝えるのだろうか。そういうのを真剣に考えることが、勉強になるんです**。いいですか。この教室には、2種類の学生がいます。他の人の発表のときに、ぼけっと何も考えていない学生と、発表についてしっかり考えている学生。皆さんはどちらになりたいですか。こういうちょっとした違いが、将来に大きく影響してくるんですよ。

「どうすれば他の人の発表を興味深く聞けるのか」라고 문제를 던지고 그 뒤 다른 사람의 발표를 듣는 방법에 대하여 이야기하고 있으므로 1이 정답.

先生は何について話していますか。

1　理想的な発表の聞き方
2　発表を聞かない学生への注意の仕方
3　発表者に対するコメントの仕方
4　将来成功する学生の特徴

□費やす：쓰다/소비하다
□予想する：예상하다
□見い出す：찾아내다
□ぼけっと：멍하니

5番　정답：4

N1_3_25

授賞式で受賞者が話しています。

M：えー、この度はこのような名誉ある賞をいただき、心より感謝しております。**このゲームを開発したきっかけですけれども**、近年、インターネットの普及によって、人と人が直接顔を合わせる機会が減っている。そんな中で、**友達や家族が年代を問わず集まって笑顔になれる場を作りたい**、という思いがまずありました。それで選んだのが言葉という題材です。言葉というのは、個人差、年齢差はあれ、普遍的なツールです。これを題材にしたことで、老若男女に楽しんでいただけるゲームになったのではないかと思っています。例えば、「おばあちゃん、ステテコって何？」「そうか、ステテコも知らないんだね。ステテコっていうのはね」。こんな風に、おばあちゃんと遊びながらいろんな言葉を自然に教えてもらうという場面が出てくるかもしれません。お互いに顔を合わせて会話する、みんなで遊んで笑顔になるというのは、コミュニケーションの原点です。**このゲームは、一般的なボードゲームという枠を超えて、人と人とをつなぐツールになってくれるのではないかと、私は期待しております。**

受賞者は何について話していますか。

1　言葉遊びのおもしろさ

2　開発したゲームのやり方

3　開発したゲームに込めた祖母との思い出

4　ゲームを開発した理由

「このゲームを開発したきっかけですけれども」라고 이야기를 시작하고 있으므로 4가 정답.

※「ステテコ」란 팬티 위, 바지 안에 입는 속옷. 주로 연배있는 남성이 입는다.

암기하자!

□授賞式：시상식
□受賞者：수상자
□名誉：명예
□近年：근년/최근
□題材：제재/소재
□普遍的な：보편적인
□ツール：툴/도구
□老若男女：남녀노소
□原点：원점

□ボードゲーム：보드게임
□枠を超える：틀을 벗어나다/한계를 뛰어넘다

6番　정답 ：2

🔊 N1_3_26

セミナーで女の人が話しています。

F：近年、日本の企業において、5年以内に離職する外国人社員が非常に多くなっています。**外国人社員の定着を阻む要因というのは一体何なのでしょうか**。今回、インタビュー調査によって**明らかになったのは、企業側の根本的な問題**です。企業としては、人材不足を補うために外国人社員を積極的に採用しています。しかしですね、各部署で、つまり一つひとつの現場で、上司や周りの人たちは、外国人社員がなぜ必要なのか、彼らにどんな仕事をしてもらいたいのか、全然わかっていない。なぜなら、企業がこれに関して統一の見解を持っていないので、現場に何も伝えていないからです。それじゃあ、外国人社員は能力を発揮しきれないですよね。ですから、離職する外国人社員を責めないでいただきたい。**これは企業側の問題、責任なんです**。

女の人は何について話していますか。

1　仕事を辞める外国人社員の特徴

2　日本の企業に潜む問題

3　人材不足の深刻さ

4　外国人社員を生かす職場のあり方

「外国人社員の定着を阻む要因というのは一体何なのでしょうか」라고 문제를 제기했고 그에 대해「企業側の根本的な問題が明らかになった」라고 말하고 있으므로 2가 정답.

□セミナー：세미나
□近年：근년/최근
□離職する：이직하다
□阻む：방해하다/저지하다
□要因：요인
□根本的な：근본적인
□人材不足：인재부족
□採用する：채용하다
□潜む：숨어있다/잠재하다
□生かす：살리다
□あり方：이상적인 상태

問題4

例　정답 : 1　N1_3_28

M：先月出した企画だけど、通ったかどうか結局わからずじまいだよ。

F：1　結果くらいは教えてほしいものだね。

　　2　企画を出すべきだったよね。

　　3　結局通らなかったんだよね。

1番　정답 : 1　N1_3_29

F：佐藤さん、さっき早退してたけど、もしかして仮病だったりして。

M：1　うん、さっきまでピンピンしてたよね。

　　2　そうそう、病気のはずだよね。

　　3　あ、体壊しちゃったんだ。

「もしかして仮病だったりして（＝病気のふりをしているのかもしれない）」라고 말하고 있는 것에 대하여 「さっきまでピンピンしてた（＝元気よくしてた）」라고 답하고 있다.

□仮病：꾀병

□ピンピンする：쌩쌩하다

2番　정답 : 3　N1_3_30

M：こちら、プラス100円でスープかサラダをお付けすることも可能ですが。

F：1　じゃあ、スープを承ります。

　　2　じゃあ、スープをお付けします。

　　3　じゃあ、スープをいただこうかな。

점원이 「スープかサラダをお付けすることも可能です（＝付けられる）」라고 말하고 있는 것에 대하여 「スープをいただく（＝もらう）」라고 답하고 있다.

1 承る：「受ける・聞く」의 겸양어

2 お付けする：「付ける」의 겸양어

1、**2**는 점원의 입장이라면 사용할 수 있다.

3番　정답 : 2　N1_3_31

M：ごめん。明日の約束、プレゼンの準備でそれどころじゃないんだけど。

F：1　うーん、あんまりピンと来ないなあ。

　　2　そっか、じゃあまた今度にしようか。

　　3　え、明日はプレゼンじゃないよ。

「それどころじゃない」는 「そんなことをしている場合ではない」라는 뜻. 프레젠테이션의 준비로 내일 약속은 없던 걸로 하고 싶다는 것을 말하고 있으므로 2가 정답.

암기하자!

□プレゼン：プレゼンテーション：프레젠테이션

□ピンと来ない：감이 오지 않다

4番　정답 ：1

🔊 N1_3_32

M: 水野さん、入社して半年で昇進なんて、おちおちしてらんないね。

F: 1　先越されないようにがんばらないとですね。

2　私たちは落ちるわけないですよ。

3　気が置けないですね。

「おちおちしてらんない（＝安心していられない）」라고 말하고 있는 것에 대하여 「先を越されないように（＝抜かされないように）がんばらないと」라고 답하고 있다.

□昇進：승진

□おちおちしてらんない：おちおちしていられない 안심할 수 없다

□先を越す：人より先に物事をしてしまう 선수를 치다

□気が置けない：気を使うことなく気楽に付き合える 허물 없다

5番　정답 ：2

🔊 N1_3_33

F: お昼、なんか食べたいものある？

M: 1　えっ、僕に作れってこと？

2　うーん、これといってないかな。

3　あ、冷蔵庫に入れといて。

「食べたいものある？」라고 물어서 2「これといってない（＝特にない）」라고 답하고 있다.

□これといってない：특히 없다

6番　정답 ：1

🔊 N1_3_34

F: まさか、田中さんが退職するなんてことないよねえ。

M: 1　うーん、辞めないとも言い切れないね。

2　え、辞める必要ないんですか。

3　え、辞めちゃったんでしたっけ。

「退職するなんてことないよね（＝退職しないよね）」라고 말하고 있는 것에 대하여 「辞めないとも言い切れない（＝辞めないとはっきり言えない）」즉 「辞める可能性もある」라고 답하고 있다.

□退職する：퇴직하다

□言い切る：단언하다

7番　정답 ：1

🔊 N3_3_35

M: まったく、あの客、うるさいったらないな。

F: 1　せっかくのディナーが台無しだよね。

2　うん、この際きっぱりやめてほしいよね。

3　店員さんに注意してもらってよかったね。

「うるさいったらない（＝とてもうるさい）」라고 말하고 있는 것에 대하여 「ディナーが台無しだ（＝だめになった）」라고 답하고 있다.
2「この際きっぱりやめてほしい」는 「なかなかやめられない習慣を迷いなくやめてほしい」라는 뜻이므로 틀렸다.

암기하자!

□台無し : 엉망이 됨
□この際 : このような時だから 이런 때에

8番 정답 : 2

N1_3_36

M: 突然で恐縮ですが、アンケート調査にご協力いただけませんか。

F: 1 申し訳ないのですが、お願いします。

2 私そういうのしない主義なので。

3 すみませんが、いただくのはちょっと…。

「アンケート調査にご協力いただけませんか」라고 부탁을 받아 「そういうのをしない主義」라고 거절하고 있다.

암기하자!

□恐縮ですが : 申し訳ないのですが 죄송하지만
□主義 : 주의

9番 정답 : 2

N1_3_37

M: これはちょっと子供には読ませらんないよ。

F: 1 時間がある時に読むね。

2 そんなに過激だったかなあ。

3 やればできるって。

「読ませらんない（=読ませられない）」라고 말하고 있는 것에 대하여 「そんなに過激（=激しすぎ）だったかなあ」라고 답하고 있다.

□過激 : 과격

10番 정답 : 1

N1_3_38

M: あ！ 今日中に郵便局行かなきゃいけないんだった。

F: 1 今から送っていこうか？

2 ちょっと思い出したよ。

3 最近なぜか忘れっぽくてさ。

남성이 「郵便局に行かなきゃいけないんだった」라고 잊고 있던 것을 생각해 냈으므로 여성은 「今から送っていこうか」라고 말하고 있다.

11番 정답 : 2

N1_3_39

F: 席が空き次第お呼びしますので、こちらの席でお待ちください。

M: 1 あ、お手洗いはこちらですよ。

2 もう連れが中にいますけど。

3 あ、もう空きましたか。

안내원(여성)이 「席が空き次第（=空いたらすぐ）お呼びします」라고 말하고 있으므로 지금 좌석은 비어있지 않다. 그것에 대하여 「連れ（=一緒に来た人）が中にいる」라고 답하고 있다.

□連れ : 동행

12番　정답 : 1　　N1_3_40

M: お手数ですが、こちらのショールームまで足をお運びいただけないでしょうか。

F: 1　そうですね、行って直接見たほうがいいですよね。

　2　うーん、ちょっと手が足りないかもしれませんね。

　3　うーん、伺えばよかったんですけどね。

남성이 「ショールームまで足をお運びいただけないでしょうか (=来てもらえませんか)」 라고 부탁하고 있는 것에 대하여 「直接見たほうがいいですね」 라고 답하고 있다.
「手が足りない」 는 「忙しくてもっと人の助けが必要だ」 라는 뜻.

□お手数ですが : 수고스럽지만
□ショールーム : 쇼룸
□足を運ぶ : 발걸음을 옮기다/찾아가보다

□手が足りない : 일손이 모자라다

13番　정답 : 1　　N1_3_41

F: リーダーに指名されなくてよかったね。

M: 1　うん、ひやひやしたよ。

　2　うん、ちやほやしたよ。

　3　うん、もやもやしたよ。

「指名されなくてよかったね」 라고 하여 「うん」 이라고 답하고 있으므로 「ひやひやした」 즉 「指名されるのではと心配した」 가 정답.

□リーダー : 리더
□指名する : 지명하다
□ひやひやする : 조마조마하다
□ちやほやする : 애지중지하다
□もやもやする : 떨떠름하다

14番　정답 : 3　　N1_3_42

M: 大変申し訳ございませんが、当店は全席予約制となっておりまして。

F: 1　あら、キャンセルできないんですね。

　2　すみません、ご存知ありませんでしたか。

　3　あれ? 予約したはずですけど。

점원 (남성) 이 「当店は全席予約制」 라고 말하여 거절하려고 하는 것에 대하여 손님 (여성) 은 「予約したはずだ」 라고 답하고 있다.

□当店 : 저희 가게/본점
□全席予約制 : 전좌석예약제
□キャンセルする : 캔슬하다/취소하다

問題5

1番　정답 ：1

N1_3_44

家で妻と夫が話しています。

F：相撲見に行くのなんて初めて。楽しみだなあ。どこの席予約しようか。

M：土俵から一番近いのはS席、その次がA席で、あとは1階の隅っこのB席、一番安いのが2階席か。

F：あ、S席とA席は記念座布団付きだって。座布団、ほしいなあ。それに、せっかくなら近くで見たいから、S席かA席がいいと思う。

M：確かに近いけど、高いよ。それに、平らだから逆に前の人の頭で見えないんじゃないか？ 2階席だったら階段状の席だから見やすいと思うけど？

F：うーん、2階は遠すぎるんじゃない？ あ、S席とA席ってずっと地べたなんだ。長時間だとちょっときついよね。B席は椅子だから、確かに楽かもね。

M：記念座布団がほしかったら、あとからネットで買えるよ。

F：それもそうだね。あれ、この案内図見て！ やっぱりB席も結構離れてるわよ。

M：あ、本当だ。じゃあ、**座椅子持っていって、一番いいところで見るか。**

F：うん。**めったにないチャンスだから、奮発しよう。**

二人はどこの席を予約しますか。

1　S席

2　A席

3　B席

4　2階席

이야기의 내용

스모를 보는 좌석의 이야기를 하고 있다.

S석：씨름판에서 가장 가까워서 비싸다

A석：S석 다음으로 씨름판에 가까워서 비싸다

B석：1층 구석이지만 의자이므로 편하다

2층석：씨름판에서 멀지만 가장 저렴하다

「一番いいところで見るか」「奮発しよう（＝思い切ってお金を出そう）」라고 말하고 있으므로 1이 정답.

제3회

문자·어휘

문법

독해

청해

□土俵(どひょう) : 씨름판
□隅(すみ)っこ : 구석
□地(じ)べた : 땅바닥
□座椅子(ざいす) : 좌식 의자
□奮発(ふんぱつ)する : 분발하다

2番　정답 : 3

N1_3_45

家で父、母、娘の三人が話しています。

M：あ、市立博物館のお知らせだ。

F1：博物館なんてもう1年ぐらい行ってないわねえ。たーちゃん、久しぶりに博物館に行こうか。

F2：うん、行きたい！

M：今月の催し物、いっぱいあるみたいだぞ。どれどれ？ 毎週日曜日は「火山灰を顕微鏡で見てみよう」か。日本各地の火山灰に含まれる鉱物を顕微鏡で観察するんだって。

F2：火山灰？

F1：うん。顕微鏡使って、小さい粒がいろいろ見られるのよ。他には？

M：20日水曜日は「部分日食を観察しよう」。この日は、日本全国で部分日食を観察することができる特別な日なんだって。

F2：部分日食って？

F1：いつもとは違う、ちょっと欠けてる太陽が見られるのよ。

F2：見たい見たい！

F1：見たいけど、今月は平日にいっぱいシフト入れちゃったのよね。あとでスケジュール確認しないと。あとは？

M：22日金曜日は講演会があるみたい。「300万年前、この街は海だった」っていうタイトルで、300万年前の駅周辺の地質や地形についてのお話があるんだって。

F2：え、この街、海だったんだ。

M：お子様にもわかりやすくご説明しますって書いてあるからいいんじゃないかな。午後2時から4時までで、定員は100名だって。あとは、子供たちに昔のくらしを知ってもらう、毎年恒例の「学習資料展」があるって。今回は1964年の東京オリンピックのころに使われていた生活道具を紹介するんだって。毎日午前9時30分から午後5時までか。

F1：へえ、おもしろそうね。

박물관의 이번 달 행사는

1「火山灰を顕微鏡で見てみよう」: 매주 일요일

2「部分日食を観察しよう」: 20일 수요일

3 강연회「300万年前、この街は海だった」: 22일 금요일 오후2시~4시

어린이도 알기 쉬운 설명

4 학습자료전: 매일 오전9시30분~오후5시

M：チャレンジ体験コーナーもあって、昔の遊び体験として、割り箸鉄砲やヨーヨー、けん玉も体験できるって。

F2：わー！ ヨーヨーやりたい。

F1：ヨーヨーはおばあちゃんの家でできるでしょう。どれもおもしろそうだけど、仕事の日にち次第かな。あ、そうだ、**来週は金曜日、半日で仕事終わるんだった**。あなたは金曜日休めそう？

M：うーん、休むのは難しいかな。二人で行ってきなよ。

F1：そう。じゃあ、**これ二人で行ってくるね。ちょっと難しそうだけど、子供向けみたいだし**。

母と娘は何の催し物に行きますか。

1　火山灰の観察

2　部分日食の観察

3　講演会

4　学習資料展

「来週金曜は半日で仕事が終わる」「二人で行ってくるね。子供向けみたいだし」라고 말하고 있으므로 3이 정답.

암기하자!

□催し物 : イベント 행사/이벤트
□どれどれ : 뭐냐뭐냐(동작을 시작할 때 사용하는 표현)
□火山灰 : 화산재
□顕微鏡 : 현미경
□鉱物 : 광물
□シフトを入れる : 仕事を入れる 시프트를 넣다/일정을 넣다
□タイトル : 타이틀
□地質 : 지질
□地形 : 지형
□恒例 : 항례
□体験 : 체험
□半日 : 반일

3番　質問1　정답：3、 質問2　정답：1　　N1_3_47

お店で店員が話しています。

F1：当店おすすめの枕はこちらの4点になります。まず一番人気なのがこの「パイプ枕」です。このように左右が高く、真ん中が低くなっておりますので、どんな態勢でも気持ちよく寝られます。フィット感も抜群で、寝返りをよく打つ方でも安心してお使いいただけます。程よい柔らかさで頭を包み込んでくれる感じですね。次に、最近人気が出てきているのがこの「ふわふわ枕」。触ってみてください。このふわふわ具合、すごいでしょう。すぐにもとの形に戻るので、ホテルの枕のようなふわふわ感を毎日味わえるんです。さらに、なんとこの枕、ご自宅で洗えちゃうんです。枕って意外に汚れるんですよね。洗えるっていうのはポイント高いんじゃないでしょうか。それから、一番新しいのがこの「キューブ枕」です。こちらは80個の格子状のキューブが沈んだり戻ったりするので、枕のどの場所に頭を置いても同じ寝心地になるんです。やや硬めなので、首元がしっかり固定されます。あとはこちらの定番の商品ですね。この「もちもち枕」は、耐久性が群を抜いて高いので、どんなに重い頭をのせても必ずもとの形に戻ります。さらに、触り心地も非常に滑らかになっています。どうぞ触ってみてください。

F2：わ、本当に滑らか！ 気持ちいい！

M：やわらかい枕って確かに気持ちいいけど、俺、肩凝っちゃうんだよね。

F2：そしたら硬いの？ 硬いのって…、あ、**この新しいやつか**。どれどれ？ へえ、結構硬いね。

M：うん、ちょうどいい硬さ。でも今の枕カビちゃったから、洗える枕ってのも捨てがたいな。

F2：あれは、たまには干せって言ったのに干さなかったからでしょう！ 枕のせいにしないで。

M：はい、すみませんでした。うーん、どっちにしようかなあ。やっぱり**程よい硬さのこれに決めた**！

베개를 고르고 있다.

1 パイプ枕：가장 인기, 착용감이 뛰어나며 자면서 자주 뒤척이는 사람도 안심하고 사용할 수 있는 적당한 부드러움

2 ふわふわ枕：최근 인기, 바로 원래 형태로 돌아가고 집에서 씻을 수 있다

3 キューブ枕：가장 새롭고 딱딱하다

4 もちもち枕：정석적인 상품, 내구성이 좋고 촉감이 매끄럽다

남성은 「新しいやつ」이고 「程よい（＝ちょうどよい）硬さのこれに決めた」라고 말하고 있으므로 3「キューブ枕」가 정답.

여성은 「寝相が悪いから、横向いてもうつ伏せでも大丈夫なやつ」「柔らかすぎないし、すっぽりはまる感じがちょうどいい。決まり」라고 말하고 있으므로 핏감도 뛰어나고 자면서 뒤척이는（＝寝たまま体の向きを変える）사람도 안심하고 사용할 수 있는 1「パイプ枕」가 정답.

F2：**私は結構寝相悪いから、横向いてもうつ伏せでも大丈夫なやつ**にしたほうがいいかな。

M：そうだね。じゃあ、これ試してみたら？

F2：うん。…**柔らかすぎないし、すっぽりはまる感じがちょうどいい。決まり**！

質問1：男の人はどの商品を買いますか。

質問2：女の人はどの商品を買いますか。

암기하자!

□態勢：태세
□フィット感：핏감/착용감(여기서는 덮은 감촉)
□抜群：발군
□寝返り：자다가 몸을 뒤척임
□程よい：적당함
□包み込む：감싸다
□ポイント：포인트
□格子状：격자형
□寝心地：잠자기 편안함
□硬め：단단함
□首元：목 부분
□固定する：고정하다
□定番：정석적인
□耐久性：내구성
□群を抜く：뛰어나다
□触り心地：촉감
□滑らか：매끄러운 모양
□肩が凝る：어깨가 결리다
□カビる：곰팡이가 피다
□寝相：잠자는 자세
□うつ伏せ：엎드려 누움
□すっぽりはまる：꼭 맞다/푹 빠지다

독해 · 청해문제 출제 협력

아두아염 · 아헤고 기요코

휴먼아카데미 우츠노미야교 비상근강사, 일본국제협력센터 (JICE) 등록 일본어 강사

언어지식문제 출제 협력

天野綾子、飯塚大成、碇麻衣、氏家雄太、占部匡美、遠藤鉄兵、カインドル宇留野聡美、嘉成晴香、後藤りか、小西幹、櫻井格、柴田昌世、鈴木貴子、田中真希子、戸井美幸、中園麻里子、西山可菜子、野島恵美子、濱田修、二葉知久、松浦千晶、三垣亮子、森田英津子、森本雅美、矢野まゆみ、横澤夕子、横野登代子（五十音順）

필승합격일본어능력시험(JLPT)N1 모의고사

발행일	2021년 2월 25일 초판 제1쇄 발행
편저	아스크출판 편집부
발행인	송부영
발행처	(주)해외교육사업단
출판등록	제16-1456호
주소	서울특별시 서초구 강남대로 381,(두산709호)
전화	02-736-1010
이메일	song@hed.co.kr
홈페이지	www.hedgroup.co.kr

필승합격일본어능력시험

N1

모의고사

3회분

필승합격일본어능력시험
N1 모의고사

제1회

음성파일과 채점표

N1

言語知識（文字・語彙・文法）・読解

（110分）

注　　意
Notes

1. 試験が始まるまで、この問題用紙を開けないでください。
   Do not open this question booklet until the test begins.

2. この問題用紙を持って帰ることはできません。
   Do not take this question booklet with you after the test.

3. 受験番号と名前を下の欄に、受験票と同じように書いてください。
   Write your examinee registration number and name clearly in each box below as written on your test voucher.

4. この問題用紙は、全部で30ページあります。
   This question booklet has 30 pages.

5. 問題には解答番号の 1 、 2 、 3 … が付いています。
   解答は、解答用紙にある同じ番号のところにマークしてください。
   One of the row numbers 1 , 2 , 3 … is given for each question. Mark your answer in the same row of the answer sheet.

受験番号　Examinee Registration Number	

名前　Name	

問題1 ＿＿＿の言葉の読み方として最もよいものを、1・2・3・4から一つ選びなさい。

1 議長は、参加者に発言を促した。

1　うながした　2　そくした　3　つぶした　4　おかした

2 今年の夏は様々な種類の種の発芽が見られて、嬉しい限りだ。

1　はっぱ　2　はつが　3　はつめ　4　はっけ

3 彼は、冬のオリンピックで新記録を樹立した。

1　じゅだて　2　じゅりつ　3　きたて　4　きりつ

4 被害者たちは、集団で訴訟を起こした。

1　ししょう　2　そしょう　3　ししょ　4　そしょ

5 抽選で１名様に、有名リゾートの宿泊券が当たります。

1　ゆうせい　2　ゆうせん　3　ちゅうせい　4　ちゅうせん

6 近所に住む女の子は、私を本当の姉のように慕ってくれる。

1　したって　2　かざって　3　うたって　4　はかって

問題2　（　　　）に入れるのに最も良いものを、1・2・3・4から一つ選びなさい。

7 町ではリサイクル運動を（　　　）しようという動きがある。

1　推測　　2　推進　　3　推考　　4　推移

8 好きなアイドルがグループから（　　　）した。

1　脱退　　2　脱出　　3　撤退　　4　撤収

9 幼い子供の虐待問題には、胸が（　　　）。

1　痛む　　2　打つ　　3　傾ける　　4　引っ張る

10 血液型性格判断は、科学的な（　　　）からすると、誤りらしい。

1　見積　　2　見識　　3　見当　　4　見地

11 この辺りは（　　　）が多く道幅も狭いから、特に気をつけて運転したほうがいい。

1　カーブ　　2　スペース　　3　セーフ　　4　スピード

12 その漫画は人気がなくて、すぐに（　　　）になった。

1　打ち消し　　2　打ち上げ　　3　打ち切り　　4　打ち取り

13（　　　）仕事が終わったので、今日は残業せずに帰ります。

1　まったく　　2　しばしば　　3　あらかた　　4　たいてい

問題3 ＿＿＿の言葉に意味が最も近いものを、1・2・3・4から一つ選びなさい。

14 留学のための手続きやら荷造りやらで、近頃は何かとせわしない。

1 面倒くさい　2 緊張している　3 急いでいる　4 忙しい

15 災害から3か月が経ったが、復旧するのに時間がかかっている。

1 もとにもどる　2 悪くなる　3 手助けする　4 古くなる

16 私はシンプルなデザインの服が好きだ。

1 単純な　2 派手な　3 正式な　4 高度な

17 彼女は自分が美人だとうぬぼれている。

1 思い悩んで　2 思い余って　3 思い込んで　4 思い上がって

18 学生時代には、友達とちょくちょく温泉旅行に行った。

1 いつも　2 たいてい　3 よく　4 たまに

19 この授業に参加する学生には、ありふれた意見は求めていない。

1 貴重な　2 平凡な　3 不思議な　4 特徴的な

問題4　次の言葉の使い方として最もよいものを、1・2・3・4から一つ選びなさい。

20 無口

1　田口（たぐち）さんは普段は無口ですが、サッカーのことになるとよく話します。

2　あの時話したことは他の人に知られたくないので、絶対に無口にしてくださいね。

3　今、ダイエット中なので、甘い物は無口にするように気をつけています。

4　演奏中は無口になっていただくよう、お願いいたします。

21 以降

1　平日は仕事がありますので、休日以降は時間が取れそうにありません。

2　この仕事を始めて、かれこれ10年以降になる。

3　私の寮では、22時以降の外出は禁止されている。

4　60点以降は不合格になりますから、しっかり勉強してください。

22 ささやか

1　外はささやかな雨が降っているようだが、長靴をはくほどではなさそうだ。

2　子供が起きてしまうので、ささやかな声で話してください。

3　ささやかですが、こちらお祝いの品物です。どうぞ。

4　老後は都会ではなく、ささやかな町で暮らしたい。

23 禁物

1　恐れ入りますが、会場内でのご飲食は禁物されています。

2　成績が上がってきたとはいえ、試験に合格するまで油断は禁物だ。

3　森田（もりた）さんはまじめなので、決して禁物をしない。

4　空港内の手荷物検査で禁物と判断され、その場で処分された。

24 息抜き

1　仕事ばかりしていないで、たまには息抜きしましょう。

2　夕方になって、涼しい風が森の中を息抜きしていった。

3　山で遭難した男性が、ついに息抜きの状態で発見された。

4　失業してからというもの、気がつくと息抜きばかりついている。

25 飲み込む

1　そんなにたくさん書類を飲み込むと、かばんが壊れますよ。

2　飲み込みで営業をしても、効果がなかなか上がらない。

3　大学院生のとき、毎日研究に飲み込んでいて、遊ぶ時間なんてほとんどなかった。

4　さすが、若い人は仕事の飲み込みが早いね。

問題5　次の文の（　　　）に入れるのに最もよいものを、1・2・3・4から一つ選びなさい。

26 自転車に乗りながらスマホを操作するのは、危険（　　　）。見ているとヒヤヒヤするよ。

1　に限る　　2　でたまらない　　3　極まりない　　4　を禁じ得ない

27 （インタビューで）

聞き手「すばらしいホームランでした！」

大谷（おおたに）「チームの勝利に貢献できてよかったです。お客さんにも喜んでいただけたし。プロのスポーツ選手で（　　　）、ファンに最高のパフォーマンスを見せるべきだと思っています。」

1　あるとしても　　2　あるものなら　　3　あるべく　　4　あるからには

28 X自動車によるリコール隠しは、品質管理部長が独断で行ったのではなく、（　　　）によるものと見られている。

1　組織上　　2　組織ぐるみ　　3　組織ずくめ　　4　組織まみれ

29 A社の新型パソコンを購入しようと、多くの客が発売日前日の夕方から長い列を作って並んでいた。翌朝、開店する（　　　）、あっという間に売り切れてしまった。

1　と思いきや　　2　ものの　　3　や否や　　4　とあって

30 田中（たなか）「課長、こちらがX社から提案された資料です。」

山下（やました）「うーん、これだけじゃ（　　　）よ。もっと根拠のあるデータを見せてもらわないと。」

1　信頼するにかたくない　　2　信頼するに越したことはない

3　信頼するにほかならない　　4　信頼するに足りない

31 （講演会で）

来週の講演会では「地域での子育て」をテーマに、斉藤（さいとう）先生にお話ししていただきます。皆さまのご来場を心より（　　　）。

1　お待ちになっております　　2　お待ちしております

3　お待ち申します　　4　お待ち差し上げます

32 由美（ゆみ）「あのドイツの車、かっこいいよね。あんな車に乗って海岸をドライブしたいな。」

幸平（こうへい）「確かにいい車には乗りたいけど、借金（　　　）買おうとは思わないよ。」

1　するほど　　2　からして　　3　してまで　　4　する限り

33 世界屈指の指揮者の指導のもと、そのオーケストラは東京（　　　）、海外の複数の都市でもコンサートを予定している。世界中の客を魅了すること間違いなしだ。

1　を通して　　2　はさておき　　3　はおろか　　4　を皮切りに

34 私たち人間は地球環境を壊している元凶であるが、地球環境を守り、問題を解決していくことができるのも、人間（　　　）他にいない。

1　をおいて　　2　ともあろう　　3　だけでなく　　4　ならでは

35 3月末日（　　　）、30年間続けてきた店をたたむこととなりました。長年ご愛顧いただき、誠にありがとうございました。

1　について　　2　において　　3　をもとに　　4　をもって

問題6　次の文の ＿★＿ に入る最もよいものを、1・2・3・4から一つ選びなさい。

（問題例）

あそこで ＿＿＿ ＿＿＿ ＿★＿ ＿＿＿ は山田（やまだ）さんです。

1　テレビ　　2　見ている　　3　を　　4　人

（解答のしかた）

1.　正しい文はこうです。

> あそこで ＿＿＿ ＿＿＿ ＿★＿ ＿＿＿ は山田（やまだ）さんです。
> 1　テレビ　3　を　2　見ている　4　人

2.　＿★＿ に入る番号を解答用紙にマークします。

（解答用紙）　|（例）| ①　●　③　④ |

---

36 このような思い切った改革は ＿＿＿ ＿＿＿ ＿★＿ ＿＿＿ だろう。

1　なし得なかった　　2　リーダーシップ

3　なくしては　　4　彼の

37 半年前に ＿＿＿ ＿＿＿ ＿★＿ ＿＿＿ 、母は元気をなくしてしまった。

1　からと　　2　父が　　3　いうもの　　4　なくなって

38 しばらくお会いしていませんし、お話ししたいこともたくさんありますので、就職の ＿＿＿ ＿＿＿ ＿★＿ ＿＿＿ と思（おも）います。

1　伺（うかが）おう　　2　ご報告　　3　ご挨拶（あいさつ）に　　4　かたがた

39 年をとってから体力が落ちてきた父は、＿＿＿ ＿＿＿ ＿★＿ ＿＿＿ 泳げるようにしておきたいと、トレーニングに励んでいる。

1　ようにとは　　2　50メートルぐらいは

3　若いころの　　4　言わないまでも

40 これだけの事故が起きてしまったのだから、田村（たむら）さんは ＿＿＿ ＿＿＿ ＿★＿ ＿＿＿ 違いない。

1　としての　　2　リーダー　　3　追求されるに　4　責任を

問題7　次の文章を読んで、文章全体の趣旨を踏まえて、［41］から［45］の中に入る最もよいものを、1・2・3・4から一つ選びなさい。

以下は、小説家が書いたエッセイである。

言い方は重要です。言い方をいくつも、持つことによって反論のパターンを練習することをお勧めします。

「あなたの言っていることは違う」とか、「矛盾している」とかいう発言は、アメリカ映画ならよく観るシーンですが、日本の現実社会では、ある意味、相手に喧嘩（けんか）を売っているように聞こえます。関係性を破壊することに［41］。

そもそも、違う意見が言いにくい空気感が日本にはあります。そのとき、何が大事か。言い方です。すべてが言い方［42］と言えます。中高生とは違う、大人の議論力が求められます。関係性というものを維持しながら、あるいは、良好に保ちながら、話を進めます。

違う意見がある場合は、たとえば「部長の意見はごもっともだと思います。ちょっと視点を変えてみますと、こういう見方が［43］」と、相手をまず立てることがポイントです。言い方に文句を言うのは、日本人の悪癖（注1）だと思いますが、あえて、反感を買うような言葉遣（づか）いで、自分の意見が通らなくなるのは得策（注2）ではありません。

言い方についての例を紹介します。

「『俺は飯を作ってもらっても嫁さんにありがとうなんて言わない』って豪語（注3）する上司に、社会勉強でOLしている良い所のお嬢様が『ご両親にマナーを躾（しつ）（注4）けてもらえなかったんですか?』って無邪気に返されて、亭主関白（ていしゅかんぱく）（注5）からただの育ちの悪い男に落とされたって話を友人から聞いて爆笑しております」

自信たっぷりに豪語する上司は、普段、結構、部下に強いところを見せていると推測されます。［44］、部長のスタイルであり、価値がそこにあるのです。それをいとも簡単に部長とは視点のまったく違う、悪気のない「お嬢様」［45］アッサリと否定されてしまっているところに、切り返しの面白さがあります。また、見逃してならないのはお嬢様の言い方です。悪気のない言い方なので、部長は文句を言えませんでした。

（齋藤孝『上手に「切り返す」技術　人間関係を悪くしないで、言いたいことが伝わる！』辰巳出版による）

(注1) 悪癖：悪いくせ。よくない習慣
(注2) 得策：うまいやり方
(注3) 豪語する：自信満々に大きなことを言う
(注4) 躾(しつ)ける：行儀などを教える
(注5) 亭主関白(ていしゅかんぱく)：家庭内で夫が妻に対して支配者のようにいばっていること

41

1 なりえません　　2 なりかねません
3 なりにくいです　　4 なるわけではありません

42

1 次第だ　　2 に極まる　　3 どころだ　　4 に至る

43

1 できるのでしょうか　　2 できないのでしょうか
3 できるのではないでしょうか　　4 できないのではないでしょうか

44

1 それが　　2 それで　　3 それを　　4 それに

45

1 を　　2 が　　3 と　　4 に

問題８　次の(1)から(4)の文章を読んで、後の問いに対する答えとして最もよいものを、１・２・３・４から一つ選びなさい。

(1)

以下は、プール管理会社のホームページに掲載されたお知らせである。

> 20XX年7月吉日
>
> お客様各位
>
> 市内温水プールさくら管理会社
>
> 花火大会に係る営業時間変更のお知らせ
>
> いつも市内温水プールをご利用いただきまして、誠にありがとうございます。
>
> さて、毎年恒例の夏まつり花火大会が8月10日（土）に予定されており、大会が開催される場合、午後５時以降は温水プールさくらの駐車場が車両進入禁止区域になります。
>
> つきましては、雨天などによる大会順延にも即対応できるよう、開催日及び予備日の二日間の営業時間を午前10時より午後５時までと変更させていただきます。
>
> お客様には大変ご不便をおかけいたしますが、何卒ご理解ご協力をお願い申し上げます。

46　このお知らせで最も伝えたいことは何か。

1　花火大会の日は駐車場に車を止めてはいけない。

2　8月の二日間はプールの営業時間が変わる。

3　花火大会が雨により延期になった場合は、駐車場の営業時間が短くなる。

4　駐車場が花火大会の会場になるため、午後５時から車が入れなくなる。

(2)

ものが豊かになった。子どものころをふり返ってみると、食事がぜいたくになったことに驚いてしまう。(中略)

現在はまさに飽食の時代である。世界中の珍味、美味が町中にあふれていると言っていいだろう。「グルメ」志向の人たちが、あちらこちらのレストランをまわって味比べをしている。昔の父親は妻子に「不自由なく食わせてやっている」というだけで威張っていたものだが、今ではそれだけでは父親の役割を果たしている、とは言えなくなってきた。

(河合隼雄『河合隼雄の幸福論』PHP研究所による)

47 それだけでは父親の役割を果たしている、とは言えなくなってきたとはどのような意味か。

1　父親は家族のために多種多様な料理を作らなければならなくなった。

2　父親は家族を常にお腹いっぱいにさせなければならなくなった。

3　父親は家族とあちこちのレストランに行って評論しなければならなくなった。

4　父親は食事の量だけでなく質的にも家族を満足させなければならなくなった。

(3)

二宮金次郎(にのみやきんじろう)の人生観に、「積小為大(せきしょういだい)」(注)という言葉がある。(中略)「自分の歴史観」を形づくるためには、この「積小為大(せきしょういだい)」の考え方が大切だ。つまり歴史観というのは、歴史の中に日常を感じ、同時にそれを自分の血肉とする細片の積み重ねなのだ。そのためには、まず、「歴史を距離を置いて見るのではなく、自分の血肉とする親近感」が必要だ。つまり、歴史は“他人事”ではなく、“わが事”なのである。いうなれば、歴史の中に自分が同化し、歴史上の人物の苦しみや悲しみを共感し、体感し、それをわが事として「では、どうするか」ということを、歴史上の相手(歴史上の人物)とともに考え抜くという姿勢だ。

(童門冬二『なぜ一流ほど歴史を学ぶのか』青春出版社による)

(注) 積小為大(せきしょういだい):小さなことを積み重ねて、はじめて大きな事を成せる

48 筆者が述べている「歴史観」に基づいた行動はどれか。

1 自分の身体が存在するのは過去の人々のおかげであると考え、日々感謝する。

2 歴史に関する知識を得るために情報収集を行うのではなく、実際に似たような体験をしようとする。

3 歴史上の人物を自分と一体化させ、自分がその場でいかに行動するのかを想像する。

4 歴史上の人物が達成した大きなことよりも、彼らの日常生活や感情に目を向ける。

(4)

先日、或る編集者と御飯を食べながら打ち合わせをしていたときのこと。不意に彼女が言った。
「カレーは温かいのがいいって言う人が多いけど、私は御飯かルウのどっちかが冷たい方が好きなんです」
「おおっ、俺もです！」
興奮のあまり、思わず一人称が「俺」になってしまった。だって、人生の四十五年目にして初めて出会ったのだ。「御飯かルウのどっちかが冷たいカレーが好き」。そう断言するひとに。仲間だ。私は小学校時代の同級生と小田原城の天守閣(注)で偶然再会したとき以来の「まさかこんなところで友に会えるとは感」に襲われた。

（穂村弘『君がいない夜のごはん』文藝春秋による）

（注）天守閣：日本の戦国時代以降に建てられた城の中でひときわ高く築かれた象徴的な建造物

49 筆者が興奮した理由は何か。

1　彼女が以前城でたまたま会った小学校の同級生だと気づいたから
2　彼女がカレーに例えて愛の告白をしてくれたから
3　彼女が人には言いにくいカレーの温度の好みをはっきりと断言してくれたから
4　カレーの温度の好みが同じ人にそれまで一度も会ったことがなかったから

問題9　次の(1)から(3)の文章を読んで、後の問いに対する答えとして最もよいものを、1・2・3・4から一つ選びなさい。

(1)

四十にして惑わず、という言葉がある。男の厄年(やくどし)(注)は四十二だ。別にこれらに影響されなくても、四十という年齢は、男の人生にとって、幸、不幸を決める節目であると思えてならない。

（中略）

四十代の男が、もし不幸であるとすれば、それは自分が意図してきたことが、四十代に入っても実現しないからである。世間でいう、成功者不成功者の分類とはちがう。職業や地位がどうあろうと、幸、不幸には関係ない。自分がしたいと思ってきたことを、満足いく状態でしつづける立場をもてた男は、世間の評判にかかわりなく幸福であるはずだ。

家庭の中で自分の意志の有無が大きく影響する主婦とちがって、社会的人間である男の場合は、思うことをできる立場につくことは、大変に重要な問題になってくる。これがもてない男は、趣味や副業に熱心になる人が多いが、それでもかまわない。週末だけの幸福も、立派な幸福である。

困るのは、好きで選んだ道で、このような立場をもてなかった男である。この種の男の四十代は、それこそ厄代(やくだい)である。知的職業人にこの種の不幸な人が多いのは、彼らに、仕事は自分の意志で選んだという自負があり、これがまた不幸に輪をかけるからである。

（塩野七生『男たちへ　フツウの男をフツウでない男にするための54章』文藝春秋による）

（注）厄年(やくどし)：災いにあいやすい年齢

50 四十歳について、筆者はどのように考えているか。

1 男の厄年(やくどし)は四十二歳なので、四十歳はまだ不幸ではないだろう。

2 男は四十歳の時に幸せなら、残りの人生すべてが幸せになるだろう。

3 四十歳が男の人生において大事な年齢であるとは言えないだろう。

4 男の四十歳は厄年(やくどし)に近いので、その影響を受けやすいだろう。

51 筆者によると、四十代の男が不幸であるとすれば、それはなぜか。

1 社会的な地位が低いため

2 自分が望むことができないため

3 世間からの評判が悪いため

4 仕事で成功していないため

52 筆者によると、最も不幸な人とはどんな人か。

1 週末だけ趣味に没頭している人

2 家庭の中で意見を言えない人

3 自分の選んだ職業でしたいことができていない人

4 知的職業に従事している人

(2)

戦後、イギリスから京都大学へすぐれた物理学者がやってきた。招かれたのかもしれない。この人は、珍しく、日本語が堪能(たんのう)で、日本では、日本人研究者の英語論文の英語を助けることを行なっていた。のち、世界的学者になる人である。

この人が、日本物理学会の学会誌に、「訳せない“であろう”」というエッセイを発表し、日本中の学者、研究者をふるえ上がらせた。

日本人の書く論文には、たえず、“であろう”ということばが出てくる。物理学のような学問の論文には不適当である。英語に訳すことはできない、という、いわば告発であった。

おどろいたのは、日本の学者、研究者である。なんということなしに、使ってきた語尾である。“である”としては、いかにも威張っているようで、おもしろくない。ベールをかけて(注1)“であろう”とすれば、ずっとおだやかになる。自信がなくて、ボカして(注2)いるのではなく、やわらかな感じになるのである、などと考えた人もあったであろうが、学界はパニックにおちいり、“であろう”という表現はピタリと止まった。

伝えきいたほかの科学部門の人たちも、“であろう”を封鎖(ふうさ)してしまった。科学における“であろう”は消滅した、というわけである。

（外山滋比古『伝達の整理学』筑摩書房による）

（注1）ベールをかける：はっきりとわからないように覆い隠す
（注2）ボカす：意味や内容をはっきり言わずぼんやりさせる

53 筆者によると、イギリスから来た物理学者はどんな人か。

1　日本語能力を生かし、翻訳家として活動した。

2　日本に来た当時、世界的に有名な学者だった。

3　他の物理学者とは違って、日本語が上手だった。

4　日本語で論文を書いて、発表した。

54 おどろいたのは、日本の学者、研究者であるとあるが、なぜ驚いたのか。

1　“であろう”は特に意味もなく使っていたことばだから

2　“であろう”に相当することばが英語にないということを知らなかったから

3　“であろう”は“である”よりもおもしろいことばだと思っていたから

4　“であろう”を論文に使うことはよくないと思っていたから

55 日本の研究者たちと“であろう”ということばの関係について、筆者はどのように述べているか。

1　“であろう”ということばを使うと、婉曲的に伝わると考えていた。

2　“であろう”ということばは偉そうな印象を与えるため、使いたくなかった。

3　“であろう”を使いたい人と使いたくない人が対立し、学界の混乱を生んだ。

4　“であろう”ということばは英語に訳せないので、使用を禁止した。

(3)

論理は、いわゆる理系人間の利点、アドバンテージだと言えるのかもしれませんが、新製品の発売を決定する社内会議で、エンジニアが論理的にポイントをおさえた完璧なプレゼンをしたとしても、会議の参加者の心を動かすことができず、製品化のゴーサイン(注1)が出なかった、などという話がよくあります。

<u>人間はもともと恐怖や喜びなどの感情によって生き残りを図ってきた動物</u>なので、感情的にしっくり来ないものを直感的に避けてしまう傾向があるのです。そのため、エンジニアのプレゼンに対して、「話の筋も通っているし、なるほどもっともだ」と頭では理解、納得しても、もう一方に「コレ、なんとなく買う気にならないんだよね」という心の声があると、多くの人は最後にはそちらを優先してしまいます。

しかし、この「なんとなく」こそ、まさに感情と論理の狭間(はざま)にあるもので、それこそが会議で究明しなくてはならないものであるはずです。

たとえば、「なんとなく」の正体が、「試作品の色が気にくわなかった」だけだと分かれば、代わりの色を探せばよいだけの話で、せっかくの企画を没(ぼつ)にしてはもったいないどころではありません。一方で、その製品は子供が乱暴に扱う可能性が高いため、会議の参加者が無意識下で「それにしてはヤワ(注2)だなあ」ということを感じていたのなら、使用素材や設計をじっくり見直す必要があるはずです。

(竹内薫『文系のための理数センス養成講座』新潮社による)

(注1) ゴーサイン：計画や企画の実行の許可を表す指示
(注2) ヤワ：弱々しいこと

56 筆者の考えに合うのはどれか。

1　理系の人は、基本的に論理的であるが、感情的になる場合もある。

2　製品化の決め手になるのは、プレゼンが完璧かどうかである。

3　会議の参加者が直感的に否定的な感情を持った場合はゴーサインが出にくい。

4　会議の参加者の心を動かすには、感情に訴えかけることが必要である。

57 人間はもともと恐怖や喜びなどの感情によって生き残りを図ってきた動物とあるが、どういう意味か。

1　人間は感情が強い者ほど長生きすることができる。

2　人間が現在まで生きてこられたのには感情が大きく影響している。

3　人間は感情があることによって生きがいを感じることができる。

4　人間は他の動物に比べて感情が豊かで、何でも受け入れられる。

58「なんとなく」について、筆者はどのように考えているか。

1「なんとなく」という直感は、企画を進める上で無視したほうがいい。

2「なんとなく」を具体的に追究することで、企画をよりよいものに改善できる。

3「なんとなく」は論理的なものなので、もっと直感に頼ったほうがいい。

4「なんとなく」は客の声を代弁するものなので、必ず従うべきである。

問題10　次の文章を読んで、後の問いに対する答えとして最もよいものを、1・2・3・4から一つ選びなさい。

占いは若いころだけではなく、歳をとっても気になるものだ。二十代のころは、占いのページを見ているとても楽しかった。特に恋愛運はむさぼる(注1)ように読み、

「あなたを密(ひそ)かに想っている男性がそばにいます」

などと書いてあったなら、

「うふふ、誰かしら。あの人かしら、この人かしら。まさか彼では……」

と憎からず(注2)思っている男性の顔を思い浮かべ、けけけと笑っていた。それと同時に嫌いな男性を思い出しては、まさかあいつではあるまいなと、気分がちょっと暗くなったりもした。今から思えば、あまりに間抜けで恥ずかしい。

「アホか、あんたは」

と①過去の自分に対してあきれるばかりだ。

アホな二十代から三十有余年、五十代の半ばを過ぎると、恋愛運などまったく興味がなくなり、健康でいられるかとか、周囲に不幸は起きないかとか、現実的な問題ばかりが気になる。（中略）占いを見ながら、胸がわくわくする感覚はなくなった。とはいえ、雑誌などで、占いのページを目にすると、やはりどんなことが書いてあるのかと、気になって見てしまうのだ。

先日、手にした雑誌の占いのページには、今年一年のラッキーアイテムが書いてあった。他の生まれ月の欄を見ると、レースのハンカチ、黄色の革財布、文庫本といった、いかにもラッキーアイテムにふさわしいものが挙げられている。それを持っていれば、幸運を呼び込めるというわけだ。

「いったい私は何かしら」

と久しぶりにわくわくしながら、自分の生まれ月を見てみたら、なんとそこには「太鼓のバチ(注3)」と書いてあるではないか。

「えっ、太鼓のバチ？」

雑誌を手にしたまま、②呆然(ぼうぜん)としてしまった。

レースのハンカチ、財布、文庫本ならば、いつもバッグに入れて携帯できるが、だいたい太鼓のバチはバッグに入るのか？　どこで売っているのかも分からないし、万が一、入手してバッグに入れていたとしても、緊急事態で荷物検査をされた際に、バッグからそんなものがでてきたら、いちばんに怪しまれるではないか。

友だちと会ったときに、これが私のラッキーアイテムと、バッグから太鼓のバチを出して、笑いをとりたい気もするが、苦笑されるのがオチ(注4)であろう。その結果、今年の私はラッキーアイテムなしではあるが、そんなものがなくても、無事に暮らしていけるわいと、鼻息を荒くしているのである。

（群ようこ『まあまあの日々』KADOKAWAによる）

（注1）むさぼる：満足することなく欲しがること
（注2）憎からず：憎くない。好きである
（注3）バチ：太鼓（たいこ）をたたくための棒状の道具
（注4）オチ：笑い話など物語の結末

59 ①過去の自分に対してあきれるばかりなのはなぜか。

1　占いの内容によって気分が左右されていたから

2　占いが当たらないことにイライラしていたから

3　占いの内容をバカにして笑っていたから

4　占いに夢中で、実生活での努力を怠っていたから

60 筆者は五十代の半ばを過ぎた自分についてどのように述べているか。

1　占いに全然興味がなくなり、占いのページを見なくなった。

2　気楽に笑ったり期待に胸を膨らませながら占いを見ることがなくなった。

3　占いよりも健康についての記事に興味を持つようになった。

4　恋愛運の欄を読むと、ため息が出るようになった。

61 ②呆然（ぼうぜん）としてしまった筆者の気持ちとして最もふさわしいのはどれか。

1　全然ラッキーアイテムらしくないものだ。

2　こんな危険な物は買いたくない。

3　大きすぎて、常に持ち運べるのか不安だ。

4　自分の生まれ月ともっと関係のあるものがいい。

62 筆者はラッキーアイテムについてどのように考えているか。

1　ラッキーアイテムはもう二度と持ちたくない。

2　今の自分にラッキーアイテムは必要ない。

3　気に入ったものでない限り、ラッキーアイテムは持たないほうがよい。

4　ラッキーアイテムは友達を笑わせられるものがいい。

問題11　次のAとBの文章を読んで、後の問いに対する答えとして最もよいものを、1・2・3・4から一つ選びなさい。

A

学校の部活動における体罰は、全面的に禁止すべきだと思います。私は指導者の体罰が普通だった世代ですし、体罰によって忍耐力をつけさせるべきだという主張もわかります。しかし、スポーツをする意義は別のところにあるのではないでしょうか。自分の感情もコントロールできない人に指導する資格はないでしょう。体罰は、未熟な指導者が一方的に暴力をふるうことです。十分な指導力があれば、言葉のみで解決できるはずです。私は心的外傷を負った子どもを診察した経験がありますが、体罰は、受けた場合はもちろん、目撃しただけでも、多かれ少なかれ精神的なショックになります。体罰を容認することは、将来、DVのような暴力を容認する態度を持つ成人を作ることにつながりかねません。

B

体罰は、どんな場面であっても容認されるべきではないと考えます。確かに自分たちが中高生の頃は、体罰は当たり前で、水分補給もさせてもらえませんでした。間違ったスポーツ医学や精神論がはびこっていたのです。しかし、スポーツにおける考え方は、驚くほど進化しています。実際、体罰を与えていないにもかかわらず、全国大会の常連になっている学校はたくさんあります。指導者たちは、最新の指導の仕方を学ぶべきです。それに、体罰をすると、生徒はどうすれば指導者から暴力を受けなくなるかということばかり考えるようになります。そうなると、失敗を恐れ、新しいことに挑戦しにくくなり、選手としての成長を阻(はば)むことにつながると思います。

63 体罰をする指導者について、AとBはどのように述べているか。

1 Aは感情を抑えられる人であると述べ、Bは水を飲ませない人だと述べている。
2 Aは指導の資格を持っていない人であると述べ、Bは全国大会に連れていける人だと述べている。
3 Aは未熟な人であると述べ、Bは間違った知識や考え方を持った人だと述べている。
4 Aは我慢強い人であると述べ、Bは最新の指導の仕方を学んだことがない人だと述べている。

64 生徒が体罰を受けた場合の影響について、AとBはどのように述べているか。

1 AもBも、将来心に大きな傷を持つようになると述べている。
2 AもBも、暴力をふるう大人になる可能性があると述べている。
3 Aは将来DVを起こす大人になりやすいと述べ、Bは失敗しやすい選手になると述べている。
4 Aは暴力を受け入れる大人になる可能性があると述べ、Bはいい選手になりにくいと述べている。

問題12　次の文章を読んで、後の問いに対する答えとして最もよいものを、1・2・3・4から一つ選びなさい。

テーマ（研究の主題）を決めることは、すべての学問研究の出発点になります。現代史も変わるところはありません。まずテーマを「決める」という研究者自身の①主体的な選択がなによりも大切です。当然のように思われるかもしれませんが、実際には、他律（たりつ）(注1)的または受動的に決められることが稀（まれ）ではないのです。

現代史研究では、他のすべての学問と同じく、あるいはそれ以上に、精神の集中と持続とが求められますが、この要求を満たすためには、テーマが熟慮の末に自分自身の責任で（研究が失敗に終わるリスクを覚悟することを含めて）決定されなければなりません。（中略）

②テーマを決めないで研究に着手することは、行先を決めないで旅にでるのと同じです。あてのないぶらり旅も気分転換になりますから、無意味とはいえません。新しい自己発見の機会となることがありますし、素晴らしい出会いがあるかもしれません。旅行社お手盛り(注2)のパック旅行よりも、ひとり旅のほうが充実感を味わえると考えるひとは多いでしょう。テーマを決めないで文献や史料をよみあさることも、あながち無駄とはいえない知的散策です。たまたまよんだ史料が、面白いテーマを発見する機縁(注3)となる幸運もありえます。ひとりの史料探検のほうがパック旅行まがいの「共同研究」よりも実りが多い、といえるかもしれません。（中略）

けれども一般的に、歴史研究にとって、テーマの決定は不可欠の前提です。テーマを決めないままの史料探索は、これぞというテーマを発見する過程だからこそ意味があるのです。テーマとは、歴史家がいかなる問題を解くために過去の一定の出来事を研究するか、という研究課題の設定です。（中略）

歴史は暗記物で知的創造とは無縁の、過去の出来事を記憶し整理する作業にすぎないという、歴史と編年史とを同一視する見方からしますと、③この意味でのテーマの選択とか課題の設定とかは、さして重要でない、むしろ仕事の邪魔になるとさえいうことができます。歴史についてのこのような偏見はいまも根強く残っていますので繰り返すのですが、歴史も新たに提起された問題（事実ではなく問題）を一定の方法で解きほぐすことを目指す創造的かつ想像的な営みであることは、他の学問と違うところはありません。テーマの選択とは、いかなる過去の出来事を研究するかではなく、過去の出来事を、なにを目的として、あるいはどんな問題を解明しようとして研究するか、という問題の設定を指示する行為にほかなりません。

（渓内謙『現代史を学ぶ』岩波書店による）

（注1）他律（たりつ）：自分の意志ではなく、他人の意志や命令によって行動すること
（注2）お手盛り：ここでは、旅行社の都合のよいように決められた
（注3）機縁：きっかけ

65 ①主体的な選択がなによりも大切ですとあるが、理由は何か。

1　主体的に選択しないと研究が始められないから

2　主体的に選択すると他の人に決められなくて済むから

3　主体的に選択しないと研究結果が違ってくる場合があるから

4　主体的に選択すると最後まで熱心に研究を続けやすいから

66 ②テーマを決めないで研究に着手することについて筆者の考えに合うのはどれか。

1　気分転換や自己発見になるので、ぜひすべきである。

2　他者がテーマを決める共同研究のほうが価値がある。

3　テーマを見つけることを目的とした行為であれば意味がある。

4　テーマを決めてから研究を始めるよりも満足できる。

67 ③この意味とは何を指すか。

1　歴史家が問題を解くために過去を研究するという意味

2　歴史とは暗記すべき物だという意味

3　歴史とは過去の出来事を記憶することだという意味

4　歴史と編年史は同じだという意味

68 この文章で筆者が最も言いたいことは何か。

1　歴史研究は他の学問と似ている点が多い。

2　史料を探す前にテーマを決める必要はない。

3　問題意識を持ってテーマを決めることが重要である。

4　過去の出来事を整理するのが歴史研究だという考え方は間違っている。

問題13　右のページは、クレジットカードの案内である。下の問いに対する答えとして最もよいものを、1・2・3・4から一つ選びなさい。

69 日本語学校に通う21歳のタンさんは、クレジットカードを作りたい。50万円以上の買い物はしない。どのカードに申し込むのが一番よいか。

1　学生カード

2　デビューカード

3　クラシックカード

4　ゴールドカード

70 35歳のコウさんは、既に入会済みである。去年は、5月に一度だけクレジットカードを使って、150万円の大きな買い物をした。今年の度年会費はいくらになるか。

1　0円

2　6,500円+税

3　10,400円+税

4　13,000円+税

クレジットカードのご案内

	<学生カード> 18～25歳の学生限定！ 留学や旅行もこの一枚！	<デビューカード> 18～25歳限定！初めてのカードに！いつでもポイント2倍！	<クラシックカード> これを持っていれば安心、スタンダードなカード！	<ゴールドカード> 上質なサービスをあなたに！
お申し込み対象	満18～25歳までの大学生・大学院生の方 ※研究生・聴講生・語学学校生・予備学校生はお申し込みになれません。 ※未成年の方は保護者の同意が必要です。	満18～25歳までの方（高校生は除く） ※未成年の方は保護者の同意が必要です。	満18歳以上の方（高校生は除く） ※未成年の方は保護者の同意が必要です。 ※満18～25歳までの方はいつでもポイントが2倍になるデビューカードがおすすめ	原則として満30歳以上で、ご本人に安定継続収入のある方 ※当社独自の審査基準により判断させていただきます。
年会費	初年度年会費無料 通常1,300円+税 ※翌年以降も年1回ご利用で無料	初年度年会費無料 通常1,300円+税 ※翌年以降も年1回ご利用で無料	インターネット入会で初年度年会費無料 通常1,300円+税	インターネット入会で初年度年会費無料 通常13,000円+税 年会費割引特典あり（備考欄参照）
利用可能枠	10～30万円	10～70万円	10～100万円	50～400万円
お支払日	月末締め翌月26日払い ※15日締め翌月10日払いへの変更可能	月末締め翌月26日払い ※15日締め翌月10日払いへの変更可能	15日締め翌月10日払い／月末締め翌月26日払い ※選択可	15日締め翌月10日払い／月末締め翌月26日払い ※選択可
備考	満26歳以降になるとランクアップ。 26歳以降、最初のカード更新時に自動的に本カードから「ゴールドカード」に切り替わります。 ※クラシックカードへのお切り替えもできます。	満26歳以降になるとランクアップ。 26歳以降、最初のカード更新時に自動的に本カードから「ゴールドカード」に切り替わります。 ※クラシックカードへのお切り替えもできます。		空港ラウンジサービス利用可 ※年会費割引特典：前年度（前年2月～当年1月）お支払いのお買い物累計金額が50万円以上100万円未満の場合は20％引、100万円以上300万円未満の場合は次回年会費が半額、300万円以上の場合は次回年会費が無料

N1
聴解（ちょうかい）
(60分)

注　　意
Notes

1. 試験が始まるまで、この問題用紙を開けないでください。
   Do not open this question booklet until the test begins.
2. この問題用紙を持って帰ることはできません。
   Do not take this question booklet with you after the test.
3. 受験番号と名前を下の欄に、受験票と同じように書いてください。
   Write your examinee registration number and name clearly in each box below as written on your test voucher.
4. この問題用紙は、全部で13ページあります。
   This question booklet has 13 pages.
5. この問題用紙にメモをとってもかまいません。
   You may make notes in this question booklet.

受験番号　Examinee Registration Number	

名前　Name	

問題1 N1_1_02

問題1では、まず質問を聞いてください。それから話を聞いて、問題用紙の1から4の中から、最も よいものを一つえらんでください。

例 N1_1_03

1 グッズの数をチェックする
2 客席にゴミが落ちていないか確認する
3 飲み物とお菓子を用意する
4 ポスターを貼る

1番　N1_1_04

1　パスワード再発行の手続きをする

2　ID 再発行の手続きをする

3　一つ前の画面に戻る

4　ログインという部分をクリックする

2番　N1_1_05

1　スーツケースを買う

2　修理代をもらう

3　夫に電話する

4　スーツケースを選ぶ

3番 N1_1_06

1　会議の資料を来週水曜日までに作る
2　会議の資料を来週金曜日までに作る
3　研修の資料を来週水曜日までに作る
4　研修の資料を来週金曜日までに作る

4番 N1_1_07

1　出張をやめるよう課長に電話する
2　生産を止めるよう係長に電話する
3　大量に生産するよう係長に電話する
4　不良品についてお客様に直接話す

5番 N1_1_08

1 コンビニ → 郵便局 → ケーキ屋
2 コンビニ → ケーキ屋 → 郵便局
3 郵便局 → コンビニ → ケーキ屋
4 郵便局 → ケーキ屋 → コンビニ

6番 N1_1_09

1 動画に撮って、打つ前の姿勢を練習する
2 動画に撮って、軸を作る練習をする
3 動画に撮って、打つスピードを上げる練習をする
4 動画に撮って、打った後のポーズを練習する

問題2　N1_1_10

問題2では、まず質問を聞いてください。そのあと、問題用紙のせんたくしを読んでください。読む時間があります。それから話を聞いて、問題用紙の1から4の中から、最も良いものを一つえらんでください。

例　N1_1_11

1　役者の顔
2　役者の演技力
3　原作の質
4　演劇のシナリオ

1番 N1_1_12

1　4時
2　5時
3　11時
4　12時

2番 N1_1_13

1　大人と子供が本について話すようになったから
2　子供とお年寄りにとってわかりやすくなったから
3　子供たちがおすすめの本を紹介し合うようになったから
4　子供たちが競って本を借りるようになったから

3番 N1_1_14

1　残業が多い

2　やりがいがない

3　雰囲気がよくない

4　中小企業で働きたい

4番 N1_1_15

1　10,000円

2　15,000円

3　20,000円

4　25,000円

5番 N1_1_16

1　ベビーカー
2　赤ちゃん用のトイレ
3　電車の乗換案内アプリ
4　赤ちゃん用のゲーム

6番 N1_1_17

1　アロエの代金を払わないと言うため
2　台風の被害について話すため
3　もっと大きいアロエを送ってもらうため
4　送料が返金されるか聞くため

７番 N1_1_18

1　騒音
2　健康被害
3　異臭
4　魚の被害

問題3 N1_1_19

問題3では、問題用紙に何も印刷されていません。この問題は、全体としてどんな内容かを聞く問題です。話の前に質問はありません。まず話を聞いてください。それから、質問とせんたくしを聞いて、1から4の中から、最もよいものを一つえらんでください。

例 N1_1_20

1番 N1_1_21

2番 N1_1_22

3番 N1_1_23

4番 N1_1_24

5番 N1_1_25

6番 N1_1_26

問題(もんだい)4 N1_1_27

問題(もんだい)4では、問題用紙(もんだいようし)に何(なに)も印刷(いんさつ)されていません。まず文(ぶん)を聞(き)いてください。それから、それに対(たい)する返事(へんじ)を聞(き)いて、1から3の中(なか)から、最(もっと)もよいものを一(ひと)つえらんでください。

例(れい) N1_1_28

1番(ばん) N1_1_29

2番(ばん) N1_1_30

3番(ばん) N1_1_31

4番(ばん) N1_1_32

5番(ばん) N1_1_33

6番(ばん) N1_1_34

7番(ばん) N1_1_35

8番(ばん) N1_1_36

9番(ばん) N1_1_37

10番(ばん) N1_1_38

11番(ばん) N1_1_39

12番(ばん) N1_1_40

13番(ばん) N1_1_41

14番(ばん) N1_1_42

問題5 N1_1_43

問題5では、長めの話を聞きます。この問題には練習はありません。
問題用紙にメモをとってもかまいません。

1番、2番

問題用紙に何も印刷されていません。まず話を聞いてください。それから、質問とせんたくしを聞いて、1から4の中から、最もよいものを一つえらんでください。

1番 N1_1_44

2番 N1_1_45

3番 N1_1_46

まず話を聞いてください。それから、二つの質問を聞いて、それぞれ問題用紙の1から4の中から、最もよいものを一つえらんでください。

質問1 N1_1_47

1　ギャラリートーク
2　体験コーナー
3　講演
4　きのこ案内

質問2

1　ギャラリートーク
2　体験コーナー
3　講演
4　きのこ案内

필승합격 모의고사 해답용지

N1 言語知識（文字・語彙・文法）・読解

第1回

受験番号 Examinee Registration Number		名前 Name	

〈ちゅうい　Notes〉

1. くろいえんぴつ（HB、No.2）でかいてください。
   Use a black medium soft (HB or No.2) pencil.
   （ペンやボールペンではかかないでください。）
   (Do not use any kind of pen.)
2. かきなおすときは、けしゴムできれいにけしてください。
   Erase any unintended marks completely.
3. きたなくしたり、おったりしないでください。
   Do not soil or bend this sheet.
4. マークれい Marking Examples

よいれい Correct Example	わるいれい Incorrect Examples
●	⊗ ✓ ○ ◎ ◉ ⦶ ●

問題1				
1	①	②	③	④
2	①	②	③	④
3	①	②	③	④
4	①	②	③	④
5	①	②	③	④
6	①	②	③	④
問題2				
7	①	②	③	④
8	①	②	③	④
9	①	②	③	④
10	①	②	③	④
11	①	②	③	④
12	①	②	③	④
13	①	②	③	④
問題3				
14	①	②	③	④
15	①	②	③	④
16	①	②	③	④
17	①	②	③	④
18	①	②	③	④
19	①	②	③	④
問題4				
20	①	②	③	④
21	①	②	③	④
22	①	②	③	④
23	①	②	③	④
24	①	②	③	④
25	①	②	③	④

問題5				
26	①	②	③	④
27	①	②	③	④
28	①	②	③	④
29	①	②	③	④
30	①	②	③	④
31	①	②	③	④
32	①	②	③	④
33	①	②	③	④
34	①	②	③	④
35	①	②	③	④
問題6				
36	①	②	③	④
37	①	②	③	④
38	①	②	③	④
39	①	②	③	④
40	①	②	③	④
問題7				
41	①	②	③	④
42	①	②	③	④
43	①	②	③	④
44	①	②	③	④
45	①	②	③	④
問題8				
46	①	②	③	④
47	①	②	③	④
48	①	②	③	④
49	①	②	③	④

問題9				
50	①	②	③	④
51	①	②	③	④
52	①	②	③	④
53	①	②	③	④
54	①	②	③	④
55	①	②	③	④
56	①	②	③	④
57	①	②	③	④
58	①	②	③	④
問題10				
59	①	②	③	④
60	①	②	③	④
61	①	②	③	④
62	①	②	③	④
問題11				
63	①	②	③	④
64	①	②	③	④
問題12				
65	①	②	③	④
66	①	②	③	④
67	①	②	③	④
68	①	②	③	④
問題13				
69	①	②	③	④
70	①	②	③	④

필승합격 모의고사 해답용지

N1 聴解

第1回

受験番号 Examinee Registration Number		名前 Name	

〈ちゅうい Notes〉

1. くろいえんぴつ（HB、No.2）でかいてください。
   Use a black medium soft (HB or No.2) pencil.
   （ペンやボールペンではかかないでください。）
   (Do not use any kind of pen.)
2. かきなおすときは、けしゴムできれいにけしてください。
   Erase any unintended marks completely.
3. きたなくしたり、おったりしないでください。
   Do not soil or bend this sheet.
4. マークれい Marking Examples

よいれい Correct Example	わるいれい Incorrect Examples
●	⊗ ✓ ○ ◎ ◍ ⦶ ●

問題1				
例	①	②	③	●
1	①	②	③	④
2	①	②	③	④
3	①	②	③	④
4	①	②	③	④
5	①	②	③	④
6	①	②	③	④

問題2				
例	①	②	③	●
1	①	②	③	④
2	①	②	③	④
3	①	②	③	④
4	①	②	③	④
5	①	②	③	④
6	①	②	③	④
7	①	②	③	④

問題3				
例	①	②	●	④
1	①	②	③	④
2	①	②	③	④
3	①	②	③	④
4	①	②	③	④
5	①	②	③	④
6	①	②	③	④

問題4			
例	①	●	③
1	①	②	③
2	①	②	③
3	①	②	③
4	①	②	③
5	①	②	③
6	①	②	③
7	①	②	③
8	①	②	③
9	①	②	③
10	①	②	③
11	①	②	③
12	①	②	③
13	①	②	③
14	①	②	③

問題5				
1	①	②	③	④
2	①	②	③	④
3 (1)	①	②	③	④
3 (2)	①	②	③	④

필승합격일본어능력시험
N1 모의고사

제2회

음성파일과 채점표

N1

言語知識（文字・語彙・文法）・読解

（110分）

注　意
Notes

1. 試験が始まるまで、この問題用紙を開けないでください。
   Do not open this question booklet until the test begins.

2. この問題用紙を持って帰ることはできません。
   Do not take this question booklet with you after the test.

3. 受験番号と名前を下の欄（らん）に、受験票と同じように書いてください。
   Write your examinee registration number and name clearly in each box below as written on your test voucher.

4. この問題用紙は、全部で30ページあります。
   This question booklet has 30 pages.

5. 問題には解答番号の 1 、 2 、 3 … が付いています。
   解答は、解答用紙にある同じ番号のところにマークしてください。
   One of the row numbers 1 , 2 , 3 … is given for each question. Mark your answer in the same row of the answer sheet.

受験番号　Examinee Registration Number	

名前　Name	

問題1　＿＿＿の言葉の読み方として最もよいものを、1・2・3・4から一つ選びなさい。

1 近所の公園には、秋の気配が<u>漂って</u>いた。

1　うるおって　　2　みなぎって　　3　ただよって　　4　とどまって

2 会社の採用面接は、<u>和やかな</u>雰囲気だった。

1　おだやかな　　2　なごやかな　　3　にぎやかな　　4　ゆるやかな

3 部長は頼みごとがあるときは、<u>声色</u>を変えてくるのですぐわかる。

1　こわいろ　　2　こえいろ　　3　せいしょく　　4　せいじき

4 ここのシェフは、<u>厳選</u>した食材で最高の料理を作ることで有名です。

1　ごんせん　　2　いっせん　　3　げきせん　　4　げんせん

5 データが事態の深刻さを<u>如実</u>に表している。

1　じょじつ　　2　こうじつ　　3　にょじつ　　4　どじつ

6 発表に向けて、その道の<u>玄人</u>に話を聞きに行く。

1　しろと　　2　くろと　　3　しろうと　　4　くろうと

問題2 （　　　）に入れるのに最もよいものを、1・2・3・4から一つ選びなさい。

7 書類に（　　　）があると、申請は受理されない。

1　不備　　2　不当　　3　不意　　4　不順

8 大切な仕事だとわかってはいるのだが、興味のない分野だけに（　　　）。

1　気が立たない　　2　気が抜けない　　3　気がおけない　　4　気が乗らない

9 どうしても嫌なことなら、（　　　）断ったほうがいい。

1　きっぱり　　2　じっくり　　3　てっきり　　4　うっかり

10 子供が3歳になったら、以前勤めていた銀行に（　　　）する予定だ。

1　副業　　2　回復　　3　復職　　4　複写

11 彼の行いは、尊敬に（　　　）。

1　即する　　2　値する　　3　有する　　4　要する

12 今までの努力の（　　　）が出て、今大会では優勝することができた。

1　成功　　2　評価　　3　成果　　4　効果

13 彼女は新人賞を受賞し、作家として華々しい（　　　）を飾った。

1　デビュー　　2　エリート　　3　インテリ　　4　エンド

問題3　＿＿＿の言葉に意味が最も近いものを、１・２・３・４から一つ選びなさい。

14 生活習慣の乱れが体調に顕著に表れている。

1　きっぱりと　　2　はっきりと　　3　あいまいに　　4　ゆったりと

15 当店の商品は一律千円です。

1　最高　　2　最低　　3　平均　　4　全部

16 ２か月前に転職してから忙しい毎日が続いて、くたびれてしまった。

1　体調をくずして　　2　やる気をなくして

3　ひどく疲れて　　4　寝込んで

17 これは日本の伝説にまつわる話を集めた本だ。

1　まとめる　　2　かねる　　3　よく合う　　4　関係する

18 楽してお金をもらおうなんて情けない考えはやめたほうがいい。

1　いじわるな　　2　簡単な　　3　みじめな　　4　ずるい

19 将来のことは、もっとシビアに考えたほうがいい。

1　楽観的に　　2　悲観的に　　3　現実的に　　4　多角的に

問題４　次の言葉の使い方として最もよいものを、１・２・３・４から一つ選びなさい。

20 着手

1 好きな俳優に着手してもらっただけでなく、サインももらった。

2 この飛行機は空港に着手する準備を始めますので、座席にお戻りください。

3 そろそろこの仕事に着手しないと、締め切りに間に合わないよ。

4 娘はお気に入りの手袋を着手して、うれしそうだ。

21 未知

1 彼の本を読んで、自分はなんて未知なのかと恥じている。

2 未知の人に話しかけられても、決してついて行ってはいけないよ。

3 大切な試験で致命的なミスをしたので、合格は未知になった。

4 地球上には、まだ数多くの未知の生物が存在する。

22 気兼ね

1 息子が大学に合格できるか、いつも気兼ねして夜も眠れない。

2 新しい職場の待遇は十分で、何の気兼ねも感じない。

3 課長は、大事な会議の前は、いつも準備に気兼ねがない。

4 このゴルフ教室は、初心者でも気兼ねなく練習できる。

23 発足

1 祖父の家は約100年前に発足されたが、まだ十分住める。

2 国会は長時間の議論の末、この法案を新たに発足した。

3 この本は、昨年発足されて間もなくベストセラーになった。

4 彼は貧しい子供たちの生活を支える活動をするために、この団体を発足した。

24 見込む

1 高いところから下を見込んで、一気に怖くなってしまった。

2 これまでの実績と君の実力を見込んで、ぜひお願いしたい仕事がある。

3 万引きは悪いことだが、まだ小さい子供だったので見込んであげた。

4 私が見込んだ話では、山田さんはどうやら転勤になるそうだ。

25 素質

1 松田(まつだ)さんはチームをまとめるのが上手で、リーダーとしての素質がある。

2 小林(こばやし)さんは素質な性格で、部下から好かれている。

3 そのアイデアの素質はいいが、現状に合っていないのが問題だ。

4 この論文を書くにあたり、数多くの素質を集めるのが大変だった。

제 2 회

문자・어휘

問題５　次の文の（　　　）に入れるのに最もよいものを、１・２・３・４から一つ選びなさい。

26 届けられたお弁当の量を見てあぜんとした。30代の私で（　　　）食べきれそうにない。高齢の私の両親にはとてもじゃないが多すぎる。

1　なら　　2　おろか　　3　あって　　4　すら

27 閣僚の度重なる発言が問題になっている。先日も大臣が発言を撤回していたが、今になって謝罪した（　　　）彼に対する印象は何も変わらない。

1　ところで　　2　ところは　　3　ところに　　4　ところ

28 スマホの普及やこの不景気（　　　）、消費者の意識が「所有」から「共有」へと変化している。物を所有するよりも、必要な時に必要なものをレンタルすることを好む人が増えているのだ。

1　に反して　　2　を伴って　　3　とかかわって　　4　と相まって

29 （テレビのスポーツ番組で）
Xチームが上のリーグに上がるためには、なんとしてもこの試合に勝たなければなりません。前半戦を終えて2対2の同点。１点（　　　）許すわけにはいきません。

1　だけは　　2　たりとも　　3　たらず　　4　限り

30 和弘（かずひろ）「明日は、夕方4時半に成田着の予定だよ。」
美里（みさと）「車で迎えに行くから、成田空港に（　　　）電話してね。」

1　着くや否や　　2　着いたとたん　　3　着くが早いか　　4　着き次第

31 わが社では、社員がより働きやすい環境を目指して様々な取り組みを行ってきた。その効果もあって、退職者は減り、以前（　　　）社員の意欲が上がっている。

1　にも増して　　2　から増して　　3　でも増して　　4　とは増して

32 洋子（ようこ）「たばこやめるって言ってなかった？」
隆（たかし）「やめようと思ってるよ。ただ、ストレスを感じると、（　　　）んだよね。」

1　吸わずにはおかない　　2　吸わないではおかない
3　吸ってはいられない　　4　吸わずにはいられない

33 あの新人は、社会人として（　　　）常識が欠けている。ろくにあいさつもしないし、遅刻もしょっちゅうするし。

1　必要とさせられる　　2　必要とされている
3　必要なりの　　4　必要にせよ

34 ボランティアで公園のゴミ拾いをしている（　　　）タバコの吸い殻を捨てられて、本当にがっかりした。

1　うえに　　2　につれて　　3　そばから　　4　とともに

35 社内で慎重に検討いたしましたが、今回のお申し出は（　　　）。

1　辞退させていただきます　　2　ご辞退になります
3　辞退していらっしゃいます　　4　辞退しておられます

問題6　次の文の ＿★＿ に入る最もよいものを、1・2・3・4から一つ選びなさい。

（問題例）

あそこで ＿＿＿ ＿＿＿ ＿★＿ ＿＿＿ は山田（やまだ）さんです。

1　テレビ　　2　見ている　　3　を　　4　人

（解答のしかた）

1.　正しい文はこうです。

あそこで ＿＿＿ ＿＿＿ ＿★＿ ＿＿＿ は山田（やまだ）さんです。 1　テレビ　3　を　2　見ている　4　人

2.　＿★＿ に入る番号を解答用紙にマークします。

（解答用紙）

（例）	①　●　③　④

---

36 彼女と結婚したいという気持ちは ＿＿＿ ＿＿＿ ＿★＿ ＿＿＿ 変わりません。

1　言おうと　　2　決して　　3　何と　　4　誰が

37 竹内（たけうち）さんは、部下の満足度や他部署の予定よりも ＿＿＿ ＿＿＿ ＿★＿ ＿＿＿ 得ることができない。

1　部下の信頼を　　2　きらいがあるので

3　自分の都合ばかりを　　4　優先する

38 ゆうべ、友人からのメールで ＿＿＿ ＿＿＿ ＿★＿ ＿＿＿ 昨日お亡くなりになったと知り、なかなか眠りにつくことができなかった。

1　私が尊敬して　　2　平野（ひらの）先生が

3　大学時代の指導教官であり　　4　やまない

39 社内の不祥事が明るみに ＿＿＿ ＿＿＿ ★ ＿＿＿ 調査を始めた。

1 ようやく　　2 至って

3 経営陣は社内での　　4 出るに

40 （経営者へのインタビューで）

記者「御社では、今、どのような人材を求めているのでしょうか。」

社長「学校の成績が ＿＿＿ ＿＿＿ ★ ＿＿＿ のですが、それだけを見ることはしません。特に弊社のようなベンチャー企業では新しい発想が求められます。」

1 越したことはない　2 あれば　3 あるに　4 優秀で

제2회

문법

問題7　次の文章を読んで、文章全体の趣旨を踏まえて、[41] から [45] の中に入る最もよいものを、1・2・3・4から一つ選びなさい。

以下は、小説家が書いたエッセイである。

どうやって日本語のコーパスを作ったかというと、まず、日本語で書かれた国内の出版物をたくさん集める。出版数で考えると、「社会科学」に分類される出版物が一番多いのだそうだ。よって、実際の比率 [41] 、「社会科学分野の出版物が一番多くなるように」と、ちゃんと塩梅(あんばい)(注1)して集める。ただ、出版数ではなく流通数で考えると、文学関連が一番多くなる。そういった要素も加味する。

つまり、どんな出版物がどれぐらい作られているのか、我々がどんな出版物をよく読んでいるのか、実際の傾向や動向に基づいて、とにかく本や雑誌や新聞や白書(注2)や教科書を集めまくる。そうして集めた出版物から、抜粋(注3)する文章をランダムに選び、スキャンしてデータ化する。そのデータの集積が、コーパスと [42] 。

コーパスがあると、とっても便利。たとえば、「『医者』と『医師』が、どう使いわけられているのか知りたいな」と思ったら、コーパスを検索すればいい。その二つの言葉が実際にどう使われているのか、パパッと表示される。[43] 、書籍では「医者」より「医師」を使うことが多く、新聞では圧倒的に「医師」が多いらしい。コーパスは、「Yahoo!ブログ」と「Yahoo!知恵袋(ちえぶくろ)」での日本語の使われかたも収集していて、「ネット上では『医者』を使うひとが多い」ということもわかるようになっている。

じゃあ、「解約」と「キャンセル」をどう使いわけているかというと、ネット上では「キャンセル」が、新聞や広報誌や教科書では「解約」が、それぞれ圧倒的に多い。

ふむふむ、いずれも実感として、非常に納得のいく検索結果だ。我々は、真面目な局面(注4)だったり、「公な感じ」が強かったりする場合、「医師」や「解約」という言葉を選んで使い、くだけた場や日常的な文章表現においては、「医者」や「キャンセル」という言葉を選んで [44] 。

このように、コーパスがあると、「どんな言葉を、どんな場面で実際に使っているのか」が一目瞭然（いちもくりょうぜん）(注5)になる。我々が、「ある言葉に、どんなニュアンスをこめているのかがわかる」とも **45** 。

（三浦しをん『広辞苑をつくるひと』岩波書店による）

（注1）塩梅（あんばい）：ほどよい具合・加減
（注2）白書：政府が発表する報告書
（注3）抜粋する：書物などから必要なところを抜き出す
（注4）局面：そのときの状況・状態
（注5）一目瞭然（いちもくりょうぜん）：一目（ひとめ）見てはっきりわかること

41

1 に即して　2 にとって　3 に先立って　4 に限って

42

1 名付けた　2 言わされている
3 言ったところだ　4 呼ばれるものだ

43

1 その結果　2 いわゆる　3 そして　4 ちなみに

44

1 使っているわけだ　2 使ってみることだ
3 使うまでもない　4 使うことだろう

45

1 言わずにはおかない　2 言えるものではない
3 言うわけにはいかない　4 言えるかもしれない

問題８　次の⑴から⑷の文章を読んで、後の問いに対する答えとして最もよいものを、１・２・３・４から一つ選びなさい。

⑴　以下は、取引先の会社の人から届いたＥメールである。

【担当者変更のお知らせ】
株式会社ＡＢＣ
佐藤様

いつもお世話になっております。
株式会社さくらの鈴木です。

この度、弊社の人事異動に伴い、４月１日より営業部小林が貴社を担当させていただくことになりました。在任中、佐藤様には大変お世話になり、感謝しております。

小林は入社10年のベテラン社員で、長らく営業業務に携わってまいりました。
今後も変わらぬご指導のほど、何卒よろしくお願い申し上げます。

後日改めまして、小林と共にご挨拶に伺う所存ではございますが、取り急ぎメールにてご連絡申し上げます。

上記につきまして、どうぞよろしくお願いいたします。

46 このメールで最も伝えたいことは何か。

1　新しい担当者が10年前に入社したベテランであること
2　鈴木が3月31日をもって会社を辞めること
3　鈴木が佐藤のところに挨拶に行くのは難しいこと
4　担当者が変わってもこれまでの関係を続けたいこと

(2)

私はパソコンもスマートフォンも持っていないが、ネット上には、作家やその作品に対する全否定、罵倒(ばとう)(注)が溢(あふ)れているらしい。プリントアウトしたものを私も見せてもらったことがある。やはり編集者が気を遣(つか)ってかなりましな感想を選んでくれたのだろうが、それでもそうとうなもので、最後まで読む勇気が自分にあったのは驚きだった。

(田中慎弥『ひよこ太陽』新潮社による)

(注) 罵倒(ばとう)：相手を大声で非難すること

47 驚きだったのはなぜか。

1 編集者がこれほど配慮してくれるとは思っていなかったから

2 読むにたえないほどの感想を最後まで読み切ったから

3 ネット上の文章を読むのに慣れていなかったから

4 ネット上の感想が読み切れないぐらい多かったから

(3)

私は一見社交的に見えるようだが、初対面の人と話すのは苦手だ。(中略) という話を、先頃、あるサラリーマンにした。

彼は小さな広告代理店の営業担当役員である。新しい人と知り合うのが仕事のような職種だ。

彼曰(いわ)く、話題につまった時は、ゴルフか病気の話をすれば何とかなるそうだ。四十も過ぎれば、体の不調は誰でも抱えている。自分自身は元気でも、親はある程度の年齢だから、病気に関わる心配事を抱えていない大人はいない。なるほどである。

(大石静『日本のイキ』幻冬舎による)

48 筆者がなるほどであると感じたことは何か。

1　営業は、新しい人と知り合うのが仕事だ。

2　初対面の人と話せないのは、病気のせいだ。

3　四十歳を過ぎると、誰でも病気をするのは当たり前だ。

4　何を話すか困ったときは、病気の話をすればいい。

(4)

強いとか弱いとかいうのとはちょっと別に、その選手に異様な熱を感じる時期というのがあって、世界戦やタイトルマッチじゃなくても、その熱は会場中に伝播（でんぱ）する。その熱の渦中にいると「ボクシングってこんなにすごいのか！」と素直に納得する。たったひとりの人間が発する熱が源なのだから。それはもしかしたら、その<u>選手の旬（しゅん）</u>というものなのかもしれない。年齢とは関係ない。また、旬（しゅん）の長さも一定ではないし、一度きりということでもないのだろう。だけれど、永遠ではない。

（角田光代『ボクシング日和』角川春樹事務所による）

49 <u>選手の旬（しゅん）</u>について、筆者の考えに合うのはどれか。

1 ボクシングはほかのスポーツとは異なり、若い時に旬（しゅん）が来る。

2 選手の旬（しゅん）とは、選手生命のうちで最も強い時期のことである。

3 旬（しゅん）の選手は熱を放ち、観客はそれを感じ取る。

4 旬（しゅん）は一生に一度だけ訪れるものである。

問題９　次の⑴から⑶の文章を読んで、後の問いに対する答えとして最もよいものを、１・２・３・４から一つ選びなさい。

(1)

落語の世界では、マクラというものがあり、長い噺(注1)を本格的に語る前にちょっとした小咄(注2)とか、最近あった自分の身の回りの面白い話などをする。(中略)

落語家はマクラを振ることによって何をしているかといえば、観客の気持ちをほぐすだけではなくて、今日の客はどういうレベルなのか、どういうことが好きなのか、というのを感じとるといっている。

たとえば、これぐらいのクスグリ（面白い話）で受けないとしたら、「今日の客は粋じゃない」とか「団体客かな」などと、いろいろ見抜く。そして客のタイプに合わせた噺にもっていく。これはプロの熟達した技だ。

それと似たようなことが授業にもある。先生の立場からすると、自分の話がわかったときや知っているときは、生徒にうなずいたりして反応してほしいものだ。そのうなずく仕草によって、先生は安心して次の言葉を話すことができる。反応によっては発問を変えたり予定を変更したりすることが必要だ。

逆の場合についても、そのことはいえる。たとえば子どもが教壇に一人で立って、プレゼンテーションをやったとする。そのときも教師の励ましが必要なのだ。アイコンタクトをし、うなずきで励ますということだ。先生と生徒が反応し合うことで、密度は高まり、場の空気は生き生きしてくる。

（齋藤孝『教育力』岩波書店による）

（注1）噺：昔話や落語
（注2）小咄：短くおもしろい話

50 落語家について、筆者はどのように述べているか。

1 落語家は、マクラといって小咄(こばなし)の後に長い噺(はなし)をする。

2 落語家は、クスグリに対する客の反応によって、語る噺(はなし)を決める。

3 落語家は、マクラを振る前に、観客の好みを見極める。

4 落語家は、客が団体客の場合のみ、客に合わせた噺(はなし)をする。

51 それと似たようなことが授業にもあるとあるが、どういう意味か。

1 先生にとっても生徒のレベルや好みを感じ取ることは難しいという意味

2 先生も面白い話をして生徒の気持ちをほぐしているという意味

3 先生も教壇で落語をしようとしているという意味

4 先生も生徒の反応によって授業を臨機応変に変えているという意味

52 筆者によると、授業に必要なこととは何か。

1 生徒が発表するとき、先生が声をかけて励ますこと

2 先生と生徒が近距離で触れ合うこと

3 先生も生徒も相手の話を聞いて反応すること

4 先生を安心させるために生徒が質問をたくさんすること

(2)

ペットショップで目が合って何か運命的なものを感じてしまい、家へ連れて帰ってきたシマリスのシマ君が、今朝、突然、攻撃的になってしまった。

これまで、手のひらに入れてぐるぐるお団子にしたり、指を口の前に差し出しても一度も咬(か)んだり人を攻撃したことがないのに、いきなり咬(か)みつかれた。かごの中の餌(えさ)からゴミを取ろうとしてふと指を入れたら、がぶっとやられたのである。

(中略)

「①タイガー化する」といって、冬眠に入る秋冬になるとものすごく攻撃的になるという。そんなことは知らなかった。あんなにひとなつこくて誰にでも甘えてくるリスが、目を三角にして(注1)ゲージ(注2)にバンバン体当たりしてくる。同じ動物とは思えない。怖い。

獣(じゅう)医師によると、冬眠する前に体内にある物質が分泌(ぶんぴつ)されるらしい、という説や、冬眠前になるべく餌(えさ)をたくさん食べて体脂肪を蓄えるためになわばり意識が強まる、という二つの説があるそうだが、医学的にはっきり解明されていない。

その上、何と「春になると元のひとなつこい状態に戻る子もいるし、そのままの凶暴状態が続く子もいます」というのである。

もう戻らないかもしれないなんて、②本当に悲しい。あんなに可愛かったうちのシマ君が、突然、野獣(やじゅう)に変ってしまった。

(柿川鮎子『まふまふのとりこ ― 動物をめぐる、めくるめく世界へ ―』三松株式会社出版事業部による)

(注1) 目を三角にする：怒って、怖い目つきをする
(注2) ゲージ：動物を閉じ込めておく檻(おり)やかご

53 シマ君の以前の様子について、筆者はどのように述べているか。

1　筆者の手のひらで丸められるのを喜んでいた。

2　人を咬（か）むような凶暴性はなかった。

3　よくかごの中からゴミを出そうとしていた。

4　筆者以外の人に人見知りしていた。

54 ①タイガー化について、筆者はどのように述べているか。

1　タイガー化とは冬眠に入った後に攻撃的になることを指す。

2　タイガー化の原因は獣（じゅう）医学でも解き明かされていない。

3　タイガー化すると誰にでも甘えるようになる。

4　餌を食べ過ぎるとタイガー化しやすい。

55 筆者がシマ君について②本当に悲しいと思っているのはなぜか。

1　冬眠が明けても攻撃的なままかもしれないから

2　春になっても体脂肪が落ちないかもしれないから

3　いつ元の可愛い顔に戻るのかわからないから

4　冬眠から覚めずにそのまま死んでしまうかもしれないから

(3)

かつての教員養成はきわめてすぐれていた。ことに小学校教員を育てた師範(注1)学校は、いまでは夢のような、ていねいな教育をしたものである。

（中略）

その師範学校の教員養成で、ひとつ大きな忘れものがあった。外国の教員養成に見倣(注2)ったものだから、罪はそちらのほうにあるといってよい。

何かというと、声を出すことを忘れていたのである。読み、書き中心はいいが、声を出すことをバカにしたわけではないが、声の出し方を知らない教師ばかりになった。

（中略）

新卒の先生が赴任する。小学校は全科担任制だが、朝から午後までしゃべりづめである。声の出し方の訓練を受けたことのない人が、そんな乱暴なことをすれば、タダではすまない。

早い人は秋口に、体調を崩す。戦前の国民病、結核(注3)にやられる。運がわるいと年明けとともに発病、さらに不幸な人は春を待たずに亡くなる、という例がけっして少なくなかった。

もちろん、みんなが首をかしげた。大した重労働でもない先生たちが肺病で亡くなるなんて信じがたい。日本中でそう思った。

知恵（？）のある人が解説した。先生たちは白墨(注4)で板書をする。その粉が病気を起こすというのである。この珍説、またたくまに、ひろがり、日本中で信じるようになった。神経質な先生は、ハンカチで口をおおい、粉を吸わないようにした。それでも先生たちの発病はすこしもへらなかった。

大声を出したのが過労であったということは、とうとうわからずじまいだったらしい。

（外山滋比古『100年人生 七転び八転び ―「知的試行錯誤」のすすめ』さくら舎による）

（注1）師範学校：小学校教員を養成した旧制の学校
（注2）見倣う：見てまねをする
（注3）結核：結核菌を吸い込むことによって起こる感染症
（注4）白墨：チョーク

56 昔の教員養成について、筆者はどのように述べているか。

1 海外のものを参考にしていた。

2 大声を出す人は軽蔑（けいべつ）されていた。

3 読むことより書くことを主に学んだ。

4 声の出し方を忘れる人が多かった。

57 新卒の先生について、筆者はどのように述べているか。

1 生徒たちから日常的に乱暴な言い方をされていた。

2 運が悪い人はお正月には病気になっていた。

3 春になる前に亡くなる人は少なかった。

4 一日中ぺちゃくちゃおしゃべりする人が多かった。

58 それでも先生たちの発病はすこしもへらなかったとあるが、なぜか。

1 病気が速いスピードで日本中に広がってしまったから。

2 ハンカチでは白墨の粉を防ぎきれなかったから。

3 声を出す時に白墨の粉を吸ってしまっていたから。

4 大声を出したりしゃべり続けたりしたことで体調を崩していたから。

제 2 회

독해

問題10　次の文章を読んで、後の問いに対する答えとして最もよいものを、1・2・3・4から一つ選びなさい。

「住まいの中の君の居場所はどこか?」と問われて「自分の部屋」と、自覚的に答えられるのは、五、六歳になってからでしょうか。

しかしその時期をすぎても、実際には自室をもっている子でさえ、宿題はダイニングテーブルやリビングでやるという場合が、とても多いとききます。玩具やゲーム機で遊ぶのもリビングで、けっきょく自室に入るのは眠るときだけ。こんな子が少なくありません。

その理由の一つは子供も親も、家にいる時間がどんどんへっていることにあります。今、共働きの世帯は専業主婦世帯のほぼ二倍にあたる約1100万世帯で、これからも増加するとみられています。しかも労働時間はいっこうにへらず長いまま。親が家にいない時間が長くなるにつれて、子供もやはり家にいない時間が増えていきました。起きている時間のうちの大半を、自宅ではなく保育園などで過ごす子も多い。こんな状況ですから、親子のふれあう時間そのものが少ないのです。

①<u>こうしたなかで</u>、親子のコミュニケーション、ふれあいの機会を空間的にどうにか捻出しようという働きかけが、ハウスメーカー(注1)から出ています。

たとえば三井ホームは「学寝分離」、ミサワホームは「寝学分離」をテーマにした住まいを広めようとしています。

「寝」というのは睡眠の場所、「学」というのは遊びを含む学びの場所のことです。これを分離するというのはどういうことでしょうか。

「家族のコミュニケーションを高めるために、子供室はあくまで“寝る部屋”と位置づけ、“学ぶ部屋”“くつろげる場所”を共有空間などの別の場所に設けるという考え方」(三井ホーム・シュシュ)

これまでの子供部屋はしっかり集中して勉強ができる空間、ゆっくりと安眠できる空間、また読書や音楽鑑賞といった個人の趣味や息抜きをする空間として考えられていました。いわばそこは子供にとってのオールマイティ(注2)な場所でした。

しかし、それでは親と子供がふれあう時間がなくなる。そこで、②<u>子供部屋がほんらい発揮すべき役割</u>を、家の中の他の場所にもつくって、そこをコミュニケーションの場としても活用しようというわけです。

(藤原智美『集中力・思考力は個室でこそ磨かれる　なぜ、「子供部屋」をつくるのか』廣済堂出版による)

(注1) ハウスメーカー：家づくりのサービスを行っている会社
(注2) オールマイティ：何でも完全にできること

59 子供と部屋の関係について、筆者はどのように述べているか。

1 家の中に居場所がないと感じている五、六歳以下の子供は多い。

2 子供は自分の部屋で寝ることが少ない。

3 自分の部屋を持たない子供が増(ふ)えている。

4 子供部屋で遊んだりゲームをしたりする子供は少ない。

60 ①<u>こうしたなかで</u>とあるが、どのようなことか。

1 共働きが増え、保育園などに通う子供が増えた。

2 子供が寝る時間が増え、親子のふれあう時間が減った。

3 親が、子供の家にいる時間を減らそうとしている。

4 専業主婦が増えており、これからも増えていく。

61 「学寝分離」、「寝学分離」の意味として正しいのはどれか。

1 子供を家族から離れたところで寝かせること

2 子供が勉強する場所と、家族で過ごす場所を分けること

3 子供が寝る以外の時間に家族と一緒に過ごせる場所を作ること

4 共有空間では家族でくつろぎ、子供部屋では子供を自由に遊ばせること

62 ②<u>子供部屋がほんらい発揮すべき役割</u>について、筆者はどのように述べているか。

1 子供にとって安心して寝られる場所であること

2 子供と親がいつでもくつろげる空間であること

3 子供にとって何でも安心してできる場所であること

4 子供と親がコミュニケーションできる場所であること

問題11　次のAとBの文章を読んで、後の問いに対する答えとして最もよいものを、1・2・3・4から一つ選びなさい。

A

私は幼稚園の運動会での写真撮影禁止に賛成です。写真には、子供も先生も他の親たちもみんな写ってしまうのです。それが嫌な人もいるわけですよ。それに、写真に残さないといけないという脅迫観念の中で生きている人が多いのですが、撮って満足しているだけじゃないんですか。撮影のための場所取りに必死になって、他の人の邪魔になったり、運動会を見に来ているのか撮影だけに来ているのか、わからなくなったりしている人が多いです。幼稚園側も、肉眼でしっかり子供を見て、成長を目に焼き付けてもらいたいんじゃないでしょうか。私は写真撮影しても、後日見返したことがないです。実際の目で見たほうが、終わってからの満足感を得られると思います。

B

運動会の写真撮影を禁止する幼稚園があるそうですが、それは仕方のないことだと思います。最近はモラル(注)のない親が多いので、撮影の場所取りなどで保護者同士のトラブルになったら、幼稚園にクレームが殺到しますよね。幼稚園側からすれば、そのようなクレームに対応できないというのが本音でしょう。また、保護者の方たちは、撮影していると自分の子供ばかりに目が行きがちですが、幼稚園側としては、先生方の声かけや他の子供たちとのかかわり方などにも目を向けてもらいたいのではないでしょうか。それと、親が撮影に熱心になりすぎて、拍手や声援がまばらになるので、子供たちのやる気に影響してしまうのではないかと思います。子供と目を合わせて、見てるよ、応援してるよ、とアイコンタクトする。そういった温かいやり取りが忘れられているように思います。

（注）モラル：いいことと悪いことや正しいことと正しくないことを見極めるための普遍的な行動基準

63 幼稚園での運動会の写真撮影について、AとBはどのように述べているか。

1 AもBも、自分の子供以外の人を撮影してしまうことがよくないと述べている。

2 AもBも、幼稚園側がクレームに対応できないからよくないと述べている。

3 Aは写真に残して後日見返さないのはよくないと述べ、Bは撮影で親同士がケンカになることがよくないと述べている。

4 Aは写真を撮るだけで満足している親が多いと述べ、Bは子供たちのやる気に影響していると述べている。

64 幼稚園側の意見について、AとBはどのように推測しているか。

1 Aは先生が写真に写り込むことを嫌っているのだろうと述べ、Bは拍手や声援を増やしてほしいのだろうと述べている。

2 Aは場所取りなどで他の人の邪魔にならないでほしいのだろうと述べ、Bはクレームを避けようとしていると述べている。

3 Aはカメラ越しではなく直接子供を見てほしいのだろうと述べ、Bは自分の子供だけでなく他の子供とのかかわり方も見てほしいのだろうと述べている。

4 Aは撮影が目的の人には別の場所で見てほしいのだろうと述べ、Bは子供とアイコンタクトしてほしいのだろうと述べている。

問題12　次の文章を読んで、後の問いに対する答えとして最もよいものを、1・2・3・4から一つ選びなさい。

少子化と、超高齢化で、将来的に労働力が不足し、生産力が激減するということで、移民(注1)の受け入れと並んで、高齢者の雇用延長、再雇用が奨励されるようになった。定年(注2)も1970年代には55歳だったものが、その後60歳、さらに、改正高年齢者雇用安定法により、65歳までの雇用確保が定着しつつある。(中略)

アメリカのように定年制がない国もあるが、日本の定年がどうやって決められているのか、わたしにはよくわからない。おそらく平均寿命から算出されているのかも知れない。長く続いた「55歳定年制」だが、日本人の平均寿命が40歳代前半だった二十世紀初頭に、日本郵船が設けた社員休職規則が起源という説が有力だ。今や、平均寿命は80歳を超えているわけだから、65歳まではもちろん、ひょっとしたら70歳、いや75歳までは働けるのではないか、といったムードがあるように思う。そしてメディアは、「いくつになっても働きたい、現役でいたい」という人々を好んで取り上げる。働いてこそ幸福、という世論が醸成(じょうせい)(注3)されつつある感じもする。

だが、果たして、①歳を取っても働くべきという考え方は正しいのだろうか。「村上(むらかみ)さんは会社勤めじゃないから定年なんかなくていいですね」と言われることがあり、「まあ、そうですけどね」とか曖昧(あいまい)に対応するが、内心「ほっといてくれ(注4)」と思う。

パワーが落ちてきたのを実感し、「もう働きたくない」という人だって大勢いるに違いない。「ゆっくり、のんびりしたい」と思っていて、経済的余裕があれば、無理して働く必要はないと個人的にはそう思う。さらに②不可解なのは、冒険的な行為に挑む年寄りを称賛する傾向だ。歳を取ったら無理をしてはいけないという常識は間違っていない。冒険なんかされると、元気づけられるどころか、あの人に比べると自分はダメなのではないかと、気分が沈む。勘違いしないで欲しいが、年寄りは冒険をするなと言っているわけではない。冒険するのも、自重するのも、個人の自由であって、一方を賛美すべきではないということだ。

わたしは、60歳を過ぎた今でも小説を書いていることに対し、別に何とも思わない。伝えたいことがあり、物語を構成していく知力がとりあえずまだ残っていて、かつ経済面でも効率的なので、書いているだけで、幸福だとか、恵まれているとか、まったく思ったことはない。「避ける」「逃げる」「休む」「サボる」そういった行為が全否定されているような社会は、息苦しい。

(村上龍『おしゃれと無縁に生きる』幻冬舎による)

(注1) 移民：外国に移り住む人

(注2) 定年：会社などで退職するように決められた年齢

(注3) 醸成(じょうせい)される：次第に作り上げられる

(注4) ほっといて：ほうっておいて

65 筆者によると、日本の定年制に対する世間の意見はどのようなものか。

1　平均寿命が伸びたので、定年も65歳に引き上げるべきだ。

2　老人は移民よりも仕事ができるので、定年を過ぎても仕事を続けるべきだ。

3　歳老いても働くことはいいことなので、定年は75歳でもいいかもしれない。

4　労働力が不足しているので、定年を設定せず、たくさんの人を長く働かせたほうがいい。

66 ①歳を取っても働くべきという考え方について、筆者はどのように考えているか。

1　平均寿命が延びたのだから、歳を取っても働くのは当然だ。

2　経済的に働く必要がなければ、無理に働かなくてもいい。

3　働くことは幸福なことなので、歳を取っても働くのは素晴らしい。

4　歳を取ったら無理をしないほうがいいから、反対だ。

67 筆者が②不可解だと感じているのはどのようなことか。

1　なぜ人々は冒険する老人をすばらしいとほめるのかということ

2　なぜ自分には冒険する元気がないのかということ

3　なぜ人は歳を取っても挑戦し続けようとするのかということ

4　なぜ歳を取ったら無理をしてはいけないと思うのかということ

68 筆者が最も伝えたいことは何か。

1　年寄りが力を発揮できるように応援するべきだ。

2　無理をしている老人を見るのは心苦しい。

3　小説家にも会社勤めと同じように定年の制度が必要だ。

4　歳を取ってもがんばり続けなければならないという社会は嫌だ。

問題13　右のページは、旅行のパンフレットである。下の問いに対する答えとして最もよいものを、1・2・3・4から一つ選びなさい。

69 8月10日に田中さん夫婦は特急列車に乗って温泉ホテルに泊まりに行く予定だが、なるべく安く泊まりたい。田中さんは55歳、田中さんの奥さんは48歳。温泉ホテルまでの特急列車の通常の値段は一人片道3000円である。どのプランが一番安いか。

1　月の館の宿泊プランA

2　光の館の宿泊プランA

3　月の館の宿泊プランB

4　光の館の宿泊プランB

70 8月25日に山本さん家族は4人（大人2人、中学生1人、小学生1人）で光の館に泊まりたい。山本さんは43歳、山本さんの奥さんは40歳。温泉ホテルまでは車で行く予定である。いくらになるか。

1　34,000円

2　37,000円

3　41,000円

4　44,500円

7/30〜8/31　夏の宿泊キャンペーン！

ホテルABC鬼怒川

鬼怒川温泉駅から徒歩６分。四季折々に姿を変える山々に囲まれ、露天風呂からは鬼怒川を一望できる、伝統ある温泉宿です。源泉100%の天然温泉で、効果を肌で実感できます。お食事は郷土料理を含む和洋中の朝食及び夕食をご堪能いただけます。お客様を心からおもてなしいたします。

【客室】 月の館　バス・トイレ付和室（２〜６名）　光の館　バス・トイレ付和室（２〜５名）

【基本代金（お一人様/単位：円）】

［宿泊プランA］　1泊夕食・朝食付（夕食は90分飲み放題付き）

区分（1室利用人員）	宿泊プランA
おとな（中学生以上）	10,000
こども（小学生）	7,000
こども（4歳以上の未就学児）	5,000

※０〜３歳児のお子様は代金不要でご利用いただけます。
1室利用人員には含めません。

※光の館はリニューアル一周年となりました。光の館にご宿泊の場合、上記基本代金に各1名様につき、おとな（中学生以上）2,000円、こども（小学生）1,500円、こども（４歳以上の未就学児）1,000円が加算されます。

キャンペーン特典

①お一人様一杯の**ウェルカムドリンク**付き！

②ご夫婦どちらかが50歳以上の場合、**光の館5000円引き宿泊券**（次回宿泊時から利用可）をプレゼント！

③お得な**往復特急券付きプランB**をご用意！
宿泊プランAに特急きぬ号往復券（普通車指定一般席/東武浅草⇔鬼怒川温泉）付き。上記基本代金に各1名様につき、おとな5,000円、こども（小学生）3,000円が加算されます。

【設備】 温泉大浴場、貸切風呂、室内温泉プール（期間限定）、アロマセラピー、リフレクソロジー、卓球、カラオケ、宴会場、会議室

N1

聴解（ちょうかい）

（60分）

注　意
Notes

1. 試験が始まるまで、この問題用紙を開けないでください。
   Do not open this question booklet until the test begins.

2. この問題用紙を持って帰ることはできません。
   Do not take this question booklet with you after the test.

3. 受験番号と名前を下の欄に、受験票と同じように書いてください。
   Write your examinee registration number and name clearly in each box below as written on your test voucher.

4. この問題用紙は、全部で13ページあります。
   This question booklet has 13 pages.

5. この問題用紙にメモをとってもかまいません。
   You may make notes in this question booklet.

受験番号　Examinee Registration Number	

名前　Name	

問題1 N1_2_02

問題1では、まず質問を聞いてください。それから話を聞いて、問題用紙の1から4の中から、最もよいものを一つえらんでください。

例 N1_2_03

1　グッズの数をチェックする
2　客席にゴミが落ちていないか確認する
3　飲み物とお菓子を用意する
4　ポスターを貼る

1番 N1_2_04

1　システムが使えるかテストする
2　出勤管理システムにログインする
3　新しいパスワードを設定する
4　退出ボタンをクリックする

2番 N1_2_05

1　最終のご案内というメール
2　予約管理番号が書かれたメール
3　航空券の引換券が添付されたメール
4　決済完了のメール

3番 N1_2_06

1 車にファイルを取りに行く
2 修理工場の情報を教える
3 修理代の見積もりを取る
4 2万円払う

4番 N1_2_07

1 部屋を選択する
2 会員登録をする
3 予約をし直す
4 予約をすべてキャンセルする

제 2 회

청해

5番(ばん) N1_2_08

1 図書館(としょかん)に行(い)く
2 分析方法(ぶんせきほうほう)を書(か)く
3 フォーマットを変(か)える
4 出典(しゅってん)の順序(じゅんじょ)を変(か)える

6番(ばん) N1_2_09

1 そうじのコツをネットで調(しら)べる
2 そうじ場所(ばしょ)のリストを作(つく)る
3 そうじ道具(どうぐ)を買(か)いに行(い)く
4 必要(ひつよう)なさそうなものを箱(はこ)に入(い)れる

問題2 N1_2_10

問題2では、まず質問を聞いてください。そのあと、問題用紙のせんたくしを読んでください。読む時間があります。それから話を聞いて、問題用紙の1から4の中から、最も良いものを一つえらんでください。

例 N1_2_11

1 役者の顔
2 役者の演技力
3 原作の質
4 演劇のシナリオ

제2회

청해

1番 N1_2_12

1　パジャマを渡す
2　インターホンを押す
3　面会申込書に記入する
4　面会者用カードを渡す

2番 N1_2_13

1　C会場で夕飯を食べること
2　浴衣を着て夕飯を食べること
3　大浴場まで部屋のタオルを持っていくこと
4　夜9時以降に外出する時玄関の鍵を閉めること

3番 N1_2_14

1 夫が特殊詐欺をしたから
2 詐欺師が自分の留守の時間に来たから
3 夫がお金を孫にあげなかったから
4 夫が秘密の口座を持っていたから

4番 N1_2_15

1 書類がいつ届くか
2 山本さんがいつ席に戻るか
3 忘れ物をいつ送ってもらえるか
4 山本さんがいつ電話をくれるか

5番 N1_2_16

1　3路線が通っていること
2　始発駅であること
3　待機児童がいないこと
4　駅前に居酒屋がないこと

6番 N1_2_17

1　東京支社で働くことになったから
2　この会社を辞めるから
3　大きなプロジェクトが終わったから
4　大阪支社で働くことになったから

7番 N1_2_18

1　洗濯機で洗えるようになった

2　ホックで留められるようになった

3　ホックの数が増えた

4　羽毛の質がよくなった

問題3 N1_2_19

問題3では、問題用紙に何も印刷されていません。この問題は、全体としてどんな内容かを聞く問題です。話の前に質問はありません。まず話を聞いてください。それから、質問とせんたくしを聞いて、1から4の中から、最もよいものを一つえらんでください。

例 N1_2_20

1番 N1_2_21

2番 N1_2_22

3番 N1_2_23

4番 N1_2_24

5番 N1_2_25

6番 N1_2_26

問題4 N1_2_27

問題4では、問題用紙に何も印刷されていません。まず文を聞いてください。それから、それに対する返事を聞いて、1から3の中から、最も良いものを一つえらんでください。

例 N1_2_28

1番 N1_2_29

2番 N1_2_30

3番 N1_2_31

4番 N1_2_32

5番 N1_2_33

6番 N1_2_34

7番 N1_2_35

8番 N1_2_36

9番 N1_2_37

10番 N1_2_38

11番 N1_2_39

12番 N1_2_40

13番 N1_2_41

14番 N1_2_42

問題5 N1_2_43

問題5では、長めの話を聞きます。この問題には練習はありません。

問題用紙にメモをとってもかまいません。

1番、2番

問題用紙に何も印刷されていません。まず話を聞いてください。それから、質問とせんたくしを聞いて、1から4の中から、最もよいものを一つえらんでください。

1番 N1_2_44

2番 N1_2_45

3番 N1_2_46

まず話を聞いてください。それから、二つの質問を聞いて、それぞれ問題用紙の1から4の中から、最もよいものを一つえらんでください。

質問1 N1_2_47

1　A館
2　B館
3　本館2階
4　本館3階

質問2

1　A館
2　B館
3　本館2階
4　本館3階

필승합격 모의고사 해답용지

N1 言語知識（文字・語彙・文法）・読解

第2回

受験番号 Examinee Registration Number		名前 Name	

〈ちゅうい　Notes〉

1. **くろいえんぴつ（HB、No.2）でかいてください。**
   Use a black medium soft (HB or No.2) pencil.
   （ペンやボールペンではかかないでください。）
   (Do not use any kind of pen.)
2. **かきなおすときは、けしゴムできれいにけしてください。**
   Erase any unintended marks completely.
3. **きたなくしたり、おったりしないでください。**
   Do not soil or bend this sheet.
4. **マークれい** Marking Examples

よいれい Correct Example	わるいれい Incorrect Examples
●	⊗ ✓ ○ ◎ ⊜ ⦶ ●

問題1				
1	①	②	③	④
2	①	②	③	④
3	①	②	③	④
4	①	②	③	④
5	①	②	③	④
6	①	②	③	④
問題2				
7	①	②	③	④
8	①	②	③	④
9	①	②	③	④
10	①	②	③	④
11	①	②	③	④
12	①	②	③	④
13	①	②	③	④
問題3				
14	①	②	③	④
15	①	②	③	④
16	①	②	③	④
17	①	②	③	④
18	①	②	③	④
19	①	②	③	④
問題4				
20	①	②	③	④
21	①	②	③	④
22	①	②	③	④
23	①	②	③	④
24	①	②	③	④
25	①	②	③	④

問題5				
26	①	②	③	④
27	①	②	③	④
28	①	②	③	④
29	①	②	③	④
30	①	②	③	④
31	①	②	③	④
32	①	②	③	④
33	①	②	③	④
34	①	②	③	④
35	①	②	③	④
問題6				
36	①	②	③	④
37	①	②	③	④
38	①	②	③	④
39	①	②	③	④
40	①	②	③	④
問題7				
41	①	②	③	④
42	①	②	③	④
43	①	②	③	④
44	①	②	③	④
45	①	②	③	④
問題8				
46	①	②	③	④
47	①	②	③	④
48	①	②	③	④
49	①	②	③	④

問題9				
50	①	②	③	④
51	①	②	③	④
52	①	②	③	④
53	①	②	③	④
54	①	②	③	④
55	①	②	③	④
56	①	②	③	④
57	①	②	③	④
58	①	②	③	④
問題10				
59	①	②	③	④
60	①	②	③	④
61	①	②	③	④
62	①	②	③	④
問題11				
63	①	②	③	④
64	①	②	③	④
問題12				
65	①	②	③	④
66	①	②	③	④
67	①	②	③	④
68	①	②	③	④
問題13				
69	①	②	③	④
70	①	②	③	④

필승합격 모의고사 해답용지

N1 聴解

第2回

受験番号 Examinee Registration Number		名前 Name	

〈ちゅうい Notes〉

1. **くろいえんぴつ（HB、No.2）でかいてください。**
   Use a black medium soft (HB or No.2) pencil.
   （ペンやボールペンではかかないでください。）
   (Do not use any kind of pen.)
2. **かきなおすときは、けしゴムできれいにけしてください。**
   Erase any unintended marks completely.
3. **きたなくしたり、おったりしないでください。**
   Do not soil or bend this sheet.
4. **マークれい** Marking Examples

よいれい Correct Example	わるいれい Incorrect Examples
●	⊘ ✓ ○ ◎ ≶ ◐ ●

問題1

例	①	②	③	●
1	①	②	③	④
2	①	②	③	④
3	①	②	③	④
4	①	②	③	④
5	①	②	③	④
6	①	②	③	④

問題2

例	①	②	③	●
1	①	②	③	④
2	①	②	③	④
3	①	②	③	④
4	①	②	③	④
5	①	②	③	④
6	①	②	③	④
7	①	②	③	④

問題3

例	①	②	●	④
1	①	②	③	④
2	①	②	③	④
3	①	②	③	④
4	①	②	③	④
5	①	②	③	④
6	①	②	③	④

問題4

例	①	●	③
1	①	②	③
2	①	②	③
3	①	②	③
4	①	②	③
5	①	②	③
6	①	②	③
7	①	②	③
8	①	②	③
9	①	②	③
10	①	②	③
11	①	②	③
12	①	②	③
13	①	②	③
14	①	②	③

問題5

1		①	②	③	④
2		①	②	③	④
3	(1)	①	②	③	④
	(2)	①	②	③	④

필승합격일본어능력시험
N1 모의고사

第3회

음성파일과 채점표

N1

言語知識（文字・語彙・文法）・読解

（110分）

注　　意

Notes

1. 試験が始まるまで、この問題用紙を開けないでください。
   Do not open this question booklet until the test begins.
2. この問題用紙を持って帰ることはできません。
   Do not take this question booklet with you after the test.
3. 受験番号と名前を下の欄（らん）に、受験票と同じように書いてください。
   Write your examinee registration number and name clearly in each box below as written on your test voucher.
4. この問題用紙は、全部で30ページあります。
   This question booklet has 30 pages.
5. 問題には解答番号の 1 、 2 、 3 … が付いています。
   解答は、解答用紙にある同じ番号のところにマークしてください。
   One of the row numbers 1 , 2 , 3 … is given for each question. Mark your answer in the same row of the answer sheet.

受験番号　Examinee Registration Number	

名前　Name	

問題1　＿＿＿の言葉の読み方として最もよいものを、1・2・3・4から一つ選びなさい。

1 彼は必死に<u>拒み</u>続けていたが、最後にはあきらめた。

1　たのみ　　2　こばみ　　3　からみ　　4　せがみ

2 彼には、感情というものが<u>欠如</u>している。

1　けつにょう　　2　けつじょう　　3　けつにょ　　4　けつじょ

3 この指輪は<u>一見</u>高そうだが、実はそうではない。

1　いちみ　　2　ひとみ　　3　いっけん　　4　ひっけん

4 彼は<u>巧み</u>な手さばきで、ドレスを縫い上げた。

1　うまみ　　2　たくみ　　3　こうみ　　4　しくみ

5 朝、具合が悪くて<u>寒気</u>がしたので、会社を休んだ。

1　さむき　　2　かんき　　3　さむけ　　4　かんけ

6 紅葉を眺めながらの露天風呂は、なかなか<u>風情</u>がある。

1　ふぜい　　2　ふうぜい　　3　ふうじょう　　4　ふじょう

問題2 （　　　）に入れるのに最もよいものを、1・2・3・4から一つ選びなさい。

7 彼は大気汚染に関する講演を聞いてから、（　　　）カーに乗るようになった。

1 コネ　　2 ラフ　　3 エコ　　4 オフ

8 教授の話を熱心に聞いていた学生たちは、何度も（　　　）いた。

1 うつむいて　　2 よそみして　　3 うなずいて　　4 さぼって

9 母は私のすることに（　　　）文句をいう。

1 いちいち　　2 さめざめ　　3 やすやす　　4 もぐもぐ

10 先ほどお渡しした資料に間違いがありましたので、こちらに（　　　）ください。

1 立て替えて　　2 差し替えて　　3 立て直して　　4 差し直して

11 今年大学を卒業して、地元の企業に新卒で（　　　）された。

1 再開　　2 採用　　3 起用　　4 就職

12 友達にひどいことを言ってしまい、とても（　　　）しています。

1 未遂　　2 失敗　　3 未練　　4 後悔

13 他社との競争に勝つため、商品の（　　　）化をはかった。

1 差別　　2 隔離　　3 相違　　4 誤差

問題3 ＿＿＿の言葉に意味が最も近いものを、1・2・3・4から一つ選びなさい。

14 もう大人なんだから、軽はずみな行動をするな。

1 軽快な　　2 簡単な　　3 単純な　　4 軽率な

15 夢をかなえるために、多くの留学生が日本で学んでいる。

1 実現する　　2 獲得する　　3 届ける　　4 見つける

16 先方には再三お願いのメールを送っていますが、まだお返事がありません。

1 いつも　　2 何度も　　3 ずっと前に　　4 ていねいに

17 少子高齢化による労働力不足が懸念される。

1 可能性がある　　2 期待される　　3 疑問だ　　4 心配だ

18 最近システム部に入った彼は、とても頭が切れる人物だ。

1 怒りやすい　　2 落ち着いた　　3 有名な　　4 賢い

19 その企画の内容について、私は一切知らされていなかった。

1 まったく　　2 あまり　　3 ほとんど　　4 あらかじめ

問題4　次の言葉の使い方として最もよいものを、1・2・3・4から一つ選びなさい。

20 手掛ける

1　今回のプロジェクトは、私が一人で手掛けた初めての仕事だった。

2　急いでいたので、慌ててドアに手掛けてしまい、指をけがした。

3　予約をするためレストランに電話を手掛けたが、かからなかった。

4　スタジアムに集まった約１万人の観客は、一体となって選手に手掛けた。

21 台無し

1　一人暮らしを始めてから台無しをしていたので、ついに熱が出てしまった。

2　一番上の棚の本は台無しなので、私には取れない。

3　月末に給料が入ると、ついつい台無しづかいしてしまう。

4　せっかくケーキを焼いたのに、うっかり落としてしまい、台無しになった。

22 切実

1　そんなに切実に運動しないで、少し休んだらどうですか。

2　彼が切実に勉強している姿を見ると、私もやる気が出る。

3　日本において、少子化はますます切実な問題になっている。

4　彼はテニスのことになると、いつも切実になる。

23 沈黙

1　彼は普段は沈黙だが、話しかけると陽気な人だ。

2　私が留守の間、誰が来ても沈黙してくださいね。

3　このことは絶対に沈黙にしておいてと言ったはずなのに。

4　気まずい雰囲気の中、沈黙を破ったのは彼の提案だった。

24 冷静

1　この魚は傷みやすいので、冷静して保存してください。

2　外は暑いが、店内は適度に冷静がきいていて過ごしやすい。

3　気持ちはわかりますが、そんなに興奮しないで、冷静になって話してください。

4　社長の冷静な仕事の進め方のために、多くの社員が苦しんだ。

25 念願

1　子供のころに両親に言われたことを、いつも念願において行動する。

2　大学受験の前に、京都のお寺に念願に行くつもりだ。

3　景気回復の兆しが見えず、経済の先行きを念願している。

4　見事な逆転勝利の末、念願の初優勝を果たした。

問題5　次の文の（　　　）に入れるのに最もよいものを、1・2・3・4から一つ選びなさい。

26 大切な試験が2週間後に迫ってきた。母親の心配を（　　　）、受験生の弟は一日中ゲームばかりしている。

1　なしに　　2　おろか　　3　よそに　　4　なくして

27 あのアイドルグループは今でこそ国民的アイドルにまで成長したが、デビュー後しばらくはCDが売れない時期が続いた。デビュー10年目（　　　）ようやく全国ツアーを行い、一気にファンを増やしていった。

1　にして　　2　にしても　　3　にしては　　4　にしたって

28 （インタビューで）

聞き手「子供のころのエピソードをお聞かせいただけますか。」

水谷（みずたに）「勉強家の姉（　　　）、妹の私はいつも外で遊んでばかりいましたね。木登りをしたり、公園で走り回ったり。」

1　はもとより　　2　にひきかえ　　3　とあって　　4　といえども

29 原発事故のために、避難（　　　）方々がいることを知っていますか。この仮設住宅は、そういった方々のために作られ、今なお大勢の住民が暮らしています。

1　を前提とした　　2　を禁じ得ない

3　を余儀なくされた　　4　をものともしない

30 田中（たなか）「おめでとう！ 新しい仕事、決まったんだってね。」

木村（きむら）「ありがとう。やっと就職も決まった（　　　）、しばらくのんびりしようと思ってるよ。」

1　ことには　　2　ことだし　　3　ことなく　　4　ことか

31 山田（やまだ）監督の新作映画の主演女優を知っていますか。彼女は女優業の（　　　）、環境問題のボランティア活動家としても知られています。

1　かたがた　　2　かと思うと　　3　かたわら　　4　がてら

32 忙しい時期かと存じますが、どうかお体に気をつけて（　　　）。

1　お過ごされください　　2　お過ごしください

3　お過ごしでしょう　　4　お過ごされましょう

33 チャン「毎日問題集を解いて勉強をしているのに、なかなか日本語を話すのがうまくならないんだよね。」

佐藤（さとう）「言葉は、実際に（　　　）上手になっていくものだと思うよ。」

1　使ってこそ　　2　使うともなく　　3　使ってまで　　4　使うことなしに

34 圧倒的な情報力と、最新の情勢に合わせて変化していく機動力こそが、あの企業の一流（　　　）ゆえんだ。

1　たり　　2　たる　　3　なる　　4　なら

35 世界的に有名な歌手が10年ぶりに来日することになり、空港には（　　　）の人が押し寄せた。

1　あふれんばかり　　2　あふれたまま

3　あふれっぱなし　　4　あふれすぎ

問題6　次の文の ＿★＿ に入る最もよいものを、1・2・3・4から一つ選びなさい。

（問題例）

あそこで ＿＿＿ ＿＿＿ ＿★＿ ＿＿＿ は山田（やまだ）さんです。

1　テレビ　　2　見ている　　3　を　　4　人

（解答のしかた）

1.　正しい文はこうです。

あそこで ＿＿＿ ＿＿＿ ＿★＿ ＿＿＿ は山田（やまだ）さんです。
1　テレビ　3　を　2　見ている　4　人

2.　＿★＿ に入る番号を解答用紙にマークします。

（解答用紙）

（例）	①　●　③　④

---

36 吉野（よしの）さんは ＿＿＿ ＿＿＿ ＿★＿ ＿＿＿ 科学者になるでしょう。

1　世界的に有名な　　2　天才とは　　3　までも　　4　言えない

37 非情にも ＿＿＿ ＿＿＿ ＿★＿ ＿＿＿ 、台風でりんごが全滅してしまった。

1　まもなく　　2　と喜んでいた　　3　収穫できる　　4　矢先に

38 大型バスが山道を走行中にスリップし、あやうく ＿＿＿ ＿＿＿ ＿★＿ ＿＿＿ 全員無事だった。

1　ところだったが　　2　奇跡的に　　3　なりかねない　　4　大事故に

39 火災の消火や救急によって ＿＿＿ ＿＿＿ ＿★＿ ＿＿＿ 背中合わせの職業だ。

1 子どもたちにとって　　2 あこがれの職業だが

3 実は常に危険と　　4 人々の命を守る消防士は

40 今回の新商品の開発にあたり、 ＿＿＿ ＿＿＿ ＿★＿ ＿＿＿ ので、教えていただけますか。

1 他社の商品との違いに関して　　2 かまいません

3 御社が特に力を入れられた点と　　4 差し支えない範囲で

問題7　次の文章を読んで、文章全体の趣旨を踏まえて、[41]から[45]の中に入る最もよいものを、1・2・3・4から一つ選びなさい。

以下は、小説家が書いたエッセイである。

宇宙論の歴史は、ホーキングの登場[41]、モノ的アプローチからコト的アプローチへ、はっきりと移行していきました。彼は「現象の裏には何が存在するのか」には、ほとんど興味を示しません。「何が起きたのか」という結果にだけ、関心を寄せるのです。

話をわかりやすくするために、比喩的な説明になりますが、金融・経済の世界でモノ的価値観とコト的価値観の違いについて、考えてみましょう。

大昔、人間の経済活動はとても単純で、いわば地に足が着いていました。人々は、狩りの獲物や農作物、金や銀といった「モノ」にしか価値を見出さず、それを物々交換して生活していました。私は、こういう状態を（原始的な）「モノ的世界観」と呼んでいます。

[42]経済が発達すると、モノづくりに励まなくても、物資の移動を仲介するだけで報酬としてモノを受け取り、生活できる人々が生まれました。そして、モノだけが流通していたところに、モノの代わりに価値を表す「貨幣」、つまりお金が使われ始めます。人間社会は、お金とお金が交換されるような状態へと移行していきました。

お金というものは、例えば紙幣なら、インクの染みた紙きれにすぎず、モノとしての価値は断然低いです。もしも一万円札を持って、タイムマシンで物々交換の時代に出かけて行き、猟師が命懸けで獲っていた獲物を指さして「この一万円札と交換して欲しい」と交渉を[43]、それこそぶん殴られて[44]。

でも、現代社会なら話は別です。

お金はモノとモノとの間を媒介しているため、お金というモノ自体に価値があるかのような幻想を生み出しています。このようにモノが主役の座を離れて、モノでないものが重要な役割を演じる[45]状態を私は「コト的世界観」と呼んでいます。

（竹内薫『ホーキング博士 人類と宇宙の未来地図』宝島社による）

41

1 をはじめ　2 に先立って　3 に基づいて　4 をきっかけに

42

1 例えば　2 やがて　3 なぜなら　4 あるいは

43

1 試みようものなら　2 試みられるものなら
3 試みなかったなら　4 試みまいとしたなら

44

1 しまうだけましです　2 しまったも同然です
3 しまいそうです　4 しまったものです

45

1 ことにした　2 ようになった　3 までもない　4 ほどの

問題８　次の⑴から⑷の文章を読んで、後の問いに対する答えとして最もよいものを、１・２・３・４から一つ選びなさい。

(1)

男の腕時計はだいたい大きい。というより女の腕時計が極端に小さい。最近のはそうでもないが、戦前戦後のすべてが機械式だった時代には、婦人用時計というと極端に小さかった。もともと女性は男性より体が小さいものだが、その体積比を超えてなおぐっと小さかった。そんなに小さくしなくても、と思うほどで、指輪仕立てにした時計もあった。

あの時代は機械は大きくなるもの、という常識が強かったから、小さな時計はそれだけで高級というイメージがあった。女性の時計は機能というより宝飾アクセサリーの面が強いから、よけいにそうなったのだろう。

（赤瀬川原平『赤瀬川原平のライカもいいけど時計がほしい』シーズ・ファクトリーによる）

46 腕時計について、本文の内容に合っているものはどれか。

1　小さい腕時計よりも大きい腕時計のほうが好まれる。

2　女性の腕時計は、男性のものより少し小さく作られている。

3　昔の女性の腕時計は、機能よりファッション性が重視されていた。

4　昔の腕時計は、大きければ大きいほど高級感があった。

(2)

美食の楽しみで、一番必要なものは、実はお金ではなく、これがおいしい、と思える「舌」である。これは金だけで買えるものではない。自分が歩んできた人生によって培(つちか)われるもので、お金ももちろんそれなりにかかっているかもしれないが、億万長者(注)である必要もない。この「舌」つまり味覚は、万人に共通する基準もなく、絶対的なものでもない。

（金美齢『九十歳 美しく生きる』ワックによる）

（注）億万長者：大金持ち

47 筆者の考えに合うのはどれか。

1 味覚は人生経験の影響を受ける。

2 おいしいと感じられる心を持つことは重要である。

3 美食家になるために最も必要なものはお金である。

4 おいしいものは誰にとってもおいしいものである。

(3)

イタリアは、日本と同じ火山国ですから温泉はいっぱいあるけれど、その素晴らしい大浴場へは、全員が水着で入らなくてはなりません。（中略）だから彼らが日本に来ても、人前で裸になるくらいなら温泉などあきらめてしまいかねないのです。その彼らに日本の素晴らしい温泉、大浴場、山間の岩場の温泉を楽しんでもらうために、私はこうしたらどうかと思うんですね。

つまり、三十分予約制にするのです。彼らは日本のように男女別にしても、他の人たちがいると落ち着かない。だから三十分だけは彼らだけの専用とする。家族や恋人に対してならば、裸でも抵抗感がなくなるから。

（塩野七生『逆襲される文明 日本人へ Ⅳ』文藝春秋による）

48 筆者によると、イタリア人に日本の温泉を楽しんでもらうために、どうすればいいか。

1　三十分だけ水着を着てもよいことにする。

2　三十分だけ貸し切りにする。

3　三十分だけ混浴にする。

4　三十分だけ男女別にする。

(4)

知識を増やすことが、若い時には敵(かな)(注)わないんだとすれば、歳を取ってからやるべきは、人が言った事や書いた事じゃなくて、自分の頭で考えた事をまとめることで何かを産み出すこと。いわば創造的な知識です。自分で考えを作るんです。

知識を得るのに忙しい若い人は考える時間もあまりないし、経験も乏しい。歳を取ると、大きいエネルギーはないですが、経験や経済的な力で遠くまで行けるはずです。だからクリエイティブな仕事というのは、案外中年以降、出来るんじゃないかと思いますね。

（外山滋比古「寿司をのどに詰まらせて死ぬ、なんていいね」
週刊文春編『私の大往生』文藝春秋による）

（注）敵(かな)わない：ここでは、できない、難しい

49 筆者によると、歳を取ってからやるべきことは何か。

1　若い人に知識を与えること

2　新しい知識を積極的に取り入れること

3　遠い所に旅行に出かけること

4　よく考えて新しい何かを創ること

제3회

독해

問題９　次の(1)から(3)の文章を読んで、後の問いに対する答えとして最もよいものを、1・2・3・4から一つ選びなさい。

(1)

「垂直思考」は、一つの問題を徹底的に深く掘り下げて考えてゆく能力です。ある事象に対して考察を深めて一定の理解が得られたら、「その先に潜む原理は」と一層深い段階を問うてゆきます。ステップを踏んで段階的に進んでゆく論理的な思考、これが垂直思考です。ここでは奥へ奥へと視点を移動させるプロセスが存在します。一つの理解を楔(くさび)(注1)として、そこを新たな視点として、さらにその先を見通すようにして、思索の射程距離を一歩一歩伸ばしてゆくわけです。

「水平思考」もやはり視点が動きますが、垂直思考とは異なり、論理的な展開はそれほど重視されません。むしろ、同じ現象を様々な角度から眺めたり、別々の問題に共通項を見出したり、手持ちの手段を発展的に応用する能力が重要です。垂直思考が緻密(ちみつ)な「詰め将棋(しょうぎ)」(注2)だとすれば、水平思考は自由で大胆な発想によって問題解決を図る「謎解き探偵」です。ここでは、一見難しそうな問題に対して見方を変えることで再解釈する「柔軟性」や、過去に得た経験を自在に転用する「機転」が問われます。つまり、推理力や応用力や創造力を生み出す「発想力」が水平思考です。

(池谷裕二『メンタルローテーション　“回転脳”をつくる』扶桑社による)

(注1) 楔(くさび)：物を割ったり、物同士が離れないように圧迫したりするために使う、Ｖ字形の木片
(注2) 詰め将棋(しょうぎ)：将棋(しょうぎ)のルールを用いたパズル

50 垂直思考とはどのような考え方か。

1　順を追って先へ先へと考えを深めていく考え方

2　二者択一によって論理的に答えを追究する考え方

3　自分の感性の赴くままに、直感で考える考え方

4　優先順位をつけて、重要なものから解決していく考え方

51 水平思考によって問題を解決しているのはどれか。

1　身体の柔らかさや俊敏さによって犯人を追い詰める。

2　犯人が落とした物の製造元を調べて犯人をつきとめる。

3　似たような事件のパターンに当てはめて推測する。

4　犯人が残した指紋から犯人を割り出す。

52「垂直思考」と「水平思考」に共通することは何か。

1　論理的な思考が重視されること

2　大胆な発想が求められること

3　視点を動かしながら考えること

4　柔軟性が必要なこと

(2)

ファンタジーはどうして、一般に①評判が悪いのだろう。それはアメリカの図書館員も言ったように、現実からの逃避[注1]として考えられるからであろう。あるいは、小・中学校の教師のなかには、子どもがファンタジー[注2]好きになると、科学的な思考法ができなくなるとか、現実と空想がごっちゃになって[注3]しまうのではないかと心配する人もある。しかし、実際はそうではない。子どもたちはファンタジーと現実の差をよく知っている。たとえば、子どもたちがウルトラマン[注4]に感激して、どれほどその真似をするにしても、実際に空を飛ぼうとして死傷したなどということは聞いたことがない。ファンタジーの中で動物が話すのを別に不思議がりはしない子どもたちが、実際に動物が人間の言葉を話すことを期待することがあるだろうか。②子どもたちは非常によく知っている。彼らは現実とファンタジーを取り違えたりしない。それでは、子どもたちはどうして、ファンタジーをあれほど好むのだろう。それは現実からの逃避なのだろうか。

子どもたちがファンタジーを好むのは、それが彼らの心にぴったり来るからなのだ。あるいは、彼らの内的世界を表現している、と言ってもいいだろう。人間の内的世界においても、外的世界と同様に、戦いや破壊や救済などのドラマが生じているのである。それがファンタジーとして表現される。

(河合隼雄『河合隼雄と子どもの目 ＜うさぎ穴＞からの発信』創元社による)

(注1) 逃避：避けて逃げること
(注2) ファンタジー：現実の世界ではない空想の世界
(注3) ごっちゃになる：一緒にまじりあって区別がつかなくなる
(注4) ウルトラマン：1960年代に日本のテレビで放送された特撮番組のヒーロー

53 一般的に、ファンタジーが①評判が悪いのはなぜか。

1　現実社会で問題が起きた時、その問題に真剣に向き合いすぎると考えられているから
2　ファンタジーの中の世界を不思議に思う子どもが多いと考えられているから
3　ファンタジーが好きな子どもほど科学を嫌いになる傾向があると考えられているから
4　現実とファンタジーの中の世界を区別できなくなる恐れがあると考えられているから

54 ②子どもたちは非常によく知っているとあるが、何を知っているのか。

1　ファンタジーの中の世界は現実からの逃避だということ
2　ファンタジーの中の世界は現実の世界と違うということ
3　ファンタジーの中の世界はとても評判が悪いということ
4　ファンタジーの中の世界はよくドラマになっているということ

55 ファンタジーが子どもたちに好まれているのはなぜか。

1　子どもの心の中をよく表しているから

2　子どもの好きなものがたくさん出てくるから

3　日常生活で経験できないことが書いてあるから

4　現実世界よりもドラマチックだから

(3)

①ある人が社会人になって営業職についたのだが、発注する数を間違うというミスを連発してしまった。書類作成などでは大変高い能力を発揮する社員だったので、上司は「キミみたいな人がどうしてこんな単純なミスをするのか」と首をひねった。社員は「気をつけます」と謝ったが、その後もまた同じミスを繰り返す。

あるとき上司は、「キミのミスは、クライアント(注1)と直接、会って注文を受けたときに限って起きている。メールのやり取りでの発注では起きていない。もしかすると聴力に問題があるのではないか」と気づき、耳鼻科を受診するように勧めた。その言葉に従って大学病院の耳鼻科を受診してみると、はたして特殊な音域(注2)に限定された聴力障害があり、低い声の人との会話は正確に聴き取れていないことがわかったのだ。

耳鼻科の医師は「この聴力障害は子どもの頃からあったものと考えられますね」と言ったが、②本人も今までそれに気づかずに来た。もちろん小学校の頃から健康診断で聴力検査は受けてきたのだが、検査員がスイッチを押すタイミングを見て「聴こえました」と答えてきた。また、授業や日常会話ではそれほど不自由も感じなかった、という。だいたいの雰囲気で話を合わせることもでき、学生時代は少しくらいアバウト(注3)な会話になったとしても、誰も気にしなかったのだろう。

（香山リカ『「発達障害」と言いたがる人たち』SBクリエイティブによる）

（注1）クライアント：ここでは、取引先
（注2）音域：音の高さの範囲
（注3）アバウトな：いい加減な、おおざっぱな

56 筆者によると、①ある人とはどのような人か。

1　書類作成で何度も単純なミスを連発している人

2　上司に注意されても謝ろうとしない人

3　営業で高い能力を発揮している人

4　発注するときに簡単な間違いを繰り返す人

57 上司が部下に対してとった行動はどれか。

1　部下のミスに対して腹を立てた。

2　部下に自分も同じ障害を持っていると話した。

3　部下に病院に行くように促した。

4　部下がミスを繰り返さないよう、仕事の内容を変えた。

58 ②本人も今まで気づかずに来たとあるが、なぜか。

1　会話を全部聞き取れなくても、問題なくコミュニケーションがとれたから

2　特殊な音が聴き取れて、友だちとアバウトな会話ができたから

3　授業で先生の話を熱心に聞いていて、困らなかったから

4　健康診断はあっても、聴力を調べてもらう機会がなかったから

問題10　次の文章を読んで、後の問いに対する答えとして最もよいものを、1・2・3・4から一つ選びなさい。

①文章の本質は「ウソ」です。ウソという表現にびっくりした人は、それを演出という言葉に置きかえてみてください。

いずれにしてもすべての文章は、それが文章の形になった瞬間に何らかの創作が含まれます。良い悪いではありません。好むと好まざるとにかかわらず、文章を書くという行為はそうした性質をもっています。

②動物園に遊びに行った感想を求められたとしましょう。「どんな様子だったのか話して」と頼まれたなら、おそらくたいていの子は何の苦もなく感想を述べることができるはずです。ところが、「様子を文章に書いて」というと、途端に多くの子が困ってしまう。それはなぜか。同じ内容を同じ言葉で伝えるとしても、話し言葉と書き言葉は質が異なるからです。

巨大なゾウを見て、思わず「大きい」と口走ったとします。このように反射的に発せられた話し言葉は、まじり気(注1)のない素(す)の言葉です。しかし、それを文字で表現しようとした瞬間、言葉は思考のフィルター(注2)をくぐりぬけて(注3)変質していきます。

「『大きい』より『でかい』のほうがふさわしいのではないか」

「『大きい！』というように、感嘆符(注4)をつけたらどうだろう」

「カバが隣にいたとあえてウソをついて、『カバの二倍はあった』と表現すれば伝わるかもしれない」

人は自分の見聞きした事柄や考えを文字に起こすプロセスで、言葉を選択したり何らかの修飾を考えます。言葉の選択や修飾は演出そのもの。そうした積み重ねが文章になるのだから、原理的に「文章にはウソや演出が含まれる。あるいは隠されている」といえます。

ある文章術の本に、③「見たもの、感じたものを、ありのままに自然体で書けばいい」というアドバイスが載っていました。「ありのままに」といわれると、何だか気楽に取り組めるような気がします。

しかし、このアドバイスが実際に文章に悩む人の役に立つことはないでしょう。

ありのままに描写した文章など存在しないのに、それを追い求めるのは無茶な話です。文章の本質は創作であり、その本質から目を背けて耳に心地よいアドバイスに飛びついても、文章はうまくはならない。

（藤原智美『文は一行目から書かなくていい　検索、コピペ時代の文章術』プレジデント社による）

（注1）まじり気のない：何もまざっていない、純粋な
（注2）フィルター：不純物を取り除く装置
（注3）くぐり抜ける：くぐって通り抜ける
（注4）感嘆符：感動・興奮・強調・驚きなどの感情を表す「！」の符号

59 ①文章の本質は「ウソ」ですとあるが、それについて筆者はどのように述べているか。

1 本当はよくないことだが、仕方がない。
2 当然のことであり、良いか悪いかは問題ではない。
3 以前は嫌いだったが、今は受け入れられるようになった。
4 決して正しい事実ではない。

60 ②動物園に遊びに行った感想を求められた多くの子供の反応はどれか。

1 言葉を選びながら、ゆっくりと話すことができる。
2 話す内容をよく考えてから、きちんと話すことができる。
3 何を話せばいいかわからず、困ってしまう。
4 反射的にすらすらと話すことができる。

61 ③「見たもの、感じたものを、ありのままに自然体で書けばいい」というアドバイスについて、筆者はどのように考えているか。

1 絶対に不可能なことである。
2 簡単にできそうである。
3 文章の本質をついたアドバイスである。
4 慣れていない人にとっては難しすぎる。

62 この文章で筆者の考えに合うのはどれか。

1 優れた文章とは、ウソの多い文章である。
2 文章を書くという行為は、演出であり、創作である。
3 ありのままに書こうとすると、文章が下手になる。
4 文章を書く時は、きちんとしたアドバイスに従うべきである。

問題11　次のAとBの文章を読んで、後の問いに対する答えとして最もよいものを、1・2・3・4から一つ選びなさい。

A

男性の育児休暇の取得義務化について、私は慎重派です。日本の大半の夫婦は男性が主な稼ぎ手のため、育休(注1)を義務付けたら収入が減り、将来につながる重要な仕事のチャンスを失う恐れがあると思います。義務化するのではなく、男性の育児参加を増やすために、短時間勤務や残業免除などの制度を利用しやすくするほうが現実的なのではないでしょうか。育児経験は仕事にも役立ち、人生をより豊かにしてくれるという、育児の意外な効用もあると思います。まずは、社会、企業の意識改革必要であると考えます。

B

私は、男性の育児休暇義務化には、よい面と悪い面のどちらもあると思います。産まれたばかりの新生児(注2)という貴重な期間に、夫婦そろって赤ん坊と過ごせるのは幸せなことですし、その後の父子関係や家族のあり方によい影響を与えてくれると思います。また、育児に積極的に関わり、家族の健康維持や効率のよい家事育児の仕方について考えることによって、ビジネススキル(注3)を磨くことにもつながると思います。ただ、家事育児への意識と能力が高い人であればいいのですが、お昼になったら平気で「ごはんは?」と言ってくるタイプの夫の場合は、仕事に行って稼いでくれたほうがましかもしれません。それに、出産前後だけ休暇を取ってもあまり意味はないかな、とも思います。義務化するより、普段から継続的に家事や育児ができる体制にしたほうがよっぽど意味があるのではないでしょうか。

(注1) 育休：育児休暇のこと
(注2) 新生児：生まれたばかりの赤ちゃん
(注3) ビジネススキル：ビジネスにおいて必要な能力

63 男性の育児休暇義務化の良い点について、AとBはどのように述べているか。

1　Aは男性の採用が有利になると述べ、Bはその後の親子関係がよくなると述べている。

2　Aは人生がより充実すると述べ、Bは会社での昇進につながると述べている。

3　AもBも、育児や家事の経験が仕事でも役立つと述べている。

4　AもBも、収入が減るなどの不利益があると述べている。

64 育児休暇について、AとBで共通して提案していることは何か。

1　育休中の男性の収入を減らさないような体制を作ること

2　育休前に男性の家事育児の意識と能力を高めておくこと

3　男性が育休中に重要なビジネスチャンスを逃さないように保障すること

4　男性が普段から家事や育児に参加しやすくなるような仕組みを作ること

問題12　次の文章を読んで、後の問いに対する答えとして最もよいものを、1・2・3・4から一つ選びなさい。

①かつての遊びにおいては、子どもたちは一日に何度も息を切らし汗をかいた。自分の身体の全エネルギーを使い果たす毎日の過ごし方が、子どもの心身にとっては、測りがたい重大な意味を持っている。

この二十年ほどで、子どもの遊びの世界、②特に男の子の遊びは激変した。外遊びが、極端に減ったのである。一日のうちで息を切らしたり、汗をかいたりすることが全くない過ごし方をする子どもが圧倒的に増えた。子ども同士が集まって野球をしたりすることも少なくなり、遊びの中心は室内でのテレビゲームに完全に移行した。身体文化という視座(注1)から見たときに、男の子のこの遊びの変化は、看過(注2)できない重大な意味を持っている。

相撲(すもう)やチャンバラ遊び(注3)や鬼ごっこ(注4)といったものは、室町時代や江戸時代から連綿(注5)として続いてきた遊びである。明治維新や敗戦、昭和の高度経済成長といった生活様式の激変にもかかわらず、子どもの世界では、数百年以上続いてきた伝統的な遊びが日常の遊びとして維持されてきたのである。

しかし、それが1980年代のテレビゲームの普及により、絶滅状態にまで追い込まれている。これは単なる流行の問題ではない。意識的に臨(注6)まなければ取り返すことの難しい身体文化の喪失である。かつての遊びは、身体の中心感覚を鍛え、他者とのコミュニケーション力を鍛える機能を果たしていた。これらはひっくるめて(注7)自己形成のプロセスである。

コミュニケーションの基本は、身体と身体の触れ合いである。そこから他者に対する信頼感や距離感といったものを学んでいく。たとえば、相撲(すもう)を何度も何度も取れば、他人の体と自分の体の触れ合う感覚が蓄積されていく。他者と肌を触れ合わすことが苦にならなくなるということは、他者への基本的信頼が増したということである。これが大人になってからの通常のコミュニケーション力の基礎、土台となる。自己と他者に対する信頼感を、かつての遊びは育てる機能を担っていたのである。

この身体を使った遊びの衰退に関しては、伝統工芸の保存といったものとは区別して考えられる必要がある。身体全体を使ったかつての遊びは、日常の大半を占めていた活動であり、なおかつ自己形成に大きく関わっていた問題だからである。歌舞伎や伝統工芸といったものは、もちろん保存継承がされるべきものである。しかし、現在、より重要なのは、自己形成に関わっていた日常的な身体文化のものの価値である。

（土居健郎・齋藤孝『「甘え」と日本人』KADOKAWAによる）

（注1）視座：視点
（注2）看過できない：見過ごせない
（注3）チャンバラ遊び：枝や傘を刀に見立てて斬り合うふりをする遊び
（注4）鬼ごっこ：一人が鬼になって他の者たちを追い回し、捕まった者が次の鬼になる遊び

（注5）連綿：途絶えずに長く続くようす
（注6）臨む：立ち向かう
（注7）ひっくるめる：ひとつにまとめる

65 ①かつての遊びとはどのような遊びか。

1　二十年前から続いている外遊び
2　テレビゲームに人気を超されそうな遊び
3　時代と共に姿を変えてきた遊び
4　体を使って多くのエネルギーを消耗する遊び

66 ②特に男の子の遊びは激変したとあるが、どのように変化したか。

1　外遊びも伝統的な遊びも完全になくなった。
2　伝統的な遊びが日常の遊びとして定着した。
3　遊びの中心がコミュニケーションを育てるゲームに移った。
4　遊びの中心が身体を使った外遊びからテレビゲームに移った。

67 かつての遊びの機能として筆者が述べているのはどれか。

1　ボディタッチなどで他の人の肌に触れることが好きになる。
2　他の人と上手にコミュニケーションできることにつながる。
3　汗をかきながら体を動かすことで、健康になる。
4　誰のことも、心から信じられるようになる。

68 筆者が最も伝えたいことは何か。

1　かつての遊びは、歌舞伎や伝統工芸よりも重要な文化である。
2　かつての遊びは、歌舞伎と同様、衰退していくものである。
3　かつての遊びは、伝統工芸とは異なり、身体を鍛えられるという点で優れている。
4　かつての遊びは、伝統文化よりも身近な文化であるため、その価値を軽視しやすい。

問題13　右のページは、アルバイト募集の広告である。下の問いに対する答えとして最もよいものを、1・2・3・4から一つ選びなさい。

69 マリさんは、日本語と英語を活かした仕事がしたい。日本語と英語は上級レベルである。今までアルバイトをした経験はない。土日勤務はなるべく避けたい。マリさんに合うアルバイトはどれか。

1　①

2　②

3　③

4　④

70 イさんは、日本のデパートで働いた経験がある。日本語は上級レベル、英語は中級レベルである。将来正社員になることを目指して長期的に働きたい。できれば残業はしたくない。イさんに合うアルバイトはどれか。

1　①

2　②

3　③

4　④

アルバイト募集！

職種	応募資格		給料	その他
	【必須スキル・資格】	【歓迎スキル・資格】		
①スニーカー店での接客販売	・日本語：中級レベル ・土日祝勤務可能な方	・接客が好きな方 ・ランニングや運動に興味がある方	時給 1,300円	職場は10名体制。20～30代の男女スタッフが一緒にワイワイと楽しくお仕事しています。残業ほぼなし。 詳細を見る
②空港内の免税店での接客販売	・日本語：中～上級レベル ・早朝の勤務、夜の勤務などに対応できる方	・英語ができれば尚可 ・未経験者歓迎！ ・ファッションが好きな方 ・人と話すことが好きな方	時給 1,200円	外国人が活躍しています！ 残業あり。正社員登用チャンスあり。 詳細を見る
③空港のWiFiレンタルカウンター	・日本語：中級レベル ・英語：中級レベル ・接客の経験がある方 ・ＰＣスキル（パワーポイント、エクセル、メール） ・最低1年以上は勤務できる方	・明るくてコミュニケーション能力が高い方	時給 1,300円	一緒に働くスタッフは、幅広い年齢層の様々な背景を持った人たちで、みんなとても仲良し。正社員登用チャンスあり。残業ほぼなし。 詳細を見る
④ホテルスタッフ	・日本語：中級レベル ・韓国語・英語・タイ語のいずれかが堪能であること ・接客・サービス業の経験がある方（アルバイト経験もＯＫ） ・土日祝勤務できる方	・笑顔で接客できる方 ・人と話すのが好きな方 ・お世話をするのが好きな方	時給 1,350円	正社員登用チャンスあり。深夜残業あり。 詳細を見る

N1

聴解（ちょうかい）

(60分)

注　　意
Notes

1. 試験が始まるまで、この問題用紙を開けないでください。
   Do not open this question booklet until the test begins.

2. この問題用紙を持って帰ることはできません。
   Do not take this question booklet with you after the test.

3. 受験番号と名前を下の欄に、受験票と同じように書いてください。
   Write your examinee registration number and name clearly in each box below as written on your test voucher.

4. この問題用紙は、全部で13ページあります。
   This question booklet has 13 pages.

5. この問題用紙にメモをとってもいいです。
   You may make notes in this question booklet.

受験番号　Examinee Registration Number	

名前　Name	

問題1 N1_3_02

問題1では、まず質問を聞いてください。それから話を聞いて、問題用紙の1から4の中から、最も良いものを一つえらんでください。

例 N1_3_03

1　グッズの数をチェックする
2　客席にゴミが落ちていないか確認する
3　飲み物とお菓子を用意する
4　ポスターを貼る

1番 N1_3_04

1　客に待つように言う
2　客に丁寧に謝る
3　客に飲み物をサービスする
4　客の間違いを指摘する

2番 N1_3_05

1　追加料金を支払う
2　航空券の値段を確認する
3　鈴木さんからのメールを読む
4　航空券の領収書を探す

3番 N1_3_06

1　ホームページ上で手続きを終わらせる
2　お客様相談室に電話する
3　担当者にメールを送る
4　担当者からの連絡を待つ

4番 N1_3_07

1　新しいコピー機を買う
2　代わりのコピー機を借りる
3　コピー機を組み立てる
4　三日間コピー機を使わない

5番(ばん) N1_3_08

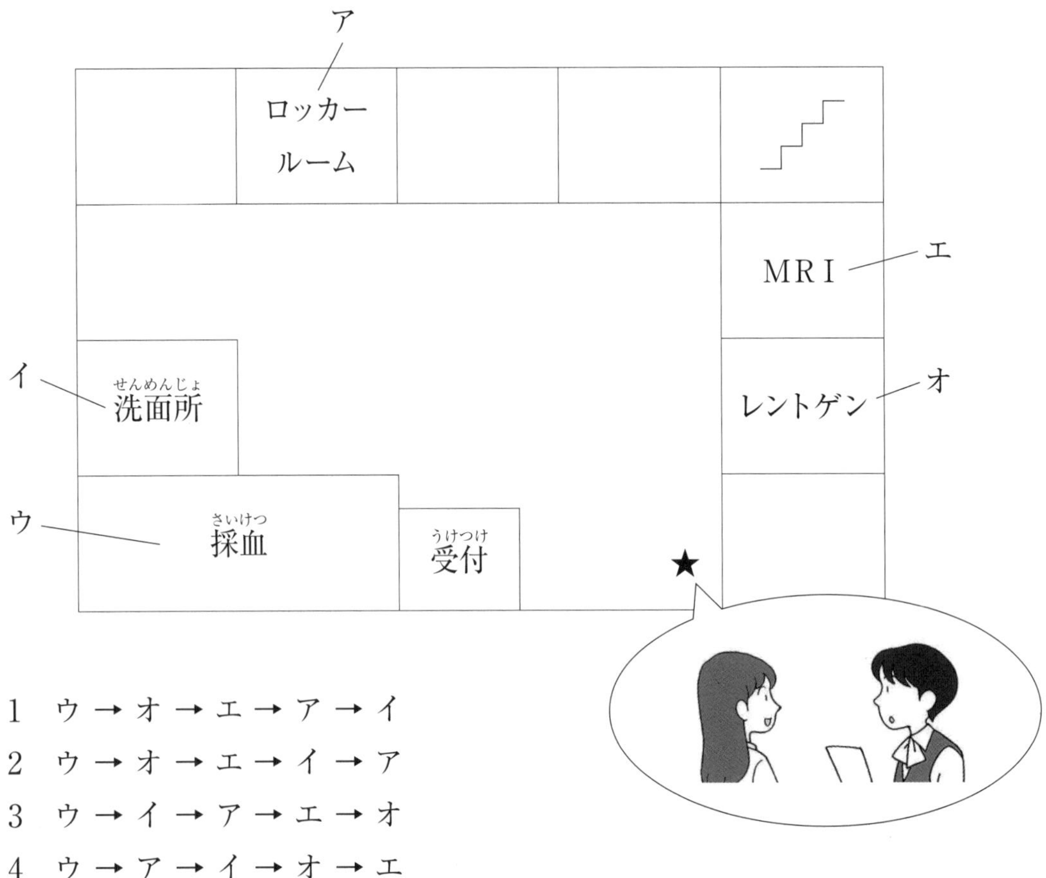

1　ウ → オ → エ → ア → イ
2　ウ → オ → エ → イ → ア
3　ウ → イ → ア → エ → オ
4　ウ → ア → イ → オ → エ

6番(ばん) N1_3_09

1　講師用(こうしよう)のアンケートを作(つく)る
2　会場(かいじょう)の備品(びひん)を確認(かくにん)する
3　座席表(ざせきひょう)を作(つく)る
4　講師(こうし)にメールする

問題2 N1_3_10

問題2では、まず質問を聞いてください。そのあと、問題用紙のせんたくしを読んでください。読む時間があります。それから話を聞いて、問題用紙の1から4の中から、最も良いものを一つえらんでください。

例 N1_3_11

1 役者の顔
2 役者の演技力
3 原作の質
4 演劇のシナリオ

1番 N1_3_12

1 紙の吸水性がよくなった

2 ぼかしにくくなった

3 にじみにくくなった

4 紙の表面が強くなった

2番 N1_3_13

1 内容が簡単であること

2 具体的な例が多いこと

3 行動の指針が書いてあること

4 読んだら人気者になれること

3番 N1_3_14

1 障害者が車の来る方向に気づけるようにする
2 障害者用に信号を整備する
3 障害者のために道路標識をつける
4 障害者が運転しやすい道をつくる

4番 N1_3_15

1 食べたらすぐ店を出るというルールがあるから
2 お肉を切った状態で出すようにしたから
3 相席してくれた人に飲み物をサービスするようにしたから
4 店に来た人全員に飲み物をサービスするようにしたから

5番 N1_3_16

1　電話番号にハイフンを入れなかったから

2　パスワードに数字か記号を入れなかったから

3　パスワードが電話番号と同じだったから

4　基本情報を入れていなかったから

6番 N1_3_17

1　社長に気に入られたから

2　前の会社より儲かるから

3　社長に協力したいと思ったから

4　自分の能力を生かせると思ったから

7番 N1_3_18

1　チームがうまくまとまること
2　若い選手が意識を変えること
3　きつい試合に慣れること
4　若い選手が力をつけること

問題3 N1_3_19

問題3では、問題用紙に何も印刷されていません。この問題は、全体としてどんな内容かを聞く問題です。話の前に質問はありません。まず話を聞いてください。それから、質問とせんたくしを聞いて、1から4の中から、最もよいものを一つえらんでください。

例 N1_3_20

1番 N1_3_21

2番 N1_3_22

3番 N1_3_23

4番 N1_3_24

5番 N1_3_25

6番 N1_3_26

問題4 N1_3_27

問題4では、問題用紙に何も印刷されていません。まず文を聞いてください。それから、それに対する返事を聞いて、1から3の中から、最も よいものを一つえらんでください。

例 N1_3_28

1番 N1_3_29

2番 N1_3_30

3番 N1_3_31

4番 N1_3_32

5番 N1_3_33

6番 N1_3_34

7番 N1_3_35

8番 N1_3_36

9番 N1_3_37

10番 N1_3_38

11番 N1_3_39

12番 N1_3_40

13番 N1_3_41

14番 N1_3_42

問題5 N1_3_43

問題5では、長めの話を聞きます。この問題には練習はありません。
問題用紙にメモをとってもかまいません。

1番、2番

問題用紙に何も印刷されていません。まず話を聞いてください。それから、質問とせんたくしを聞いて、1から4の中から、最もよいものを一つえらんでください。

1番 N1_3_44

2番 N1_3_45

3番 N1_3_46

まず話を聞いてください。それから、二つの質問を聞いて、それぞれ問題用紙の1から4の中から、最もよいものを一つえらんでください。

質問1 N1_3_47

1 パイプ枕
2 ふわふわ枕
3 キューブ枕
4 もちもち枕

質問2

1 パイプ枕
2 ふわふわ枕
3 キューブ枕
4 もちもち枕

필승합격 모의고사 해답용지

N1 言語知識（文字・語彙・文法）・読解

第3回

受験番号 Examinee Registration Number		名前 Name	

〈ちゅうい　Notes〉

1. くろいえんぴつ（HB、No.2）でかいてください。
   Use a black medium soft (HB or No.2) pencil.
   （ペンやボールペンではかかないでください。）
   (Do not use any kind of pen.)
2. かきなおすときは、けしゴムできれいにけしてください。
   Erase any unintended marks completely.
3. きたなくしたり、おったりしないでください。
   Do not soil or bend this sheet.
4. マークれい Marking Examples

よいれい Correct Example	わるいれい Incorrect Examples
●	⊗ ✓ ○ ◎ ⊜ ⦶ (gray)

問題1				
1	①	②	③	④
2	①	②	③	④
3	①	②	③	④
4	①	②	③	④
5	①	②	③	④
6	①	②	③	④
問題2				
7	①	②	③	④
8	①	②	③	④
9	①	②	③	④
10	①	②	③	④
11	①	②	③	④
12	①	②	③	④
13	①	②	③	④
問題3				
14	①	②	③	④
15	①	②	③	④
16	①	②	③	④
17	①	②	③	④
18	①	②	③	④
19	①	②	③	④
問題4				
20	①	②	③	④
21	①	②	③	④
22	①	②	③	④
23	①	②	③	④
24	①	②	③	④
25	①	②	③	④

問題5				
26	①	②	③	④
27	①	②	③	④
28	①	②	③	④
29	①	②	③	④
30	①	②	③	④
31	①	②	③	④
32	①	②	③	④
33	①	②	③	④
34	①	②	③	④
35	①	②	③	④
問題6				
36	①	②	③	④
37	①	②	③	④
38	①	②	③	④
39	①	②	③	④
40	①	②	③	④
問題7				
41	①	②	③	④
42	①	②	③	④
43	①	②	③	④
44	①	②	③	④
45	①	②	③	④
問題8				
46	①	②	③	④
47	①	②	③	④
48	①	②	③	④
49	①	②	③	④

問題9				
50	①	②	③	④
51	①	②	③	④
52	①	②	③	④
53	①	②	③	④
54	①	②	③	④
55	①	②	③	④
56	①	②	③	④
57	①	②	③	④
58	①	②	③	④
問題10				
59	①	②	③	④
60	①	②	③	④
61	①	②	③	④
62	①	②	③	④
問題11				
63	①	②	③	④
64	①	②	③	④
問題12				
65	①	②	③	④
66	①	②	③	④
67	①	②	③	④
68	①	②	③	④
問題13				
69	①	②	③	④
70	①	②	③	④

필승합격 모의고사 해답용지

N1 聴解

第3回

受験番号 Examinee Registration Number		名前 Name	

〈ちゅうい Notes〉

1. くろいえんぴつ（HB、No.2）でかいてください。
   Use a black medium soft (HB or No.2) pencil.
   （ペンやボールペンではかかないでください。）
   (Do not use any kind of pen.)
2. かきなおすときは、けしゴムできれいにけしてください。
   Erase any unintended marks completely.
3. きたなくしたり、おったりしないでください。
   Do not soil or bend this sheet.
4. マークれい Marking Examples

よいれい Correct Example	わるいれい Incorrect Examples
●	⊗ ✓ ○ ◎ ⊜ ◐ ●

問題1

例	① ② ③ ●
1	① ② ③ ④
2	① ② ③ ④
3	① ② ③ ④
4	① ② ③ ④
5	① ② ③ ④
6	① ② ③ ④

問題2

例	① ② ③ ●
1	① ② ③ ④
2	① ② ③ ④
3	① ② ③ ④
4	① ② ③ ④
5	① ② ③ ④
6	① ② ③ ④
7	① ② ③ ④

問題3

例	① ② ● ④
1	① ② ③ ④
2	① ② ③ ④
3	① ② ③ ④
4	① ② ③ ④
5	① ② ③ ④
6	① ② ③ ④

問題4

例	① ● ③
1	① ② ③
2	① ② ③
3	① ② ③
4	① ② ③
5	① ② ③
6	① ② ③
7	① ② ③
8	① ② ③
9	① ② ③
10	① ② ③
11	① ② ③
12	① ② ③
13	① ② ③
14	① ② ③

問題5

1		① ② ③ ④
2		① ② ③ ④
3	(1)	① ② ③ ④
	(2)	① ② ③ ④

일본어능력시험

JLPT